人文社科研究方法丛书

国家社科基金重大项目“中国翻译理论发展史研究”
广东省高等教育“创新强校”项目“外语科研方法系列研究”　资助
广东外语外贸大学翻译学研究中心

人文社科项目申报300问

（第二版）

黄忠廉　著

科学出版社
北　京

内 容 简 介

本书依照国家社科基金申报最新的改革精神，对第一版进行了全面修订，并新增 50 组问答。全书通过 300 余问细陈人文社科项目申报方略，大致按申报前、中、后三阶段从宏观到微观组织问答，给出具体示例近 200 项，以供读者参考与借鉴。各轮问答涉及申报总论、项目指南、申报管理、封面设计、数据表填写、课题论证、研究基础和条件保障、经费概算、推荐人意见、编撰之道、评审过程、申请书兼活页样本，共 12 个板块，以申请书为整体，内含活页，向报前准备和报后评审两头延伸。

本书以国家社科基金年度项目为基准，全方位审视项目申报，力求为各界学者申报各类项目支招，也提供学术研究方法论。

图书在版编目（CIP）数据

人文社科项目申报 300 问/黄忠廉著. —2 版. —北京：科学出版社，2022.11

（人文社科研究方法丛书）

ISBN 978-7-03-073447-1

Ⅰ. ①人… Ⅱ. ①黄… Ⅲ. ①人文科学–科研项目–申请–中国–问题解答②社会科学–科研项目–申请–中国–问题解答 Ⅳ. ①C36-44

中国版本图书馆 CIP 数据核字（2022）第 191283 号

责任编辑：张 宁 / 责任校对：贾伟娟

责任印制：霍 兵 / 封面设计：蓝正设计

科学出版社出版

北京东黄城根北街 16 号

邮政编码：100717

http://www.sciencep.com

三河市骏杰印刷有限公司印刷

科学出版社发行 各地新华书店经销

*

2017 年 8 月第 一 版 开本：720×1000 1/16

2022 年 11 月第 二 版 印张：19 1/4

2025 年 4 月第二十次印刷 字数：388 000

定价：68.00 元

（如有印装质量问题，我社负责调换）

第二版序

新变化　新对策*

2021 年，国家社科基金项目申报规定有变，既给人“新喜”，也让人“心悸”。为求稳妥，我们静观其变再随之而变。依据稳中有变、变中求稳的规律，一项举措试行，若发现或疑之处，三年五载过后或将完善。

基于一年多的申报观察与研究，第二版新增 50 问；其增设原则是“不在多，而在明”。第二版目录新增内容均带*号，随之新增图、表、例 38 个，所增的问题与图、表、例一一插入第一版相应处。应对新变化的新对策详见下表。

分类	新增问题	新增图例表	分类	新增问题	新增图例表
新变新解	10	10	创新之处	4	3
学术动态	6	3	预期成果	3	3
同比进展	7	5	研究基础	4	3
目录提纲	8	6	参考文献	4	1
研究计划	3	4	活页样本	1	1

国家社科基金申报改革正在接受检验，国内各级其他类社科项目申报并未随之而变，因此本书结构基本不动，以便各取其用。国家社科基金年度项目申报者可参考第二版新旧两部分，其他项目申报者可继续使用第一版，即第二版不带*号部分。

在此，恭祝《人文社科项目申报 300 问》（以下简称《300 问》）新老读者项目申报越来越驾轻就熟！书末新增 4 份短跋，出自读《300 问》而获批国家项目的友人，其悠扬心曲，胜我万万言。

黄忠廉

2022 年夏季

于广州白云山麓三语斋

第一版序

写 作 人 语

翻阅本书，有人赞，有人叹，有人喜，有人忧。

赞者:“它宛如及时雨，澄清了许多认识，传播了不少经验，可为申报减轻压力。”

叹者:“项目申报，竟有如此说道！不看不知道，一看吓一跳！才知失之有理，罪过在己，怨不得人。”

喜者:“项目申报有方，有规律可循了！申报减少了失误，精益求精有了指南，获胜概率会增大。”

忧者:“申请书相对规范了，报项不再拼颜值，更拼内容了。将会写坏学人，累坏评委！”

本书以问答形式谈申报问题。所谓“人文社科基金”，主要以国内顶级人文社科基金为例。所谓 300 问，实为 300 条目，一般是一条一问，时有一条二三问。多数条目简问简答，300—400 字，一般不过 500 字，以讲明为准，力避冗余。许多答问只显冰山一角，如第 91 问“炼题：一坨泥何以炼出青花瓷？”，要讲清讲透，可讲一两个小时。

报项成功并非徒凭技巧，而凭功力：思精语简形式美。本人常被评，常评人；组织过申报，常指导申报；每年琢磨申报政策，有过百场申报交流。因此，全书汇集了自己的教训和他人的经验，汇聚了东南西北老中青学人的申报心声，本人更是尽了书记员的角色。书中问题来自实践，又落脚于策略，突出“实”字，实问实答。

全书大致按申报前、中、后三阶段从宏观到微观组织问答，以申请书为整体，内含活页，向报前准备和报后评审两头延伸。相应板块多半给出示例，申请书的实例多数按原样缩小入书。问与答关涉申报原理，示例仅供参考。此外，佐以每轮答问的实证不下百例。300 问及 177 个案例总体分布如下：

分类	问题数	示例数	分类	问题数	示例数
申报总论	8	0	研究基础和条件保障	12	0
项目指南	3	0	经费预算	2	0
申报管理	7	0	推荐人意见	2	0
封面设计	17	0	编撰之道	20	0
数据表	20	1	评审过程	24	0
课题论证≈活页	184	175	申请书兼活页样本	1	1

每年申报前各单位大都请专人讲座，可是时间短、内容多，所讲方法只能是大思路、大原则、大框架，难以见到具体而可操作的讲解。本书既重宏观介绍，更重实际操作。不过，纸上得来终觉浅，绝知此事要躬行。琢磨报项，会逐渐觉出一种乐趣！且读且用，拿拟报的申请书，按问答与示例试着改一改，在实践中超越，成个人之法；看问答，知原理，仿示例，明技巧，希望无数次模仿，总是被超越。若另有不清楚的问题，请来信：da300wen@163.com。

所论内容每年或有些许变化，须以当年的申报指南和申报通知为准，特请留意！

本书可让新手入门，老手升级；为“虎”添翼，关键是您要内炼成“虎”！

黄忠廉

2017年3月1日

于广州白云山下三语斋

目　录

二、项目指南

三、申报管理

四、封面设计

（一）学科分类

（二）项目类别

（三）申 请 人

（四）单 位 日 期

（五）签 名 签 章

五、数 据 表

（一）课题名称和关键词

（二）各 种 代 码

（三）研 究 类 型

（四）课题组成员

（二）项目选题

（三）课题名称

（七）简 评

（八）国内外学术动态*（2021 年起略写）

（九）价　　值

（十）项目同比新进展*（2021 年起新增）

（十一）研究内容

1. 对　　象

2. 框架思路

（1）总体框架

3. 研究计划

（1）常问常答

（2）新问新解*

4. 可行性

（十三）创新之处

1. 常问常答

2. 核 心 观 点

3. 新 问 新 解*

（十六）参考文献（略写）

1. 常 问 常 答

2. 新 问 新 解*

七、研究基础（申请书）和条件保障

（一）学术简历

1. 学术兼职

2. 学术积累与贡献

（二）研究基础

（三）承担项目

（四）与已承担项目或博士论文的关系

（五）条件保障

八、经费概算

九、推荐人意见

十、编撰之道

（一）版面编制

（二）表达艺术

十一、评审过程

（一）评审概说

一、申报总论

（一）常问常答

1 国家社科基金项目信息知多少？各级立项有何侧重？

国家社科基金项目由全国哲学社会科学工作办公室负责管理与审批，始于1991年，全国哲学社会科学工作办公室一般简称“全国哲社工作办”或“全国哲社办”，各省（区、市）均设相应的“规划办”。国家社科基金项目的相关信息可概括为：六类，一报，一库，一刊（见表1）。

表1 国家社科项目相关信息概况

类别	具体名称	简况
六类	即六大类项目：年度项目、后期资助项目、重大项目、特别委托项目、西部项目、中华学术外译项目，详见本书第27页表8。	
一报	《成果要报》	是服务于党政科学决策的内参，具有思想库和智囊团作用，国家项目承担者和非承担者均可投稿。
一库	《国家哲学社会科学成果文库》	要求成果全部完成，尚未出版。结项为良好以上的国家社科基金项目成果或未受国家社科基金资助的成果均可申报。
一刊	“国家社科基金”专刊	由全国哲社办与《光明日报》《中国社会科学报》《人民日报》《人民论坛》杂志联合推出。国家项目承担者及社科学人均可投稿，旨在交流社科研究与管理经验、展示项目成果、宣传优秀学人等。

基金项目重在为国家服务。国家级项目多支持基础研究，部级项目基础与应用大致平分秋色。省、自治区、直辖市社科项目多支持应用性研究，为当地经济建设服务，所以社科类项目是主体，人文科学项目较少，有的地方曾经阙如。

2 项目申报有哪三级作用？

国家社科基金项目是我国目前唯一的国家级哲学与人文社科研究项目，在省（区、市）、高校科研机构以及个人三个层面具有不同的作用，具体如下：

第一，是省、自治区、直辖市社科研究综合实力的体现，以展示其学科建设、人才队伍、科研成果等在全国的地位，可提升其在全国的学术位次，增强哲学社会科学的竞争力，更好地为各级政府科学决策服务。

第二，提升高校或科研院所的社科研究综合实力。高校或科研院所承担国家社科项目的数量和完成的质量，是考量其综合实力的重要指标。著名的理工类大学进入全国高校百强，主要指标是人才培养和科学研究，后者据自科和社科两项评定，重视国家社科的高校明显排名靠前。另外，学校申请硕士点、博士点、申报重点实验室、重点研究基地等也需国家社科项目的支撑。

第三，是体现科研人员学术能力的重要标志，于学者个人学术成长十分重要。获批项目，既是较高的学术荣誉，又能体现学术素养与能力，产生相应的学术影响，奠定一定的学术地位。凭借项目，学者可以脱颖而出，成为学术骨干，在评职、晋级、申请各种荣誉、奖项等方面均会增添竞争力。青年学者应学会单独申报，争当课题负责人，以此训练勇克学术难题的胆识。

3 申报前需设哪三层七问？

科学研究要突出科学的问题意识，申请前，要有总思路，不妨从三个层面设问：1）what，即要解决何问题，应明确研究的对象、目标和内容等；2）how，即如何解决这一问题，应清楚研究的思路、方法、计划、可行性等；3）why，即为何申请基金项目，为何要解决这一问题，国内外动态如何，有何意义，应了解选题依据等。

报项目，做何题、如何做、为何做，最为重要的是先找题，即做何题。先是提出问题，再提炼成选题。提出问题常比解决问题更重要。选题其实不易，有人止于比较大的宏观问题，如“A 与 B 研究”“A 之下 B 研究”之类，而提不出真正切合学科发展或满足现实需求的选题，是因有欠深入。为此，至少需静心自问七个问题：

1）所报项目非常重要，他人也在尽力解决？

2）至今未得其解，遇到了哪些瓶颈？

3）前期成果为其已奠基础，却未完全解决，还需做些什么？

4）有何解决良方？有何思路、框架和计划？

5）研究对象不大不小，颇有难度，多少资金为宜？

6）若经系统探索，可推出哪些系列论文和最终成果？

7）现有团队和软硬条件不错，还需创造什么条件？

对上述问题的回答，实际上构成了申请书的基本内容。

4 申报期：一个年与一整年何异？

常发现国家公告发布后，申请人才开始真正转入“写本”阶段，年终、元旦、寒假、春节基本投入其中，前后约两个半月。常听到“一个年都没过好”之类的抱怨。那么，申报期到底要多久？

千万不要轻信有人说“我一个月就搞定了”！即使是真，也不可复制！写，可能一月有余，思考却不止一月！若将春节看作时点，春节前的一年则可看作时段。要想稳操胜券，炼“本”至少得一年！毫不夸张地说：“一年没过好。”正可谓报项重内容，重在平时！琢磨是每时每刻的，从炼题到锤炼文字，常炼常新，终能获得思想。好文绝对是推敲的产物，好题绝对是长期思考的结晶。灵感乍现，那是酝酿中的瞬间！

上次申报之后就开始思考下次的题目。赢得足够的时间，以检查申请书存在的问题。写与改，一整年与一个年，其质量可能云泥之间。平时要多做研究，多总结，多发文，这就是项目的研究基础，显出你长期的准备与本项目密切相关，无形中会增加命中率。平时多看期刊与网站，观察学界最新动态，尤其关注近几年内已批项目，一为吸收借鉴，二为避免重复。

5 申报如何未雨绸缪？又如何顺理成章？

选题多是长期跟踪研究的问题。凡事预则立，不预则废。可以未雨绸缪，学人在多年研究中瞄准一个相关甚至几个稳定的方向，平时关注国内外科研动态与前沿。先定题，用心设计，发表一批相关成果，做足前期积累，凝练主题；力争与会，加强交流。这种选题思路符合演绎法，从一般到具体，从共性到个性。

与此相反，可以先立小方向，凭兴趣系列发表文章，再从中整理，归纳出不同的选题，可谓水到渠成。笔者有一同窗，专心问学，想立项。我们将其所发文章全拿来，一起整理、归类，归出几大类，加以命名。再从几类中提出一个命题，当年报省社科项目，就命中了，后又中了部级与国家级项目。这种选题思路符合归纳法，从具体到一般，从个性到共性。

6 结项与报项如何衔接？重立项轻结项遗患何在？

上一项目结项与下一项目申报之间如何衔接？有人认为结项报告在寄送全国哲社办之后，即可申请当年的新项目，其实不然。社科办不定期都会发布结项消息，不必等通知到手才去申报，因为结项证书到手有时需要时间。网上公示只要一结束，即可再报。

以往有人或单位重立项，轻结项，害有拖延症。于自己，结项延时，影响研究节奏，影响自己继续申报；于单位，积压项目过多，影响整个单位后面的申报（参见表 2）。拖延过久还会导致项目流产取消。项目获批后，研究工作不中断，宜早不宜迟，应早动手，持之以恒地做。匀速恒久远，慢工出细活。

表 2 2016 年上半年年度、青年和西部三类项目结项

月份	项目数	结项情况				
		优秀	良好	合格	免鉴	缓结
1	150	13	54	61	22	36
2	230	13	77	129	11	45
3	192	16	93	72	11	59
4	140	14	53	62	11	26
5	115	9	56	47	3	34
6	186	14	77	88	7	40
总计	1013	79	410	459	65	240
百分比%	100	7.80	40.47	45.31	6.42	23.69

由表 2 可见，国家社科年度项目、青年项目和西部项目结项情况每月发布。其中，“优秀”不多（7.80%），“良好”（40.47%）基本少于“合格”（45.31%），二者是主体，免于鉴定者（6.42%）也基本少于“优秀”，可见同行专家鉴定还是非常公正的，具有公信力与判断力。更应注意的是暂缓结项者占了 23.69%，相当于每年近四分之一的项目完成送审后还需参照鉴定意见修改，再报全国哲社办复审或重新申请鉴定！

7 项目公告有何用？何时发布？如何早知道？

平时要关注每年的项目申报公告，了解时事，关注国家所重方向和指导思想。每年项目公告的指导思想会有些微变化，要特别注意国家主导的方向，从中捕捉导向，以便选择更能为国服务的选题。例如，2011年突出理论与现实问题；2012年突出现实问题研究，服务国家大局，可能会倾向于政策性研究。

每年一般在12月全国哲社办发布下一年度国家社科基金项目申报公告。欲知详情，可关注下列网站（尤其是第一站）：1）全国哲学社会科学工作办公室网站：http://www.npopss-cn.gov.cn；2）中国高校人文社科社会科学信息网：https://www.sinoss.net/；3）各省市自治区哲学社会科学规划办公室网站；4）各高校与科研院所科研网站。

8 项目报审常用术语知多少？

项目的申报、评审与管理常用一些与项目相关的术语，甚至是未完全术语化的词语，有必要掌握基本的行业用语、俗术语、类术语、初术语、准术语和术语，以便彼此交流。各级项目申报与评审用到的不同术语，大致可分为专称和俗称。众所周知而比较固定的术语在此不列，仅列出用于报审的一些术语的简称、俗称、别称或解释，见表3，仅供参考。

表3 常用项目报审术语

类型	专称	简称、俗称、别称或解释
申报	申请人	申报人；申请者；申报者；负责人；项目负责人；项目承担者/人……
	申请书	本子；申报书；申请表；项目书；申报材料……
	填报申请书	写本；填表；填本子；写本子；写标书；填写申请书……
	申报项目	报项；申项；竞标；报课题；项目申报……
评审	项目评审	评项；审读；审项；把关；过本子；读本子；标书评审；项目书评阅……
	预审	预评；报国家前各地各单位组织的评审，以助把关，或初步淘汰，限额申报……
	通讯评审	函评；初评；初审；初选；筛选；送审；盲评；盲审；通评；匿名评审……
	通讯评委	函评评委/专家；初评评委/专家；初审评委/专家；盲评评委/专家；盲审评委/专家；初选评委/专家；筛选评委/专家；送审评委/专家；匿名评委/专家……
	会议评审	会审；入围；上会；会评；复审；终审；终评；提名入围；通过函评……

续表

类型	专称	简称、俗称、别称或解释
评审	会议评委	大评委；终评评委/专家；上会评委/专家；会评评委/专家；复审评委/专家；终审评委/专家；会审评委/专家……
	推荐立项	立项；获批；中标；上项目……
	主审专家	主审；主审人；评审人；主审者；评审专家……
	副审专家	副审；副审人；副审者……

（二）新变新解*

9* 2021年起国家社科项目申报书有哪些大变化？有可商榷之处？

2015年国家社科基金项目申报活页由4000字扩至7000字，改革力度非常之大，涉及篇幅，更涉结构；当时《300问》未出，大家各显神通，2015、2016年项目申报小有波动。2017年《300问》面世后，大家逐渐适应新变化；刚适应五年，2021年学人们又遇改革，对善于琢磨者这是机遇，对有的人则是挑战。

2021年的改革变化按大小可分为：1）申请书去掉了“条件保障（完成本课题研究的时间保证、资料设备等科研条件。）”，去掉了近千字，大家不再拼平台之类了，拼得更是水平。2）活页设六道题，减去了“研究方法”，将“思路”分解前移，并入“框架”。3）活页六道题中四道题要求“略写”。4）前期成果仍限填5项。详见图1。更多变化见本书带*号的问题。

2021、2022年是众人项目申报摸索的两年。比较图1、图2，经观察，逐渐了解且适应新变化之后，除第一版的某些问题未解决之外，改革可商榷或存疑之处至少有：1）“研究方法”是项目的灵魂之一，能否删除暂且不论；既然被删，评审意见表却仍明确要求论证“研究方法”，整个申报不能自洽。2）活页六道题有四道要求略写，却未作或不便于作篇幅或数字要求；“略”是模糊词，如何略，多少为略？见仁见智，申报者与评委均难把握。3）“选题依据”新增“新进展”与其前动态和价值的逻辑关系暧昧。4）“研究内容”的“（框架思路要列出研究提纲或目录）”逻辑上应在“框架思路”之后。5）“课题设计论证”与活页的格式不一，中西杂糅，行距与段距也不一致。

课题名称：
本表参照以下提纲撰写，要求逻辑清晰，主题突出，层次分明，内容翔实，排版清晰。除“研究基础”外，本表与《申请书》表二内容一致，总字数不超过 7000 字。 1. ［**选题依据**］ 国内外相关研究的学术史梳理及研究动态（略写）；本课题相对于已有研究的独到学术价值和应用价值等，特别是相对于国家社科基金已立同类项目的新进展。 2. ［**研究内容**］ 本课题的研究对象、框架思路、重点难点、主要目标、研究计划及其可行性等。（框架思路要列出研究提纲或目录） 3. ［**创新之处**］ 在学术思想、学术观点、研究方法等方面的特色和创新。 4. ［**预期成果**］ 成果形式、使用去向及预期社会效益等。（略写） 5. ［**研究基础**］ 课题负责人前期相关代表性研究成果、核心观点等。（略写） 6. ［**参考文献**］ 开展本课题研究的主要中外参考文献。（略写）

图 1　2021 年国家社科基金项目课题论证活页节选

国家社会科学基金项目通讯评审意见表

评价指标	权重	指标说明	专家评分							
选题	3	主要考察选题的学术价值或应用价值，对国内外研究状况的总体把握程度。	10 分	9 分	8 分	7 分	6 分	5 分	4 分	3 分
论证	5	主要考察研究内容、基本观点、研究思路、研究方法、创新之处。	10 分	9 分	8 分	7 分	6 分	5 分	4 分	3 分
研究基础	2	主要考察课题负责人的研究积累和成果。	10 分	9 分	8 分	7 分	6 分	5 分	4 分	3 分
综合评价	是否建议入围		A. 建议入围　　B. 不建议入围							
备注										
评审专家（签章）：										

图 2　国家社会科学基金项目通讯评审意见表

可以预见，约五年之后，活页与申请书还应进一步优化，甚至可向国家自然科学基金项目学习，“课题设计论证”与活页的篇首增设“题解”或“提要”

的要求。

10* 如何以变应变？如何自问寻出路？

面对改革，观察“课题设计论证”（见图 3）与活页（见图 1），申请者自然要思考：为何发生变化？背后有何逻辑？妥当与否？活页与申报书均有变，二者相应吗？协调吗？活页内部变化是否自洽？有无疑处？研究新进展从何而来？如何扩容？如何布局？框架思路二合一，合理吗？项目研究真不用方法？等等。

面对改革的系列问题，人人都会问：路在何方？如何迈步？此前获批，靠的或是水平+运气；参考《300 问》，靠的或是水平+方法；那么，面对新变化，遇大变欲获胜，则要一靠水平，二靠运气，三靠智慧。由此自寻出路，不妨：1）将原有活页与论证统一起来，或将图 1 的六道题彼此之间手工空出一行，或遵循图 3 既定的段前空出 0.5 行，保持六道题不自乱阵脚。2）“课题设计论证”与活页的填写要求均用 5 号宋体，五/六道题及其提示语要求用小 4 号宋体；申请者或可全部用 5 号，或可全用小 4 号，效果可见图 7—9，申请者自我调整，自行统一，以最佳面世。3）比较科学地调整改革后各题的篇幅，大致匡算各道题的字数，力争做到再次“黄金分割”，请看下一问。其他出路详见新增的问题。

本表参照以下提纲撰写，要求逻辑清晰，主题突出，层次分明，内容翔实，排版清晰。除“研究基础”填在表三外，本表内容与《活页》内容一致。

1. **［选题依据］** 国内外相关研究的学术史梳理及研究动态（略写）；本课题相对于已有研究的独到学术价值和应用价值等，特别是相对于国家社科基金已立同类项目的新进展。
2. **［研究内容］** 本课题的研究对象、框架思路、重点难点、主要目标、研究计划及其可行性等。（框架思路要列出研究提纲或目录）
3. **［创新之处］** 在学术思想、学术观点、研究方法等方面的特色和创新。
4. **［预期成果］** 成果形式、使用去向及预期社会效益等。（略写）
5. **［参考文献］** 开展本课题研究的主要中外参考文献。（略写）

图 3　2021 年的课题设计论证

11* 较之于以往，活页 7000 字该如何再次“黄金分割”？

2021 年改革决定了各道题的篇幅变化，具体坐实为各题可填字数的调整。据研究与近两年申报的观察，7000 字内容可作如下微调，详见表 4。请比较第 77 问的表 12。

表 4　评审权重与活页各题篇幅的分割

<table>
<tr><th>指标</th><th>权重</th><th colspan="3">字数分配与所填内容</th><th>字数大致细分</th></tr>
<tr><td>题解</td><td></td><td colspan="3">解释题目，概括 7000 字</td><td>200</td></tr>
<tr><td rowspan="4">选题</td><td rowspan="4">3</td><td rowspan="4">2100</td><td rowspan="4">选题依据</td><td>内外动态（略）</td><td>1180</td></tr>
<tr><td>内外简评（略）</td><td>320</td></tr>
<tr><td>独特价值</td><td>320</td></tr>
<tr><td>同比新进展</td><td>280</td></tr>
<tr><td rowspan="7">论证</td><td rowspan="7">5</td><td rowspan="7">3500</td><td rowspan="5">研究内容</td><td>研究对象</td><td>160</td></tr>
<tr><td>框架思路</td><td>1660</td></tr>
<tr><td>重点难点</td><td>400</td></tr>
<tr><td>主要目标</td><td>160</td></tr>
<tr><td>计划及可靠性</td><td>560</td></tr>
<tr><td colspan="2">创新之处</td><td>240</td></tr>
<tr><td colspan="2">预期成果（略）</td><td>320</td></tr>
<tr><td rowspan="2">基础</td><td rowspan="2">2</td><td rowspan="2">1400</td><td colspan="2">研究基础（略）</td><td>520</td></tr>
<tr><td colspan="2">参考文献（略）</td><td>880</td></tr>
</table>

特别说明：国家社科项目申报活页规定了总字数，未作“超过字数不可上传”的硬性要求；只要不超过 8 页即可，字数略超 7000 也不为过，这样既定原则，又显灵活，比较科学。循此，表中各部分建议字数是基准数，可略上扬 40—200 字，依各部分的权重而定。

12* 活页 8 版设计如何疏朗？六道题如何展开？有何特效？

活页 8 个版以小 4 号算，每页约 1500 字，共计 12000 字。填写 7000 字，即便去掉活页内原有的 600 余字，依然绰绰有余。为使行文疏疏朗朗，12000 字的版面不妨循此设计：1）六道题彼此之间手工空一行；或统一遵循“课题设计论证”既定的段前空 0.5 行，保持六道题板块分割，层次分明。2）四周留白，即先手工操作，每页上下各空一行，再在工具栏之“布局”之“缩进”下，右向缩进 0.5 字符，左向缩进 0.5 字符，以便整个活页左右略空，更显美观，详见例 178。3）每个自然段末尾尽量留下 4 字左右的空间。4）最后一页空余 4 行左右，不写满为好。

活页的六道题有人保留六道题所占的 9 行，后面再逐题填报，其实不必，完全可以开篇就一一作答。只是建议在“选题依据”之前增设“题解”，让评委对整个活页窥斑知貌。详见例 177、178。

13* 评审意见表与活页对比看出什么？以何为准？如何自洽？

由图 1、图 2 可知，2021 年改革后，发现申报书与活页有诸多相左之处。申报书格式且与活页相异。汉语填报，排版宜汉化。比如，一行结束回行，出现了西式排版格式，而非汉语常态语篇或版面格式，不符合常态编辑规范，有碍观瞻。

活页行距与申请书也不一样，申报书所设定的段距为 0.5 行，而活页则为 0 行。为求二者呼应或整个申报自洽，方法之一：可在工具栏之“布局”之“间距”下，将申请书“课题设计论证”的段前间距 0.5 行改为 0 行，与活页一样，每道题填毕再手工回车空一行。方法之二：可将活页每道题的段前间距 0 行改为 0.5 行，以与申请书“课题设计论证”的段间距保持一致。效果请见图 4 与图 5。

本表参照以下提纲撰写，要求逻辑清晰，主题突出，层次分明，内容翔实，排版清晰。除“研究基础”填在表三外，本表内容与《活页》内容一致。

1. [选题依据] 国内外相关研究的学术史梳理及研究动态（略写）；本课题相对于已有研究的独到学术价值和应用价值等，特别是相对于国家社科基金已立同类项目的新进展。

2. [研究内容] 本课题的研究对象、框架思路、重点难点、主要目标、研究计划及其可行性等。（框架思路要列出研究提纲或目录）

3. [创新之处] 在学术思想、学术观点、研究方法等方面的特色和创新。

4. [预期成果] 成果形式、使用去向及预期社会效益等。（略写）

5. [参考文献] 开展本课题研究的主要中外参考文献。（略写）

图 4　课题设计论证优化版

本表参照以下提纲撰写，要求逻辑清晰，主题突出，层次分明，内容翔实，排版清晰。除“研究基础”外，本表与《申请书》表二内容一致，总字数不超过 7000 字。

1. 选题依据 （国内外相关研究的学术史梳理及研究动态〈略写〉；本课题相对于已有研究的独到学术价值和应用价值等，特别是相对于国家社科基金已立同类项目的新进展。）

2. 研究内容 （本课题的研究对象、框架思路、重点难点、主要目标、研究计划及其可行性等。〈框架思路要列出研究提纲或目录〉）

3. 创新之处 （在学术思想、学术观点、研究方法等方面的特色和创新）

4. 预期成果 （成果形式、使用去向及预期社会效益等。〈略写〉）

5. 研究基础 （课题负责人前期相关代表性研究成果、核心观点等。〈略写〉）

6. 参考文献 （开展本课题研究的主要中外参考文献。〈略写〉）

图 5　活页各题优化编辑效果

14* 如何理解略写？如何“减量提质”？如何相对突显？

申请书或者活页改革，多处要求“略写”，那么简略了什么？更加强调了什么？与 2015 年改革相比，2021 年更在质的提升，有“减量提质”的趋向，即总量不变，优化内部结构，提升整个申报质量。

调整后的申请书或是活页更加强调：1）综述减少，增加新进展，即减少了前沿性篇幅，增加了前瞻性比重。2）价值增加，综述分流或略写，新增“进展”，实为对未来的展望，暗含着价值相应自我提升。3）内容整合，整体感与有机性更强，系统性更大；思路与框架本来相叠，合并后或可部分避重，至少是相关项靠拢，更为浑然。4）创新之处看似未变，但前后双减，多处缩略，前后反差较大，反将创新突出，创新点更为彰显，亮度倍增。

15* 题解到底可设于何处？可随新变化作何种微变？

《300 问》面世五年来，申报实践有力地证明“题解”于项目申报有胜于无。200 字左右的题解不属于选题依据，而是 7000 字的高度浓缩。但在填报实践中，有人放在“选题依据”内容之首，认为是综述的有机构成。其实，应设于“选题依据”即第一道题之前！题解有如文章的摘要，详见第 118—123 问。题解围绕何时、何地、何人等十何展开，藉此评委 10 秒钟可以读懂你。另，题解应设，“题解”二字未必要写。试比较例 177 与 178。

因7000字内容的活页统归于六道题，而每道题都有新要求，牵一发动全身，那么题解也可因变而变，它至少可含对新进展的反映，详见图6中“国家社科基金无同类立项”，其替代品还有“国家社科基金此前有局部交叉的立项”“此前国家社科项目略有涉及”“与此前国家社科项目偶见交叉”“与已立项目有渊源”“项目同比新进展较大”“同比立项仅2项”，等等。此类微变，目前一般人暂察觉不出，可有可无，如例178就未见反映。

本表参照以下提纲撰写，要求逻辑清晰，主题突出，层次分明，内容翔实，排版清晰。除“研究基础”填在表三外，本表内容与《活页》内容一致。

题解

公共路牌、广告牌、街名、地名、商铺招牌以及公共标牌上的语言共同构成了语言景观。本项目拟从社会语言学、翻译学等角度对比分析“一带一路”13个汉俄语国家的语言景观，充分描写且提炼双语模式，比对异同，以此为据创建汉语言景观俄译模式，促进中国文化走向走入俄语国家。国家社科基金无同类立项。

本课题与2021年度国家课题指南“……学”部分第……、……选题密切相关。

图6 “题解”或可微变

16* 如何优化各题提示语及其编辑？四级标题如何出彩显层次？

以活页为例，六道题的提示语不作改动，也能填报。凡事怕认真。殊不知，较大型的国家级大规模考试，如高考或考研，一般是题与序号占一行，详细的题意另起一行，美观疏朗有层次。即便项目申报单独立类成型，也要遵守通行的编辑原则。2021年改革后，若想整体求得规范美观，黑体字标示的六道题可从括号内解放出来，它才是题目的主体，而旨在说明题意的提示语反可用括弧辖制，字体可略小半号，即用5号，且用楷体，显得娟秀，更能衬托主题。依据第75问所讨论的问题，结合新变化，正文展开时比较规范的效果见图5。

整个表格填报宜用不同的字体反映层次。若将全稿正文用仿宋作为基本字体（详见下一问或例 178），按实际所需，一至四级标题不妨分别用：一级黑体加粗，二级黑体，三级楷体加粗，四级楷体。编辑效果见图 7。当然，这种分层标示方式因人而异，仅供参考。

课题名称：	中国武术外译话语体系构建研究

1.选题依据

1.1 国内研究

1.1.1 中国武术外译研究发展脉络

中国武术外译的历时转向 传教士译介中国武术始于乾隆年间（朱广收 2010），1750 年 Amiot 开始武术外译；武术翻译 20 世纪 30 年代用于军事，1936 年武术翻译走进柏林奥运会（何启君 1989）。本阶段以口头传译为主，语料零散，文化传播功能缺失。

武术译介与传播范式转换 翻译适应选择论、翻译美学等逐步用于武术术语标准化和专业化、语言隔阂、武术翻译策略、武术教学等研究；利用现代数字媒介及汉语桥、孔院等（郭玉成 2013；李晓婧 2014）对外传播研究愈加广泛，武术对外传播话语体系有待形成。

对外武术话语体系初步探索 体育界（梅继伟 2013；郭新全 2018；张飙 2019）等对中国体育对外话语体系有所涉及，多取国内视角，为具体议论与微观策略，未及语际本体。据《中国国家形象全球调查报告 2013》中国武术最能代表传统文化，可助其中国形象提升。

1.1.2 中国武术外译实践存在问题研究

武术外译扩大了海外影响力，但外译实践存在问题：标准不一，错译、乱译、硬译等普遍，不利于海外接受（谢应喜 2007）；翻译语料单一、领域偏狭，多为教材、期刊、报纸、广告等零碎素材（李晖 2019）；武术人文典籍外译罕见；以英语为主，外译语种尚不多。

1.1.3 中国武术外译传播障碍问题研究

术语繁杂与理解障碍等导致武术失去国际话语权（梅继伟 2013）；话语模糊（金玉柱 2019）、释义缺位等妨碍了武术话语形成特定的体系；国外对武术文化的玄虚印象、妖魔化、污名化等阻碍了文化交流（赵明元、候军 2018），中国武术故事传播障碍亟需清除。

1.1.4 国内翻译话语体系尝试构建研究

与本选题最相关的是翻译话语体系的创建。中国翻译话语体系分直接与间接两种（张佩瑶 2004），具有中国特色，其创建基于传统译论话语的研究、转换、解释与传播（蓝红军 2018）；其具体创建离不开一切多学科融合（刘涛 2017），更有赖于挖掘传统术语、提炼现代概念、借鉴国外范畴、完善已有表述（方梦之 2019）。

图 7 四级标题的层次感

17* 全稿的字体、字号、行距等有几套新方案？何处何字体可小半号？

相对于 314、315 问，改革后全稿的字体、字号、行距等也会有新变化。活页与申请书给定的文字是小 4 号宋体，这又是一大改革。但是问题来了：字号大了，行距也会产生相应的要求，版面与字数也会发生变化。尤其是都是小 4

号宋体排版，仿佛是一列矮壮士兵显不出挺拔之美，缺乏国旗队的伟岸感。

为此，有三套建议方案：1）用小 4 号宋体，每行 40 字，行距 1.25 倍，但略有挤压感；若加粗，墨则浓，方块字更不好看。2）用小 4 号仿宋，每行 40 字，行距 1.25 倍，显得清瘦，但颜色略淡；即便加粗，打印出来也亮度不太浓。3）用 5 号，每行 46 字，行距 1.25 倍。从 2022 年起，所有学科改为线上通讯评审，纸质效果可以无虞。试比较小 4 号仿宋的图 6、5 号宋体的图 8 与小 4 号宋体的图 9，个人还是认为图 6 优于图 8，图 8 优于图 9，当然，可以见仁见智。申报者不妨做出三个版本，比较之后再作出决定。

> **题解**
>
> 公共路牌、广告牌、街名、地名、商铺招牌以及公共标牌上的语言共同构成了语言景观。本项目拟从社会语言学、翻译学等角度对比分析“一带一路”13 个汉俄语国家的语言景观，充分描写且提炼双语模式，比对异同，以此为据创建汉语言景观俄译模式，促进中国文化走向走入俄语国家。国家社科基金无同类立项。
>
> 本课题与 2021 年度国家课题指南“……学”部分第……、……选题密切相关。

图 8　正文 5 号宋体 1.25 倍行距排版效果

> **题解**
>
> 公共路牌、广告牌、街名、地名、商铺招牌以及公共标牌上的语言共同构成了语言景观。本项目拟从社会语言学、翻译学等角度对比分析“一带一路”13 个汉俄语国家的语言景观，充分描写且提炼双语模式，比对异同，以此为据创建汉语言景观俄译模式，促进中国文化走向走入俄语国家。国家社科基金无同类立项。
>
> 本课题与 2021 年度国家课题指南“……学”部分第……、……选题密切相关。

图 9　正文小 4 号宋体 1.25 倍行距排版效果

改革后正文全部使用小 4 号，请看图 7 所示的实例。此外，小半号即 5 号字体至少可用于如下几处：1）提示语，毕竟提示语只是解释题意，不宜喧宾夺主；提示语整体用楷体，可以反衬六道题的正文，尤其是第一题，提示语较长，效果更明显，方圆相济，共显美态，详见图 5。2）前期成果，因条列比较清晰，不妨小半号。3）预期成果，理由同前。4）提纲或目录，只是研究框架的附设，能一眼扫尽即可。5）参考文献，如同期刊的参考文献，小半号，排版占幅较少，效果更佳；若略超一行的文献（如外文文献）较多时，也不妨利用小半号字体争取一点版面，也求美观。详见例 178。

18* 提示语如何分用？何时可增？效用如何？

六道题的提示语按题意拆分后，本身就起到了语篇衔接作用，如例 177 只是对既定提示语略作了简化，将其“选题依据”的提示语切分为 4 个标题。而 2021 年后各题提示语不仅切分简化，更是改造优化，如“国内外相关研究的学术史梳理及研究动态（略写）；本课题相对于已有研究的独到学术价值和应用价值等，特别是相对于国家社科基金已立同类项目的新进展。”一分为五：国内研究动态、国外研究动态、国内外研究综评、独特价值、项目同比新进展，以简明引领解题要点，详见例 178。

填报之中还可适时适地增加提示语，以优化整个填写效果。如在某一级标题之后括注提示语，一是用作语篇手段，或上下，或前后起连贯作用；二是对部分内容具体化，是内容与语篇形式的融合，可向评委坦陈填写思路，让评委懂你。如例 178 中为各大小标题添加的提示语，成为极好的内容润滑剂。

二、项 目 指 南

19 为何要重视项目指南？其特点如何揣摩？

项目指南即课题指南，课题指南由全国哲社办向各学科专家和国家有关部门征集而成，反映了国家亟须解决和面临的重大理论或实际问题，可在研究方向和范围上为申请人提供选题依据与指导。

课题指南每年设计，大致两类：基础研究与应用研究，既不太泛，也不太碎。基础研究追踪国内外学术发展与学科建设的前沿与动态，涉及学科建设的重要基础理论问题，突出原创性、理论性与开拓性。而应用研究围绕国家决策亟待解决的重大现实问题，涉及经济社会发展的重大现实问题，突出对策性、预测性和时效性。

20 项目指南可以遵守，但不死守？

遵守指南，并非指总是选指南的题目为题，而是指符合指南的范围，因为指南所定的是当下所需的基础理论问题和现实重要问题，重点课题更是国家急需研究的问题。拟报项目尽量贴近指南，不求与其完全相同。

项目指南为申请者指引方向，往往提供大的研究领域，未必适于直接用作选题。申请者有必要理清自己的选题与课题指南的关系，需自行设计具体题目，无明确研究对象或问题指向的申请书一般不会被看中。相反，国家还鼓励自选项目，21 世纪以来，加大了自选力度，更是旗帜鲜明地强调根据个人研究兴趣和学术积累自选课题。函评时，通讯评委一般不会手持指南审阅申请书，而是据所了解的本学科情况做出判断；会评时偶尔会从本年度国家所需的角度平衡所报项目与国家项目指南的关系。

21 如何理解项目申请的四种特殊性？

时代性、政治性、地域性和民族性是项目的四种特性，前二者在时间上关涉国家需要，后二者在空间上关涉国家需要。

当前的国内热点问题和重大问题可决定选题方向，以其为选题，以把握时代脉搏，可体现与时俱进的前瞻性。例如，奥运后经济萧条问题、全民健身大热后的疲倦问题；与冬奥会相关的冰雪运动、边疆体育曾是重点研究对象；“一带一路”“中国引领国际经贸规则研究”很是契合当时国内热点问题。

紧扣国内外政治热点，根据政治性捕捉选题，可突出党的理论创新成果研究。每年有些选题与国家政治相关，如《藏汉词典》的编纂，比较藏汉词根，提出了二者同源观，说明二者属同一范畴，从藏汉文化为据反对西藏分裂势力，突出了政治意识，具有现实意义。又如边疆的文化、安全问题也曾是一时之选。

有些项目立足当地，地域特色会成为课题选择的重点。例如，突出西部改革发展与稳定的重大问题研究，突出巩固民族团结、维护祖国统一的研究。选题注意特色，但有些地域不能过分“特色”，特色也要具有全国性启示意义。题目必用地名时一般要用××代替，因地名多为双字地名，而选用×××表示，可能引起对“黑龙江”“内蒙古”等地的猜测。而行业特色选题一般无此问题。

突出民族性，加强对某些民族地区优势或特色学科的研究，围绕民族学、宗教学、历史学、文学、语言学等学科，具体涉及少数民族社会发展调查、文化遗产抢救保护、生态环境保护建设、边境宗教传播管理、历史文献挖掘整理等。例如，桂、滇、藏、新等地命中率最高的是民族类课题；云南、四川、西藏等地的藏族问题；部分西部欠发达地区的区域性问题。民族经济、民族文化、跨境族群等领域研究在国内有优长。

三、申 报 管 理

22 积极型项目管理如何常态化?

每年的项目申报都撞上年终、放假、元旦、春节、节后上班等张弛交替期，课题申报管理可能受时间影响，最好是将两个半月的阶段性推进转为立足全年的常规化管理。

整个项目申请过程，管理者都大有作为。科研秘书、科研处和科研主管，应了解政策，掌握概况，了解报批历史，且能分类分析掌握相应学科的申报情况。单位应建有整体和各学科的各种图表，以备随需随查，灵活检索，井然管理。共性问题可用表列出，以便随时调用，不断地丰富报审经验，总结其规律，建立比较稳定的管理文件，以微变应万变，提高效率。相应的评审用语可见表 5。

管理者有帮助、指导之责，也有培训、提高申请人申报能力的义务。遇上不符规范的申请书，可以返回重填，以促其用心用力，助其成为成熟的学人。管理者是申请人难得的支持者，可与其通邮通电；可以面谈、交流、办会等；可参与或组织基金评审会，有助于对项目申请的了解；可了解专家筛选的理由和专家对项目的反应，为申请人提供有关评审流程的建议。

23 如何做好报前、报中与报后的有效管理?

颇具创意、深入细致的有效管理者至少可以做好：

第一，报前管理。全国哲社办下达的《申报通知》和《课题指南》是国家资助思路和政策的体现，更是管理者掌握政策、全面把关的根本，不可小觑；管理者应是通读第一人，先认真分析课题指南，对新一年度的“申请须知”“限项规定”等，尤其是对变动之处应了如指掌，对每类项目的具体要求心中有数，对其当年各学科与前几年的选题和立项数量列表横比纵比，从中析出国家与学界关注的重点与趋势，理出申报审核要点和当年申报的新变化，以便为申报者提供参考，提请注意，随时可答其询问。

第二，报中管理。动员、培训与互动齐头并进。本单位动员大会亦是培训会，邀请相关专家做报告，科研处具体部署，落实到下层单位，定出大约申报数和可报人员。狠抓论证严把关，一对一或一对多，让经验丰富或往年申报成功者帮助初次尤其是年轻的申报者；组织专家对申请书集中预审。管理者从申报过程和格式上严审把关，促进申报的质量。管理者宜与申请人多多互动，前者审核和指导，后者积极配合，将形成良性互动，一则有助于提高申请人的认识，提升申请书的质量；二则会提高单位获项率，提升管理者的业绩和成就感。

第三，报后管理。基层科研管理者申报后期按规定要做申报数据录入、打印报表和申请书汇总报送等常规工作，还要报送申请书和活页的纸质和电子版材料。虽说申报工作责在申请人，若有管理者提供信息，用职业眼光审查格式等，会产生旁观者清的效果。所以，报后管理的重点应是检查大方面的硬伤，以防资格审查出纰漏，如申请人和成员未签名、缺填了某项内容、申请书和活页混淆了新旧版本等。

24 如何表解申报步骤，以利推进组织？

项目申报虽说不求一时，要求平时，但从申报启动到最终提交的关键期至关重要，这两个半月利用充分与否，效果在云泥之间。可采用倒计时，反向推进整个填报进程，详见表 5。

表 5 项目申报推进时间

大致时间	进程	任务
上年 12 月前后	启动	下发《申报通知》和《课题指南》，摸清可报人员，鼓励申报。
至本年 1 月底	初稿	基于已有研究，从上年年底至本年 1 月，一个半月左右写出初稿。
本年 2 月上旬	改稿	限定申请人半月左右修改完毕，做好申请书与活页。
本年 2 月中旬	预审	将活页（或包括申请书）上交管理部门，本单位或上级单位组织专家预审。有的单位据国家限额申报要求淘汰不合格的，同时为欠佳申请者提出完善意见。
本年 2 月下旬	返修	管理部门迅速通邮、通话反馈对申请书或/和活页的意见，或者直接返回纸质版；以促申请人修改。
本年 3 月上旬	上报	3 月 1 日前上报材料，包括申请书及活页一式 5 份，均用 A3 纸双面印制，中缝装订，活页夹入申请书。电子版发至管理员邮箱。由管理部门上报全国哲社办。

25 管理者如何给出申请书示范？

有的单位非常负责，管理者适时给申请人发送申请书模板，在拟填之处用异体字标注应填的内容及其要求，将重点标出，尤其是易错易漏处打上特殊标记，以防遗忘或出错，给予切实的指导。图10即封面填写的示例。

项目登记号	不填

项目序号	不填

国家社会科学基金项目

申　请　书

学科分类	一级学科名称(跨学科者可注明主要涉及学科)，居中
项目类别	重点项目、一般项目、青年项目、一般自选项目，居中
课题名称	简明，40字内，较长时可分行，可压扁；不用副标题，居中
申请人姓名	本单位职工，用真名，居中
申请人所在单位	只填一级单位，居中
填表日期	2018年2月××日（与签名页一致），居中

图10　申请书示范（封面局部）

26 管理者审查申请书如何找抓手?

管理者审查的主要抓手是资格、格式、规范等:

1) 资格审查，对各种申请人进行资格审查，如年龄、是否与教育部同时申报了、在研同级项目是否已经结项等。

2) 申请书审查，即对申请书的各要点，如封面、签名、数据表、课题设计论证、推荐人及其意见、预期研究成果、经费预算、单位意见、申请书与活页新旧版本是否混淆等予以审查，申请书各页的表格不能错页、乱页、断裂。

3) 活页审查，即单独对与申请书中“课题设计论证”相对应的活页予以审查，尤其要关注活页要求的特别之处。活页与申请书的异同详见表 10。

4) 印制审查，即对打印与装订予以审查。预审时，报 1 份可用 A4 纸打印的申请书和活页。最终上交时，申请书与活页一式 5 份，统一用 A3 纸双面印制、中缝装订，活页夹入申请书。

27 如何切实做好项目申报辅导与逐级培育?

做好项目申报前的培育，包括对申请人的培育和项目的培育。由于时间关系，每年基层预审多半安排在申请书上交前 10 天左右，给课题组返回修改的时间最多也就一周。而各单位又赶上年后上班或高校开学，时间紧，任务重，难免影响课题修改质量。为此，建议做好平时的前期准备，组建专家辅导，早动员，早辅导，早选题，早论证，早修改，甚至建立一对一的辅导机制，切实提高课题论证质量。申报项目可以是自下而上地展开训练，即走自立、院/校/系/所立、省立、部立、国立的逐级立项申报过程；当然成熟者也可以跨级申报，直接申报高一级项目。尤其是青年学人，完全可以先自立课题，瞄准一个方向做系列研究，这对以后更高级的项目申报极为重要。

注重申请人培育，重在：1) 掌握本单位新进职工和原有职工的情况。整理一份信息表，涉及所在二级单位、专业、学位论文、研究方向等信息；2) 举办科研培训，邀请科研突出者围绕教学与科研、科研成效与积累、科研的量与质的关系等，传经送宝；3) 启动科研培育基金；4) 定期召开座谈会，听取学者们对科研管理的意见，了解其申报兴趣与需求等。

项目培育的重点在于：1) 掌握每年申报而未立项的信息，为其从选题、论证上找原因，鼓励继续研究，坚持申报省部级和国家级项目；2）巩固传统优势学科，寻找新的增长点，拓展其他学科，先在单位内资助，启动项目申报培育工作，发现好选题，随时重点培育；3）抓紧博士论文或博士后出站报告的稀释、拓展与发掘，以备申报；4）让申报者对平时所发成果进行聚敛式思考，聚焦于某一点，再深入系统思考，以集中产生某一选题；5）选题一旦确定，便为其规范性把关，为其提供申报信息和成功经验，在规范上提出修改意见，甚至是为年轻学人完善申请书的内容与形式，提高成功率。

28 如何设计常见问题及审读意见表？

项目管理是日常管理，管理者可据项目申报总况、申请书逐项填写内容等，建立申请书填写常见问题表（见表 6）。该表可结合实际项目审阅综合运用，例如，面对一份申请书，直接拷贝表 6 中常见问题或审读意见。此外，还可不断地发现新的问题，补入表 6。

表 6　申请书填写常见问题或审读用语

<table>
<tr><th colspan="2">栏目</th><th>问题或意见与建议</th><th>续读提示</th></tr>
<tr><td colspan="2">申报总论</td><td>1）请用新版申请书；2）参见申报成功的蓝本；……</td><td>第 71 问</td></tr>
<tr><td colspan="2">封面设计</td><td>1）题名不合适；2）建议报青年项目；……</td><td>第 29 问</td></tr>
<tr><td colspan="2">数据表</td><td>1）……已报青年项目，不能做课题组成员；……</td><td>第 48、52、55 问</td></tr>
<tr><td rowspan="9">课题论证</td><td>选题依据</td><td>1）综合性不够，只介绍了同行熟知的知识；……</td><td>第 81、100、128、145、153 问</td></tr>
<tr><td>研究内容</td><td>1）框架内容不具体；2）过于烦琐，内容缺提炼；……</td><td>第 160、165、201、205、210 问</td></tr>
<tr><td>思路方法</td><td>1）思路方法不分，有碍评审；……</td><td>第 217、222、228、236 问</td></tr>
<tr><td>创新之处</td><td>1）表述失当，尽说大话；2）过简，三两句对付；……</td><td>第 239 问</td></tr>
<tr><td>预期成果</td><td>1）排列无序，或不整齐，不能一眼收尽；……</td><td>第 250、253 问</td></tr>
<tr><td>研究基础</td><td>1）因成果少，将投稿未刊的论文列入，有凑数之感；……</td><td>第 260、268 问</td></tr>
<tr><td>参考文献</td><td>1）参考文献过少，至少……篇；……</td><td>第 279 问</td></tr>
<tr><td colspan="2">……</td><td></td></tr>
<tr><td colspan="2"></td><td></td></tr>
<tr><td colspan="2">基础与保障</td><td>1）所填太粗，请参阅他人申请书；2）调研费过高等……</td><td>第 290 问</td></tr>
<tr><td colspan="2">经费预算</td><td>1）经费必为……万，请重新预算；2）年度分配稍均一点；……</td><td>第 302 问</td></tr>
<tr><td colspan="3">……</td><td></td></tr>
</table>

四、封面设计

29 封面填写常见哪些不足?

封面如门面，填写规范与否，会产生第一印象。填写失范或不足常表现为：1）所填内容的字体大小不一，不整齐，可能是字库的问题；2）下划线未对齐，呈犬齿状，有时还呈断裂状；3）整体布局感不足；4）初填者常纠结于“项目登记号”和“项目序号”两个代码框，其实不用填；5）“项目类别”只选填五类项目之一种，却填了相应的英文字母，与数据表中的代码相混；6）学科分类，填成了学科代码，或未填一级学科名称，而是二、三级学科名称，甚至是未列入《数据代码表》的学科；7）封面与数据表的学科分类不一致，如前者写“一般项目”，后者却是“一般自选项目”；8）课题名称过长，占两行，回行未按完整的意群切分；9）单位填了二级单位，其实需填一级单位；10）现已不要求封面盖章，但仍有人按昔日要求盖章；11）封面日期与表中日期先后关系混乱；12）课题负责人承诺处签章应是手签，而非打印；13）跨学科申请者学科不清，靠得不近，选择不当。

30 封面为何求对称美？代码框为何不填?

封面所填内容全左靠齐，不是不可以，但失美观，现在多数采用轴对称的美观图形。

将整个封面对折，两半对称重合，中间的折叠直线叫对称轴，整个封面就是一幅对称图。由于封面内容包括给定部分和应填部分。封面的轴对称既指整体的轴对称，更指应填部分的轴对称。整体轴对称指给定文字左端的留空与下划线右端的留空相等。所填部分轴对称指以所填内容中最长的一行（一般是课题名称）的中心点为基点，仿佛画了一条垂线，最长的文字居中，左右部分对称，上下各行的内容均以之为参照对称轴，左右等长（见图 11 与例 177）。课题名称若不足一行，则保持名称左右端空白等长（同上）；若是过长，占两行，两行也得遵守轴对称原理；有时也可上下等长，或不等长，但长的一行比短的一行左右相差字数应一样多。（见例 177）申请书原有下划线可先删除，输入汉字后再下划线，以免下划线断裂。

左上角的“项目登记号”和右上角的“项目序号”均留给全国哲社办统一填写，用于申报登记和自然排序。

31 字体、字号、题目、字间距如何突出美感?

整体上看，封面给定文字全是方形字：宋体和仿宋体。那么应填文字若用另一字体会加强印象，一般用楷体，显得圆润；字号若能略大半点，有突出之用。封面因本来就是三号大字体，所填文字也可用同一字号；课题名称力求提炼或巧妙地保持为一行，详见第 20 问。如果课题名称非常长，如图 11 所示，则只能分两行，过长时可以压扁，图 11 压扁率为 72%，才能保证上一行的意群相对完整；两行之中，可以上宽下窄，也可上窄下宽，视上下两行意义切分完整而定。

学　科　分　类	**经济学**
项　目　类　别	**一般项目**
课　题　名　称	**基于区域整合与一体化战略的长江经济带 内河港口泊位配比与运作优化研究**
申　请　人　姓　名	**×××**
申请人所在单位	**×××大学**
填　表　日　期	**2016.02.26**

图 11　封面的颜值（局部）

如图 11 所示，以课题名称为参照系，各填写内容左右对称，学科、人名等若是过短，则有必要将三五字内容的字间距放大，以求对称美（另见例 177）；另外，封面上的阿拉伯数字不能与其前面的汉字同用仿宋体，最好用 Times New Roman。

（一）学科分类

32 哪些学科受资助？应填几级学科？如何才有竞争力？

国家社科基金资助马克思主义·科学社会主义（马列·科社）、党史·党建、哲学、理论经济、应用经济、政治学、社会学、法学、国际问题研究、中国历史、世界历史、考古学、民族问题研究、宗教学、中国文学、外国文学、语言学、新闻学与传播学、图书馆·情报与文献学、人口学、统计学、体育学、管理学等 23 个一级学科。教育学、艺术学、军事学（涉密成果除外）3 个单列学科单独评审，级别和资助金额与国家社科基金项目相当。

要求只填一级学科名称，跨学科选题可注明所申报学科和主要涉及的学科，依据是《国家社会科学基金项目申报数据代码表》。不同的一级学科竞争激烈程度不同。同一份申请书，在甲学科或因申请书质量都比较高，竞争激烈而难以入围；若转入竞争较弱或申请人数不多的乙学科，就可能入围。有必要了解所在和所跨学科之间的竞争力，这取决于申请人对 26 个学科整体的了解，可以了解各学科的强弱、全国申报基数的大小、每年跨学科选题数的多少、跨学科申报获批比例的大小等，参见表 7 和每年的立项通告。

33 申报时如何做到学科、地域等的平衡？

在学科内部，各学科评审组立项时一般会兼顾学科与指南的平衡，点面结合，指南选题如点，要加以重点突出；二级学科如面，要考虑学科覆盖。另外，学科内外也讲相对平衡。大学科即重要或申报量通常较多的学科有申报优势，但内部竞争激烈；小学科有其特殊地位，申请者不多，评审范围小，竞争相对不激烈，入围获批比例较大，加之有学科的倾斜，中标率相对较高，会得到较多支持。学科之间的平衡可见表 7。

质量第一是永恒的原则，原则之下再统筹安排，考虑区域平衡。科研大区或单位，可多立项，但是，近年来对具体某个单位获项数设有上限，如一所大学某学科获项不得超过 5 项，以防过于集中。科研弱区或单位，有所倾斜而力避空缺，反由弱变强，加之国家又专设了西部项目以及各种专项项目，所以积极用心申报，仍然大有作为。

表7　2016年国家指南各学科选题数与项目实批数对比

学科	指南选题数	各类项目数		
		重点	一般	青年
马列·科社	85	9	137	55
党史·党建	96	9	54	22
哲学	86	24	120	68
理论经济	135	15	125	54
应用经济	136	26	187	81
统计学	31	5	35	14
政治学	102	16	92	34
法学	165	24	208	72
社会学	103	15	138	75
人口学	55	1	35	24
民族问题	36	12	127	43
国际问题	131	12	70	25
中国历史	87	14	126	76
世界历史	18	4	49	32
考古学	17	4	24	23
宗教学	60	7	49	29
中国文学	42	17	191	68
外国文学	9	3	85	31
语言学	27	21	195	65
新闻·传播	96	8	107	37
图情·文献	112	8	96	36
体育学	108	4	113	22
管理学	155	24	221	75
总计	1893	282	2584	1061

34 跨学科申报优劣势何在？如何不说外行话？

国家社科项目特重创新，而跨学科申报可以运用其他学科的内容或方法，创新选题的内容或方法。跨学科项目，在为主的学科中评审。若涉及学科多，为主学科专家不易把握，可提交综合学科评审组。不能以跨学科申报为由，轻易淘汰。需跨组征求意见时，由相关学科组长负责协调。

鼓励跨学科分头申报，或可提高命中率。申报单位有必要对申报项目较密较强的学科适当分流，避免本单位项目撞车。为防止内部竞争，可适当跨出学科，从其他学科获得立项资助。例如，某高校外语学院就向哲学、国际关系、历史学、中国文学学科拓展，结果一次性拿了 4 项。单科申报，表现的是自己的优势；跨科申报，还表现为学科的优势。跨科课题以“尽量靠近”原则选择主要的学科申报。

不过，跨科申报似乎颇为尴尬，跨科研究虽受到鼓励，评审时其竞争力却相对较弱，很难获得资助。首先，评委一关不易过，他们多数来自单科领域，所跨学科与其知识不匹配，易入死角。其次，既然跨学科，有时需跨越或大或小的研究机构，组织与研究不易，所得成果在单科领域或难认可，于申请人有一定甚至很大的风险。为此，申请人必须优秀，且做过一定时间的跨领域研究，奠定了相应的前期基础。有人跨学科一次成功，不等于全学界的成功；即使偶尔获批，完成之旅不会轻松。认清这个问题，有助于申请人掂量把握，须熟悉拟跨学科的研究范式、学术话语，不说外行话，争得函评通过，最终入围与立项。

（二）项目类别

35 国家社科项目有哪些类？有何特点？

国家社科项目共有六大类，其基本信息见表 8 以及后面各问。

表 8　六类国家社科项目申报基本信息

序号	项目名称		申报时间及其基本信息
1	年度项目	重点	是国家社科项目的主体，设立最早，规模最大，惠及最广，分类与层次最细。四者的代码分别为 A、B、C 和 D，每年申报一次，前者经费 35 万元，后三者 20 万元。四类项目函评时并不区分，只是投票统计各有多少后，再加以调整。详见第 36—39 问。
		一般	
		青年	
		自选	
2	后期项目		即后期资助项目。资助对象以基本完成 80%以上（退休科研人员申报的成果完成比例不低于 70%）且尚未出版的专著为主，偶涉学术含量较高的资料汇编、工具书等。经费与当年国家社科一般项目相当。项目成果由全国哲社办统一出版。后期资助立项率高于年度项目，不妨积极申报。但对博士（后）论文有特别要求：博士（后）答辩必须满 3 年，须大改，须交论文原文，并附详细修改说明。从 2020 年起增设了优秀博士论文出版项目。

续表

序号	项目名称	申报时间及其基本信息
3	重大项目	层次最高、资助力度最大、最具权威，分应用对策、重大基础理论和跨学科研究三类，经费 80 万元。全国公开招标。全国哲社办重大项目选题库按时接收重大项目选题报送，组织学科评议组专家和相关领域专家学者对选题评议，选入下一年度重大项目招标公告。重大项目不因大而重，而是因重而大。
4	委托项目	即特别委托项目，指少数重要课题由全国哲社办直接特别委托，单独立项。由评审小组联席会议推荐，全国哲社办领导小组审批，不在《课题指南》中发布。
5	西部项目	即国家社科基金专项资助西部地区社科研究的项目，2004 年设立，西部项目每年同国家社科基金年度项目一同申报和评审，资助强度与国家社科基金一般项目大体相当。西部不等于西南与西北，主要包括重庆、四川、贵州、云南、西藏、陕西、甘肃、宁夏、青海、新疆、内蒙古、广西 12 个省（自治区、直辖市）以及湖南湘西、湖北恩施、吉林延边 3 个民族自治州。
6	外译项目	即中华学术外译项目，此类项目专门资助优秀哲社著作由国外权威出版机构以外文出版，进入其主流传播渠道，以促中国文化走出去，通过中外学术交流与对话，提高中国哲学社会科学的国际影响力。

36 重点项目如何申报？何时与一般项目互调？

重点、一般、青年项目都可以自选，四类之中重点与青年成为两头，一般项目仿佛是纺锤的鼓出部分。重点项目的研究对象通常是需要解决的重大或重要问题，一般涉及较宏观、规模较大、人手较多、时间较长、耗资较巨等因素，其评审以质量第一、宁缺毋滥为原则，对其选题分量、论证质量、研究价值、承担人实力等综合评价，一般控制较严，可少评或不评。报了重点可能降为一般，也可能彻底被否掉。会评前对重点和一般项目做宏观分配，确定所占比例。重点项目申报者一般比较谨慎，立项率反而较高。（详见表 9）

会评时，重点、一般和青年项目混评，所有拟批项目统计之后，专门讨论重点项目。多数是申报重点者可降为一般，极少情况下一般项目和青年项目若达重点项目标准，也可升为重点，因此申请人可据此和所报项目的各种因素决定是申请重点还是一般。

表 9 2014—2016 年国家社科基金年度项目立项数据

年份	项目类型	单项数			汇总数		
		报项数	立项数	分立项率/%	报项数	立项数	立项率/%
2016	重点项目	1706	282	16.53	28 053	3917	13.96
	一般项目	19 260	2574	13.36			
	青年项目	7087	1061	14.97			
2015	重点项目	1531	274	17.90	27 916	3777	13.53
	一般项目	19 318	2476	12.82			
	青年项目	7067	1027	14.53			
2014	重点项目	1324	309	23.34	28 186	3818	13.55
	一般项目	20 137	2465	12.24			
	青年项目	6725	1044	15.52			

说明：相关数据来自全国哲社办，累计上略有修正。

37 一般项目申报的优劣势何在?

一般项目的优势：1）受益面大，老中青谁都可以申报；2）申请人数最多，每年其申报数量均占第一位；3）申请主体实力最强，多数是博士、副教授以上学人，年富力强，前期成果丰厚；4）是科研主力军，也是立项主体，据表 9，2016 年国家社科基金年度项目受理有效申报 28 053 项，公布立项课题为 3917 项，其中一般项目 2574 项，占立项课题的 65.71%，占所有申报课题的 9.18%；5）因重点项目比例小，一般也是可报一般项目者才竞争重点项目，重点项目若是未批，可降至一般；6）一般项目还有升为重点项目的可能；7）自选项目也可能是一般项目。

劣势：1）正因为中年学人是科研的生力军，一般项目才是最扎堆的地方，竞争激烈，甚至惨烈；由表 8 可知，每年都是获批率最低的。2）必具副高以上职称才能申报。3）相比情况下，评项有时多倾向于青年，为保障青年项目达标，多从一般项目挤出名额。

38 青年项目如何倾斜？优劣势何在?

倾斜最明显的是资助力度近年来增大，与一般项目的经费等同。申请单位也会着眼于未来，多给青年学人尝试的机会。历年来都向青年项目倾斜，函评时，活页不见项目类型，青年项目与其他项目一视同仁。会评时，青年项目单独划拨指标，要求用足，未达指标时，则要调整达标。一般项目指标若有剩余，则可用于青年项目，而不能相反。

目前实行限额申报，将所定名额下达各省（区、市），以求提高申报质量、控制申报规模、减少重复申报量等。这对青年项目或是挑战，因为青年学者处于成长期，前期成果相对较少，研究背景较浅，独立研究经验不足，申报经验有限，对成员也做了年龄限制。这些都可能影响青年申报。据表 9，2016 年国家社科基金年度项目受理有效申报 28 053 项，公布立项课题为 3917 项，其中青年项目 1061 项，占立项课题的 27.09%，占所有申报课题的 3.78%。

39 自选项目有何特点？“自选”易生何种误解？

自选项目，即申请人自行设计而非《课题指南》指定的项目，人文社科研究因个人或团队长期研究而形成了明显的特色与优势，国家越来越鼓励根据个人研究兴趣和学术积累申报自选课题，可见它张扬了主体性，能激发学人的研究热情，发挥其优长，确保研究质量，产出高质成果，可能催生未来新的方向，培育学界未来研究的主流。

自选课题为指南所无，欲入选获批，需具几个特点：1）勇于开拓，即提出未曾或很少研究的问题；2）意义重大，即有重要的理论或应用价值；3）重点突出，鲜明地突出某一理论或现实问题，利于深入探索；4）理论兴趣浓厚；5）研究基础坚实；等等。

常有人误解“自选”二字，以为是“非他人指定”，是自己从《课题指南》中提炼的项目。自选项目可能“远离”指南，并不一定要与之相套；虽不在本年度指南之内，或符合往年的指南，只不过今年属于自选范畴，却仍符合其指导思想和基本要求，其评审程序、资助力度、立项比例与非自选项目一视同仁，也无特殊倾斜。另外，自选不是自费，经费仍需填写，获批仍由国家支持。自选项目获批后，多为年度课题的一般项目或青年项目，甚至是重点项目。

（三）申　请　人

40 申请人应持何种心态？如何力避押宝心态？

申请人宜保持平常心。积极填报，静候回音，继续潜行。积极申报，不写不投绝无机会，中了意外，不中正常，多从自身找原因。权衡各级项目，凡符合条件者，均可一试。爱报会报才能赢，几年下来，总有收获。有一同窗，在语言学报了几年，未中，后跨学科转报，即中。只是要特别注意各种申请条件，凡受限者不报，凡弱项者少报，凡题不明者慎报。应以强项出击，而非凑热闹，以良好心态有的放矢地竞争。平常心不是不进取，而是要善于进取。一个大方向，咬住研究，如一象多面，可以摸出多个选题，这样机会多多，就可以分层多报；还可分多个阶段，分段多报，形成系列，这样大大小小的项目就会鱼贯而入囊中。

选题不能凭空而出，必有根有据，要力避押宝心态。所拟之课题或已起步，或已在中层次探究，均有一定的前期成果。还应心晓天下，熟知同行，如平时就尽量全面收集国内外发表的有关选题的文献，按选题的内在逻辑分类，提炼出“私”想，如此这般，申报时才会心中有数，稳操胜券；而不是临申报时才去收集，这会导致消化品读思考不足，做不出有深度的研究，即使获批，也只是偶然。有学者紧盯国家基金动向，连报多年，选题做了三次调整，而未改弦，正是在不懈地坚持中，磨砺了学术敏感性，不断调整方向，发掘课题的创新性，拓宽研究空间，被逼开创了新的研究领域，进而提升了研究能力和心智，心态从患得患失到心平气和。一旦看准方向，只顾耕耘，少问收获，自然收获。把申报当作过程，不过于重结果；不作期待时，项目不期而至。

41 何人报项受何限制？要了解哪些规定？

报项有规定有限制，也就规定了申报人的资格。国家社科项目申请者同年度限报一项，且不能作为成员参加他人申报，也不能申报国家自然科学基金项目或其他国家科技计划项目；课题组成员同时至多能参与 2 项申报；国家社科基金未结项者不能申报，但可参加 1 项申报。

申请重点项目与一般项目，应具有副高以上职称；申请重点项目，须主持完成省部以上社科项目。青年项目申请者及其成员年龄不得超过 35 周岁，非副高人员或非博士学位获得者可申请青年项目，须由两名正高职同行专家书面推荐。全日制在读研究生不能申请，具备申报条件的在职博士生（博士后）从所在工作单位申请。为了解申报资格、有关规定和填报要求，可查阅文件：《国家社会科学基金项目管理办法》《关于×××年度国家社会科学基金项目申报工作的通知》《国家社科基金项目×××年度课题指南》《国家社科基金项目×××年度课题指南说明》《国家社科基金项目申请书》第 2、3 页填表说明及注意事项。

42 申报拼智商，也要讲“情商”与“搜商”?

智商做事，情商做人，搜商定题。申报讲智商，也讲情商与搜商。内容的填报主要靠实力，靠功夫，是学术水平。申报成功一两次，可能是偶然，成功三四次及以上，始含必然。

要正确理解社会资源，此处的情商不是指纯粹的社会关系，而是指申请人营造的广义的申报环境：1）申请人为学术付出的努力和长期的准备，在学界已具有一定的实力和影响力，虽未达至天下无人不识君的程度，却也是天下有人能识君。2）严守学术规范，远离学术腐败，不给人留下不良的学术印象。3）关注学术生态，明确申报与八方的关联，功夫在“报”外，还包括对学科学界的了解，对申报政策的了解等。例如，适当参加学术会议，至少要常用各种搜索工具关注网络和期刊报纸对学界动态的报道。4）需要埋头拉车，还得抬头看路，要了解各种限制。5）既有学识，还有学德。6）文章有思想，研究实事求是，学术演讲干脆，尊重同行学者，积攒良好口碑。

43 申请人与撰稿人不一暗藏哪些危机？如何解决？

申请书是学人基于已有基础和新的思考撰写而成的，是项目申请的主体。申请人是当然的主撰者，有些团队可以合作撰写，但申请人若不能宏观把握或者了解申请书的实质，仅靠下属操刀，结果不一定理想，甚至名落孙山。

申请人不深入思考，只满足于修改下属所撰文本，在整体感和深度上常常捉襟见肘，很少有达到或超过真正出思想的水平。有的导师只提出预见性设想或总体轮廓，以下全靠研究生具体论证，而学生毕竟处于学习之中。论证中导师带着学生走，并不等于导师自己走，最终导师仍需认真修改，再精益求精，才可提升整个申请书的水准。曾有下属充当撰稿人，以旁观者身份将申请人的前期成果下意识地列入参考文献，而申请人未细致过目，后被查出，算作违规而出局。所以，导师或身居要位者不能仅发动学生或下属撰写申请书，也应投入智慧、精力与时间，做好顶层设计，展开多轮商讨，共同改定，最后敲定，做到真正的合作，真正指导，做好宏观把控和理论水平提升，才可培养出优秀学生或带出入流的团队。

（四）单位日期

44 所在单位应写到几级？日期如何填才协调？

“负责人所在单位”一律填写所属一级单位，如“×××大学”“×××学院”“×××部”“×××研究院”等，不写二级单位。单位填写不能用简称，因为简称或有区域性，限于小范围。即使填写所属一级单位，也应是全称。出于思维惯性，有人写顺了手，或说顺了口，常用单位简称，比如“华师”有华东师大、华中师大、华南师大等，即使分清了东南西北的方位，也不妥，还是应写其全称：华东师范大学、华中师范大学、华南师范大学等。又如，省（区、市）的基层单位要预评，申请人很容易把上级主管单位（如“×××大学”等）写作呈送单位，一不留心就填出了二级单位，如“×××大学×××院”。

日期的填写要与表中其他日期前后呼应：1）确定封面申请日期，一般是 3 月 1 日前上交申请书，建议填写 2 月下旬的某一天，如 2018 年 2 月 22 日；2）第 2 页申请人承诺处，承诺日期与封面日期应一致，常有人写得不一致，甚至早于封面的日期；3）两位推荐人填写推荐信的日期比封面的日期一般稍早几日。

（五）签名签章

45 签名签章分居何许？何时易忘？如何不因小失大？

整个申请书要求亲笔签名有 3 处：1）申请人承诺处；2）课题组成员；3）非

副高职申请者须由两名正高职同行专家推荐，其签名也要求专家亲笔签名。几处的签名须由本人签名，不得机打方块字，也不用打印签名。不要过于艺术化，显摆或作秀；字迹工整认真，不要草书，行楷即可；不可信手一挥，神仙认不得，若遇相信字如其人的评委，恐怕不是好事；虽说可用签章，还是亲笔的好。

若是填报时间安排不合理，最后上交期一到，最犯忌的便是忘记签名或漏签姓名，几份材料只签第 1 份，或少签 1 份；或成员签名少签一人，少签一处。忘记签名常常是评审前第一眼就能看出的硬伤，常有人因此失大，丢了项目，有点冤枉。

解决之道在于填报倒计时，申请人列出时间表，且最后一项就是检查关键点，签名就是最后一关。申请书纸质版上交管理者时，应特别检查上述几处的签字。管理者也应将检查申请者个人签名作为关键点；而依托单位公章是否齐全且符合要求，也是容易忙中出错的，不能因此而误了申请人。每年教育部都公布人文社会科学研究一般项目申报材料审核未通过一览表，其中成员未签名占了一半，辛苦一年好几个月，命运却悬一签名！

五、数 据 表

46 数据表可否调整？填写有何自由？

细读申请书《数据表》填写的注意事项，可明白要求：守规，即按照申请书的规定填写；如实，即按自己的真实情况填写。数据表整体不可改变，表中各框已设定，内容填写方式却相对自由。局部可以调整，以便填写各种内容，求得美观。例如，可调节的空间主要在课题组成员部分，成员本人的签字一般留三字空间即可，因此，它与研究专长之间的竖线即可向右移，直至其下“字数”空间足以填写 3 位数。

调整时一定要考虑上下整体的统一，详情请比较例 1 与当年社科办提供的申请书的数据表。例如：1）框内研究专长和工作单位较长时，可采用两行。2）研究专长较长但不至于占两行时，也可采用字符压缩，如压缩为 90%或 80%。3）为给“工作单位”写至二级单位留出空间，可将其框的宽度压缩。4）所有填写内容无论是代码，还是汉字，均可以居中；若是表中所填内容有的占两行，其他内容则需上下居中，详见例 1。5）凡二三四字上下平行的内容，可以三字为准，如姓名，以三字为准，二字者中空一字，扩充为三字长，如“教授”与“讲师”上下平行，二者均中空一格，与副教授对齐；四字者压缩成三字长。6）上下平行内容较长时，不必居中，须统一向左对齐，比如工作单位、研究专长等。7）“项目类别”和“研究类型”中各类名称之间本为一字符空间，可以扩至一汉字空间，上下对齐，以利观瞻。例如，调整前与调整后的对比：

A.重点项目 B.一般项目 C.青年项目 D.一般自选项目 E.青年自选项目

A.重点项目　B.一般项目　C.青年项目　D.一般自选项目　E.青年自选项目

（一）课题名称和关键词

47 课题名称与关键词何干？二者如何设计醒目？

关键词源于课题名称和论证内容，是反映课题核心概念的词或词组，课题名称范畴一般大于关键词，关键词多取自课题名称。（有关课题名称的信息请见第99—117问）课题名称既要求简短，又要求明确，有时关键词还来自申请书的内容。

关键词是提取的，而非提炼的，其提取程序是：首先确立研究对象，即核心概念或主要事件或核心观点，再从中提取，所提取的关键词已在论证中，而不必再概括。

课题名称在整个申请书和活页中会出现3—4次，即封面、活页与评审表所共的第一页、单独设计活页内容的第二页。三处的课题名称字号可大半号，最明显的作用就是突出醒目。活页中课题名称不与其前“课题名称”接排，而是保持名称前后的空间对称。（详见例1）课题名称要与封面一致，全表均应统一。为使课题名称和关键词醒目美观，强化评委对其印象，建议三处的课题名称和关键词用楷体，加粗，居中，比其前后文字大半号字，一般为小四号。

48 关键词提取常见哪些不足？其填写形式哪种更优？

学术论文的关键词一般3—5个。申请书则规定不超过3个，取其最低值，对申请人提出了严格要求。可是，关键词提取常见如下不足：1）写4—5个；2）有的过长，短语级关键词过于复杂；3）提取不当，将课题名称的标题用语“研究”之类也纳入关键词；4）关键词并不关键，未予删除，未显简洁性；5）课题名称已含关键词却未明确显示，应补上；6）最核心的关键词未见于课题名称，应添入其中。

关键词常有三种填法：1）顶住左框写；2）前空两格再写；3）关键词整体居中。三个关键词之间要求空一格，仍然有人按期刊学术论文关键词的标注法，中间用分号相隔，或用逗号。虽非大事，却费时费事：一是未守规，未能一次到位；二是形式事小，却占了自己或管理者宝贵的修改规范的时间，会失去他人为你内容提出宝贵意见的机会！三种填法，第三种较好。

49 关键词提取遵循什么原则与步骤?

关键词，换言之，也是选题的核心术语，对其提取是选题的首要任务。

关键词提取至少遵循如下原则：1）专指性原则，即一词一语准确表达一专指性概念，此时不用其上位词或下位词，如研究“变译”或“全译”时，就不能写其上位概念“翻译”等；2）组合性原则，即旧概念组合为新概念，指两个或以上具有概念交叉关系的概念组配，表达一个专指概念，如“汉译组构”是由“汉译作品”“组织”“构建”三个概念组合而成的专指概念；3）相关性原则，即参与组配的概念是与选题的核心概念关系最密切、最邻近的概念，以免越级组配；4）明晰性原则，即组配结果要求所表达的概念清楚、确切，术语化程度很高，这一关键词有时需要在题解中专门定义和界定，做出解释。

关键词提取步骤为：1）分析选题，厘定其核心概念与核心内容；2）尽可能从选题名称、题解、总体框架各层标题和具体内容中抽出与核心概念一致的词语；3）论证判定哪些词语可直接用作关键词，哪些还需要组合凝聚成更高级的关键词；4）按与主题的相关度对所取关键词排序；5）按与主题的相关度选取前3位，即可定出最核心的关键词。

（二）各种代码

50 代码如何重要？用粗体还是细体？代码常填错什么？

申请书填写采用的是代码制，计算机根据代码对项目自动归类，比如填A归入重点类项目，填D归入一般自选类项目。申请书在全国哲社办汇总之后，按学科代码归类送审。代码与内容一定要相符，分清代码的内涵，做好分类。申报系统是由代码生成的，学科代码与内容若不一致，后果是导致表格与系统矛盾。申请人一般希望申请书到小同行之手，送审错了，结果可想而知，所以，代码极其重要。

按规定，《数据表》中粗框内一律填写代码，细框内填写中文或数字。所填内容全部采用非粗体，也可以粗填粗，即在粗框内亦填粗体代码，显得醒目，便于关注信息，也便于分类。

代码填写常见不足有：1）最不应错填的是学科代码，经常出现学科分类代码是一种而学科分类写另一种的错误，如代码是 YYF，对应二级学科“应用语言学”，有人却写作“语言学”，等同于封面的一级学科分类“语言学”；2）不知填表所用代码全来自当年发布的《国家社会科学基金项目申报数据代码表》；3）将根据指南设计的项目误报为自选项目，即将 A 与 B 误写作了 C 与 D；4）对粗框与细框未加区分，前者一律填代码，后者一律填中文或数字；5）若粗框后有细框，粗框后面有选择项者，应将所选代码直接填入其前框内，比如“担任导师”粗框内选填了 A，而细框内本应填“博士生导师”，有人却误填了“硕士生导师”；6）所报学科有了改变，却忘了改相应的学科代码。

51 学科分类与封面有何差异？跨学科如何填？

学科代码决定了申请书投递的学科领域，是最重要的选择。投送学科不同，命运可能不同，需慎重选择。没有绝对的适合学科，也无绝对的冷门学科。所以，学科分类中选择学科代码至关重要。在此，学科分类要求填至二级学科的代码，为 3 个字符，比如申报哲学学科的伦理学，粗框内应填代码 ZXH，细框内应填相应的二级学科“哲学伦理学”。

再次提醒：封面的“学科分类”指一级学科，且要求填汉字，不能填代码！而数据表内的“学科分类”指二级学科，要求先填代码，后填相应的汉语内容。

21 世纪以来，跨学科项目占有一定的优势。随着科学发展，跨学科已成常态。跨学科课题应填与其最接近的学科分类代码。例如，“公共管理学科”填写“政治学其他学科”代码（即 ZZE），管理学其他学科选择相关的学科分类代码。

52 申请人个人信息填报应注意什么？

涉及申请人自然信息的部分，凡需填写代码者，请查阅当年的《国家社会科学基金项目申报数据代码表》。现一一提醒：1）行政职务：查代码表及具体行政职务，无职务者填“无”。2）研究专长：即二级学科，按学科代码表填写代码和二级学科名称。3）最后学历：研究生、本科、专科、专科以下。4）最后学位：博士、硕士、学士，无学位不填。5）专业职务：教授、副教授、讲师、初级以下等高、中、初或相应的其他专业职称。6）所在省市：查代码表，如粗框内填 A，细框内填“江苏省”。地方军队院校不按属地填写，一律填写“军队系统”。7）所属系统：查代码表，只能选择某一系统，如粗框内填 A，细框内填“高等院校”。8）工作单位：填至院系二级单位的全称，忌用简称，如“广东外语外贸大学翻译学研究中心”而非“广外译研中心”。9）联系电话：申请人的常用电话，而非单位科研处电话。10）通讯地址：申请人的通讯地址，而非单位名称；按所列 4 个部分详细填写，填至街（路）名和门牌号，如“广东省广州市白云大道北 2 号”，邮政编码 510420。

（三）研 究 类 型

53 何谓基础研究？有何特点？

数据表共设定了三大研究类型，基础研究、应用研究、综合研究，以及其他研究。多填前两种，后两种尤其是第四种较少有人选填。

基础研究，多指基于理论假设，认识现象或事实，揭示其规律，获取新知识、新原理、新方法的实验性和理论性研究，反映学科建设中重要的基础理论问题，体现较高的学术价值。例如，翻译的本质、类型、原则、规律、标准、过程、机制、单位等基本理论研究，试图解决翻译的基本问题，突出研究的深刻性和系统性，对翻译学理论建设和翻译事业的发展意义深远。

基础研究侧重学科建设和基础建设，其主要特点是：1）研究基础性、事关久远的问题；2）指向现象或事实，重视结果，扩充知识，发现和开拓新知；3）分析其特性、结构和各种关系；4）深化其认识，解释其本质，揭示其规律；5）提出和验证各种设想、理论或定律，而不以直接的应用为目的；6）某些基础研究因偏向应用性，其基础研究的本质或被掩盖。

54 何谓应用研究？有何特点？

应用研究，多指基于问题，将基础研究发现的新知识、新理论等用于特定目标的研究，反映经济社会发展中重大的现实问题，体现较高的应用价值。

应用研究着重已有理论成果应用于实践，也探索实际工作自身的规律，促进二者结合，其主要特点是：1）使理论在实践中得到运用与检验，是对现有知识的扩展；2）为解决实际问题提供科学依据，对实践应用具有直接影响；3）重事实，重实践，重视结果，也重视过程，研究实践，旨在解决问题；4）重视实证性和可操作性，探索经验的普遍规律，使之上升为科学理论；5）以理论研究为支撑，关注社会热点问题，解决当前的问题，以破解现实难题为主攻方向，同时促进理论研究深入发展；6）具有特定的实际或应用的目的，以提出富有建设性的对策、建议等为目标，具备鲜明的前瞻性、战略性和可操作性；7）侧重于国家急需的、对政府决策提供参考的重要理论和实际问题，因此竞争最烈，要求周期短，讲时效，有很强的针对性和目的性。

（四）课题组成员

55 课题组填写常见哪些不足？

课题组涉及要素较多，问题也较多：1）误将申请人、管理者、后勤人员等纳入成员；2）无成员，或成员过少，或成员过多；3）申请人做了其他项目的成员；4）有的成员参加了两项以上的项目；5）青年项目的成员超龄；6）数据表中成员少，而申请表的表三“条件保障”中则较多，二者人数和顺序不一；7）尽拉大家名家做成员，评委怀疑其可靠性；8）成员水平不高，力量不强，徒挂虚名；9）一般和重点项目的低职成员过多，评委难以相信其团队力量；10）刻意拉郎配，缺乏精心设计；11）由研究专长可知成员的研究兴趣与选题无关；12）成员的单位未写至二级单位，无法证明其研究兴趣的相关性。

56 如何优化整合课题组?

课题组力求精当，讲究成员、人数、年龄、职称、学位、单位、专长或学科的合理设计，优化组合。主要成员应是志趣同道者、学科交叉合作者等；可请有影响、熟悉课题者入组，以补不足。慎邀有名的忙人或不再从事研究的领导做成员，不然会引起质疑，甚至反感。成员不宜太多，不可太少，3—6 位合适；1—2 人略显单薄，超过 7 人则多，本单位至少 1—2 人。

职称上高中低结合，正高职称重在理论与技术指导，不宜过多。副高和中级职称是科研的主力，可成为理想的合作对象，选其成果较多者对梯队和研究基础均是弥补；成员研究生过多，会产生力量薄弱的印象；正高职称过多，则不现实，会产生不切实际的印象；重大项目除外。

专长或学科上，多数成员为本学科同行，也可跨部门、跨地区、跨层次、跨学科联合申报，有的项目还要据项目类型确定理论与实际的成员比例，比如基础研究中应有造诣高的教授和思想新锐的博士，应用研究或应包括实践人员。

年龄、学位和单位的优化则是：年龄上老中青搭配，形成梯度，研究生控制适量进入。以中青年为主，青年项目另当别论；博士学位比例较大优势相对突出，硕士不宜太多；除本单位外，其他成员可来自外单位和国内外；单位一般写至二级单位，以暗示成员的研究领域与课题相关。

57 课题组如何强强联合才可彰显集体性和互补性?

项目理应资助真正的学人和有实力的团队。人间讲友情，报项当慎之。有人讲义气，或想帮人，将几无成果者列为成员，有时会影响立项评审。应该组织单位内外、省内外、国内外同行专家合力攻关，共享学科内外研究资源，发挥学会、研究基地、研究中心、重点学科等平台作用，挖掘潜力，鼓励跨学科、跨专业、学术上有创新的研究与探索。

课题组本身就体现了集体研究的特性，单打独斗，二三年内出佳品较难；团队合作，二人智长，集众人智慧，有利于出精品。常有人论证得非常好，无成员或仅一二人，同等情况下会成为出局的口实。组好团队，还包括知识结构与学科结构的合理性，力求体现知识结构的互补，确保团队知识结构相对优化与稳定。要注意学科间的合作，成员来自不同学科，因为学科交叉可在源头创新，产出新成果。

58 为何说单干危险？成员信息仅用于何处？

国家项目鼓励个人原创研究，也希望凝聚科研方向，打造科研团队，促进人才成长，因此需要组建科学合理的课题组，不主张单干，否则可能有风险。人文社科固然强调独立研究，但多数项目也需众人拾柴。尽管课题组有时备而不用，但也不能随便填入几人。另外，获批后的研究过程中，可据实情申请更换成员。

课题组成员的相关信息仅在三处有用：1）“一、数据表”中，需填写成员的姓名、出生年月、专业职称、学位、工作单位、研究专长，另需其本人签字；2）“二、课题设计论证”即“活页”的综述中，可能用到其成果信息，主要是学术观点；3）“三、研究基础和条件保障”中的“条件保障”在论证研究团队时可以加入成员的相关信息，而要谨防在活页的“研究基础”中出现，此处只许填写负责人的前期相关成果！

59 如何竞邀成员？从何处物色？

成员物色讲三同，即同门、同事与同道。同门联系较多，大方向一致，常联系，易沟通；同事常见面，就近合作方便；同道或不在身边，但有共同兴趣，合作无利害冲突。“三同”可能是各种学术兴趣圈的叠加，因此要打提前量，早联系，先下手为强。组织团队时务必亲自联系征得同意，以免将同为项目申报者或已参加 2 个课题组的成员擅自纳入课题组。

除“三同”外，还应考虑空间关系，可从本人所在的二级单位、一级单位，从本市、本省、外省、海外逐步排查物色，这样有助于向心力形成，有利于将来项目开展。不要全是异地组合，否则沟通困难；核心成员或应来自本单位、本市和本省；跨省、跨国、跨学科的成员不宜跨得过多（跨学科项目除外），以免增加合作难度和工作量。

60 课题组成员的数据哪些要上下对齐？有何特效？

数据表中需要上下对齐美观者有 5 处，即：姓名、出生年月、职称、工作单位和研究专长。对齐又包括左对齐和居中对齐两种。

姓名和职称居中，均以三字宽为限，二字者中空一格，四字者压缩为三字。成员若无职称，填初级以下，这种情况越来越少。出生年月在 Times New Roman 状态下输入，居中，单月数字前加“0”，如“1972.01”或“197201”，以与 10—12 月对齐。工作单位一般写至二级单位，长短不一，最好是左对齐，将一级单位与二级单位分行填写，以保证意群的相对完整。研究专长，尽量按照成员所在的二级学科填写，若是略长而自动回行 1—2 字时，则可压缩；若是上下等长，则居中；若是不齐，则左对齐。（详见例 1、例 177）

（五）推 荐 人

61 谁需要推荐？谁可以推荐？推荐人如何排序？

青年项目单独申请中标率相对较低，其申请人（包括课题组成员）年龄不得超过 35 周岁，不具备副高（含）以上职称者或无博士学位者须两位高级职称专家推荐。推荐人要求是正高职称，比如教授、研究员、研究馆员、译审、高级经济师等，研究领域越相关越好。推荐人工作单位最好写至二级单位，以示推荐人与申请人研究领域的相关性。同等情况下威望高者、学术地位强者、研究兴趣最相关者、年长者列位于前，其单位最好是知名或重点高校和科研机构。所排顺序须与表五“推荐人意见”中的位次保持一致。

（六）预 期 成 果

62 预期成果形式如何选择？字数多少为宜？

预期成果既然“预期”，就具有假定性，填写也不能夸大其词，应恰如其分。专著、译著、论文集、研究报告、工具书、电脑软件、其他等七项最终研究成果形式，可据实情单选或双选，即可选 1 项或 2 项代码。例如，预期成果为“专著”，填 A；选“专著”和“研究报告”，填 A 和 D。一般选填“专著”。不过，若是双选，如选 A 与 D，一是工作量大；二是成果字数是 A 与 D 的累加，还是分别写出，不好断定，而且数据表中并无分写的空间；三是孰主孰次，见仁见智，结项时侧重于 A 还是 D，申请人与评审人的想法可能相左，不利于结项。

当然，众人预期的成果形式写法也是各式各样，大致可以排序如下：专著 > 专著+研究报告 > 论文集+研究报告 > 论文集 > 论文集+译著 > 论文集+工具书 > 专著+其他 > 研究报告+工具书 > 研究报告+译著 > 研究报告+电脑软件 > 研究报告+其他 > 译著 > 工具书 > 电脑软件 > 其他。

成果字数以中文千字为单位，一般项目和青年项目至少 20 万字，最好是 24 万字左右；若是重点项目，字数或应增加几成。结项评审有一种心理，不一定合理：资金给得越多，期待越大，对成果的质与量要求越高。

63 结项方式与预期成果呈何关系？

年度项目结项实行严格的双向匿名通讯鉴定制，重点项目由全国哲学社会科学工作办公室组织鉴定，一般项目和青年项目由各省（区、市）社科规划办和在京委托管理机构负责组织鉴定，报全国哲社办审批。一般是本省（区、市）鉴定专家为主，外地专家为辅。鉴定专家与课题组背靠背，鉴定专家不知所鉴报告出自何人，其意见也匿名反馈给课题组。

从目前情况看来，专著、译著、论文集、研究报告、工具书、电脑软件、其他等七项最终研究成果形式中，结项形式的排序为：专著 > 论文集 > 研究报告 > 译著 > 工具书 > 电脑软件 > 其他。有人难以选定预期成果，是怕结项时评审专家为难。即使设计的是专著，最终也可以论文集结项，评委主要看最终的结果，一般不会硬性以预期形式死扣结项时的成果形式，但是偶有专家看重前后一致性，因此为防患于未然，慎重确定预期成果形式，免生节外枝。

（七）申 请 经 费

64 经费申请多少合理？经费填写常见哪些问题？

申请经费填写原则是：给多少填多少。资助的依据即表四“经费概算”，是资料费、数据采集费、差旅费、会议费、国际合作与交流费、设备费、专家咨询费、劳务费、印刷费、管理费和其他费用的总和。

其实，经费由国家给定，不必多虑。但是申报中还是会出现种种问题：1）未以本年度申报公告所给定申请数额为准；2）申请经费填写时，因受其上方一栏“字数”的单位（千字）的惯性驱动，未按经费的单位“万元”计，比如本应填写阿拉伯数字“35”表示“35 万”经费，却写成了“350”；3）多写，以为多多益善；4）少写，以示谦虚，所要不多，可获得评委同情，增加获批的概率。

（八）计划完成时间

65 预计完成时段为多长？常有哪些问题？

课题研究时限对基础类研究较为宽松，一般为 3 年，也可根据实情适当延长。允许延期两次，每次一年，也可一次性延期两年，但需特别说明。完成时间最好不超过 5 年。应用类研究的时限依时效性和紧迫性而定，一般较短，为 2—3 年。而重点项目可适当增加近一半的时间。国家每年 5 月终评公示立项名单，以其为起点算，不死扣一整年或半年，但完成的截止时间一般以半年为计，一般项目为 3 年后的 6 月 30 日或 12 月 31 日。

计划完成时间填写常见的不足有：1）基础类研究的时间写 2 年，时间太短，宜写 3 年，免得再次申请延期；2）极个别人误填 6 月 31 日和 12 月 30 日，与日历不符或不是整月；3）以博士（后）论文为基础申报，以为书稿已成，一年内即可结项，但是函评专家不知是博士论文，不相信一年半载能完成，反倒于申请人不利，所以还是填写 3 年为好。

参考示例1　数据表

一、数据表

课题名称	×××研究							
关键词	汉译腔/体　语料库　辩证思维							
项目类别	A	A.重点项目　B.一般项目　C.青年项目　D.一般自选项目　E.青年自选项目						
学科分类	YYF	应用语言学						
研究类型	A	A.基础研究　B.应用研究　C.综合研究　D.其他研究						
课题负责人		性别	男	民族	汉	出生日期	1959年6月18日	
行政职务	C1	院长	专业职称	A	教授	研究专长	YYF	应用语言学
最后学历	B	研究生	最后学位	A	博士	担任导师	A	博士生导师
所在省（自治区、直辖市）		XX省				所属系统	A	高等院校
工作单位	××大学翻译学研究中心					联系电话	020-37250640	
通讯地址	××市云山路2号6教A902					邮政编码	510820	
课题组成员	姓名	出生年月	专业职称	学位	工作单位	研究专长	本人签字	
		1976.05	教　授	博士	××民族大学外国语学院	英汉翻译理论与实践		
		1982.10	讲　师	博士	××农业大学文法学院俄语系	俄汉语言对比与翻译		
		1972.09	副教授	博士	××师范大学外语学院	俄汉翻译理论与实践		
		1977.06	讲　师	博士	××科技大学国际交流学院	俄汉翻译理论与实践		
		1975.12	副教授	博士	××财经政法大学外国语学院	英汉翻译理论与实践		
		1982.07	讲　师	硕士	××师范学院英语系	英汉翻译理论与实践		
		1982.08	讲　师	博士	××大学文学院	汉语语言学		
第一推荐人		专业职称			工作单位			
第二推荐人		专业职称			工作单位			
预期成果	A		A.专著 B.译著 C.论文集 D.研究报告 E.工具书 F.电脑软件 G.其他			字数(千字)	350	
申请经费（单位：万元）	35		计划完成时间			2019年6月30日		

六、课题论证≈活页

（一）活页概说

66 活页与申请书有什么区别与联系？

活页与申请书的关系，指活页与申请书之间的区别与联系：1）二者的诸多内容密不可分，多数内容不变，少数内容有变；2）前者是后者的一部分，前者的内容板块略作调整放入后者；3）二者的撰写相对独立又相互融合，在区别与联系中完形，彼此存在一致性与共同性。以此为基，形成了活页与申请书对应的通讯评审与会议评审两级形式，同时形式又相对统一，构成了整个申报体系。二者的关系略见表10。

表10　活页与申请书的关系

<table>
<tr><th rowspan="2">异同</th><th colspan="5">被比对象</th></tr>
<tr><th colspan="4">申请书</th><th>活页</th></tr>
<tr><td>异</td><td>封面</td><td colspan="3">有</td><td rowspan="2">无</td></tr>
<tr><td>异</td><td>一、数据表</td><td colspan="3">有</td></tr>
<tr><td rowspan="6">同</td><td rowspan="6">二、课题设计论证</td><td colspan="2">1. 选题依据</td><td colspan="2" rowspan="6">同</td></tr>
<tr><td colspan="2">2. 研究内容</td></tr>
<tr><td colspan="2">3. 思路方法</td></tr>
<tr><td colspan="2">4. 创新之处</td></tr>
<tr><td colspan="2">5. 预期成果</td></tr>
<tr><td colspan="2">6. 参考文献</td></tr>
<tr><td rowspan="4">异中有同</td><td rowspan="4">三、研究基础和条件保障</td><td colspan="2">1. 学术简历</td><td>有</td><td>无</td></tr>
<tr><td rowspan="3">2. 研究基础</td><td>前期成果</td><td colspan="2" rowspan="2">同</td></tr>
<tr><td>核心观点</td></tr>
<tr><td>社会评价</td><td>有</td><td>无</td></tr>
</table>

续表

<table>
<tr><th rowspan="2">异同</th><th colspan="4">被比对象</th></tr>
<tr><th colspan="3">申请书</th><th>活页</th></tr>
<tr><td rowspan="3">异中有同</td><td rowspan="3">三、研究基础和条件保障</td><td>3. 承担项目</td><td rowspan="3">有</td><td rowspan="4">无</td></tr>
<tr><td>4. 与已承担项目或博士论文的关系</td></tr>
<tr><td>5. 条件保障</td></tr>
<tr><td>异</td><td colspan="3">四、经费概算　五、推荐人意见　六、课题负责人所在单位审核意见
七、各省（区、市）、兵团社科规划办或在京委托管理机构审核意见
八、评审意见</td></tr>
</table>

67 如何形象地理解活页“金三角”？

所谓活页金三角，指活页选题的价值、创新和基础，好比句子有主、谓、宾三个主要成分，又如论文审读的金三角：摘要、引言与结论。这三者是评委最先审读或最关注的点，足以支撑对申请书或活页的基本看法，占了审读评价一半以上的比重，因此成了填报重点。

项目有无立项必要，关键在于有无做的意义，即有无价值，因此拟报项目与已有研究相比，意义不一般，表现何处，有必要交代清楚，这也是评审最为关注之处，算是金三角△ABC 的第一只角 A（见图 12）。该项目能获批，得有

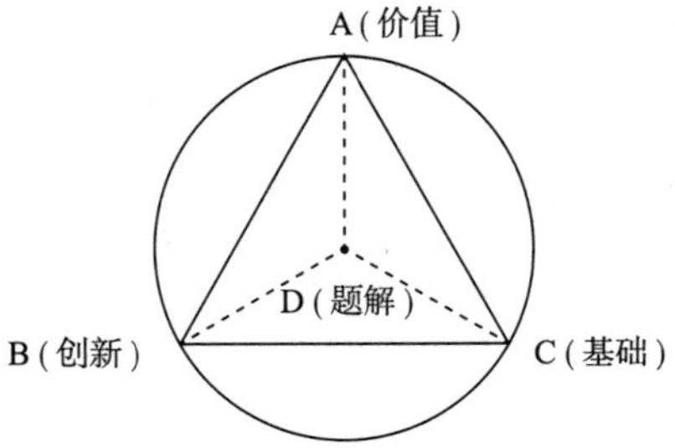

图 12　活页的金三角和金顶

过人之处，会评时被选中，重在有所创新，主审看出了创意，副审也无反对意见，又支起了第二只角 B。点子高，有价值，与众不同，还得看申请人有多厚的基础，有多少前期成果，前期成果已奠定了什么样的思想基础，核心观点是否鲜明，扎实的基础便支起了第三只角 C。三只金角支起金顶 D，即选题的题目或题解。有了上述金三角，会评专家就可鼎力相助，从中摘录要点，再加上

题解（详见第 118 问），汇成理由充分的立项推荐意见。

68 为何要“论证至精”？与选题有何关系？

函评即活页的通讯评审是匿名的，活页尽可能避免泄露申请人的信息。十几份或几十份申请书中哪一份能入评委的法眼，主要取决于填报水平，即选题精当，论证精妙。选题与论证，二者之中选题固然重要，以至于选题至尊（请见第 99 问）。题一旦选定，就靠论证了。

论证至精，指论证达到完美的地步，达到最精致最精妙的地步。论题好比食材，而论证好比烹饪，同样的食材，烹饪方式不同，可以做出鲁式、粤式或川式佳肴。选题好，论证好，项目中标可能性就较大。因此，面对论证的每一板块，都要如履薄冰，战略上均衡重视。

申请人必须清楚打动评委所需的几点，即活页所定的几个要点，除上一问的金三角之外，还有研究何对象、解决何问题、掌握何现状、有何见解、有何框架性设计等，点点给评委留下深刻印象，缺一不可，论证若是不精，甚至残缺不全，选题再好，也极有可能被弃。

69 课题论证如何雅俗共赏？

旧时称文化水平较高者为“雅人”，称文化水平较低者为“俗人”；作品的艺术水平既高雅又通俗，能为各种人所接受，则称“雅俗共赏”。雅俗共赏本是艺术的理想化状态，据上一问，课题论证实为艺术，也讲究雅俗共赏。本来项目就是支持强者和优秀者，打造优秀学人；将申报上升至艺术高度，有人戏称为“申报学”，不无道理。项目申报的雅俗共赏重在“共赏”，无论学术水平高低都能欣赏，喜闻乐见、有口皆碑。过于下里巴人，显不出高大上；过于阳春白雪，又显得曲高和寡。为此，可从如下方面求得雅俗共赏：

整个倾向上，宜讲求科学性与艺术性结合。不同学科的课题命名方式、论证方法基本相同，或略有不同。例如，社会科学与人文科学的旨趣不同，前者求善，追求纯粹的知识体系，穷物理，属于“物学”；后者求美，基于知识的价值体系，言人事，属于“人学”。二者的致思不同，前者致力于规律的发现，必经抽象化或普遍化；后者则致力于特性的发掘，必经具体化或个别化，看重个别、个性和特性。

整体布局上，宜讲究松紧结合。七大板块有轻重，比如研究内容是重点，一定要充实，切忌空洞，占主体，万不得已才用图表，但不要太复杂；其次是选题依据占第二位。七大板块内再次细分，一、二、三级标题分层布设，分段也有长短；详见第 309 与第 311 问。

内容上，兼顾专业与普及。项目论证不求处处精要、高高在上，适当放下身段，在保证专业性不变的前提下，在术语使用上适当科普化，非仅仅满足小同行的专家胃口，采用通用的术语，让更多的评委懂你。新意和特点要突出，表述要恰当，避免说大话空话。

形式上，宜讲究庄谐简明并重。申请无小事，重在“认真”二字，填报申请书，是要敬畏学术，如履薄冰，处处留心，可要谨防这一心态下写得过于板结；而要力求题目出新，有特色，新人耳目，内容吸引人，形式不流于呆板，论述的语篇形式灵活多变，分寸有度；年长的评委欣赏简明清晰，年少的评委喜好形式活跃，论证老少皆宜，便能博得多数评委钟爱。

比例上，详略得当。充分考虑每个板块的详细比例，显出黄金分割，比如文献综述要简要精练、点到为止，不要面面俱到；价值部分不可超过学术动态等，详见第 77 问。

70 如何理解活页与函评意见表的关系变化？

通过比较发现，通讯评审意见表里的指标说明仍采用了 2014 年版本，而 2015 年起活页所提供的撰写提纲却做了修改，其间的关系发生了变化，有的地方合不上，特提请注意，详见表 11。

表 11　函评意见表指标说明与活页提纲的关系比较

评价指标	函评意见表指标说明	活页提纲提示语	关系比较
选题	主要考察选题的学术价值或应用价值，对国内外研究状况的总体把握程度。	1.［选题依据］国内外相关研究的学术史梳理及研究动态；本课题相对于已有研究的独到学术价值和应用价值等。	动态与价值错位颠倒；两类价值关系不一。
论证	主要考察研究内容、基本观点、研究思路、研究方法、创新之处。	2.［研究内容］本课题的研究对象、总体框架、重点难点、主要目标等。 3.［思路方法］本课题研究的基本思路、具体研究方法、研究计划及其可行性等。	观点所置地方不一；思路与方法分合不一；预期成果未入意见表。

续表

评价指标	函评意见表指标说明	活页提纲提示语	关系比较
论证	主要考察研究内容、基本观点、研究思路、研究方法、创新之处。	4. [创新之处] 在学术思想、学术观点、研究方法等方面的特色和创新。 5. [预期成果] 成果形式、使用去向及预期社会效益等。	观点所置地方不一；思路与方法分合不一；预期成果未入意见表。
研究基础	主要考察课题负责人的研究积累和成果。	6. [研究基础] 课题负责人前期相关研究成果、核心观点等。 7. [参考文献] 开展本课题研究的主要中外参考文献。	参考文献未入意见表。

71 活页填写常有哪些缺陷?

活页如同申请工作的核心，成为函评与会评共同关注的焦点，其常见的缺陷或不足众多，在此仅列出代表性不足：1）选题过细过小，将校、厅或省级选题直接报作国家级，缺乏典型性、重要性或全国性意义；2）强行申报，无相关前期成果，研究基础过薄；3）论证填写过于简单或草率；4）硬伤，内容明显缺项，比如不填方法、忘了价值，甚至是遗漏标题等；5）活页直接或间接透露了个人相关信息，严重者可能取消参评资格；6）违规填写了申请人前期成果的作者姓名、单位、发表刊物等，按要求只能填成果的名称、形式与发表时间；7）活页中该多的没多写，该少的没少写，份额分布不合理；8）未按规定打印为 A3 纸；9）申请人注意了论证内容，未注意活页提示的规范。

其他不足可见后面相关问答。

72 活页与 7000 字如何配合利用?

活页 7000 字，其说明提示“一般为 8 个 A4 版面，《国家社会科学基金项目通讯评审意见表》（以下简称《通讯评审意见表》）作为第一页”。项目申报书字数如果太少，不足分量，说不清楚；字数过多，工作量大，既累申请人，也累评委。2014 年前限填 4000 字，多数人觉得不够写；现设定 7000 字，近增一倍，又有人觉得写不够。增 3000 字，可将课题设计得更充分，更深入，准确地表达课题的内涵，充分展现申请人的思想。

活页页码如何利用？所填内容设计为 7 页比较合适，按版面字数约

12 000 字，按实际字数也可达 10 000 字，去掉各种空白（参见第 309 问等），7000 字是足够写的。这样，7 个版面平均 1000 字左右，总体 7000 字内。最后一页不一定写满，但也不能写得剩下半页。打印时，意见表单独成一页，其 7 点撰写提纲原封不动，依然与意见表保留在同一页，真正的填写从第二页开始。

73 活页与申请书如何保持内在逻辑性？

活页与申请书本身要求是一个完整的统一体，有其内在的结构，有其内在的逻辑性，彼此关联，彼此支撑，彼此照应。所见是框架与各部分的内容，所隐是内在的逻辑结构，后者潜在地操纵着前者，论证中要时时留心，尤其是初次论证者，否则会失逻辑性。

论证要讲逻辑性，即注意论证内在逻辑的一致性和相关性，不自相矛盾或相互脱节。比方说：1）学术动态、总体框架中段与段之间篇章上构成空间关系，其实也反映了时间或逻辑关系，可按照事物的逻辑关系，如因果、条件、结果等关系，或按提出、分析、解决问题的顺序展开。2）若对学术动态展开简评，国内外简评应与国内外动态相对应。3）参考文献与学术动态保持相应的人名、数量的关系，详见第 281 问。4）表一中的“申请经费”与表四中的“经费概算”应一致。5）表一中的“预期成果”与表二中的“预期成果”有异同，详见第 250 问。6）表一要求填项目的“学术价值与应用价值”，而表二却只要求填“社会效益”，两相比较，前者应增“社会价值”，后者应增“经济效益”。7）重难点与内容关系，重要的段则有一个重点与难点，以此对应，会找到相应的重点与难点，详见第 201—207 问。8）思路中要研究的对象应取自总体框架里的内容，二者对应，基本一致，最好不是重抄，而是同一内容更简洁的表达。9）申请人前期基础可在学术动态、主要内容和观点中折射出来，前后相谐。10）研究时间的前期、中期和后期与研究内容、预期成果的设计等需保持对应。11）成片表述时，段的多少均按逻辑需求设计。

74 提示语或说明各有何作用？何时何地如何保留？

申请书表内与表下均有文字提示，分为提示语和说明。提示语指申请书或活页中提醒如何填写内容的一种友情告示；说明是对内容的填写方式做出要求，以免出错。二者重在交代填写的对象和具体展现的方式，不仅指导申请人填写，也是评审的路径，是共同遵守的游戏规则，因此填写时切勿自行删除。

整个申请书除“填写《数据表》注意事项”之外，活页提示语还有：“本表参照以下提纲撰写，要求逻辑清晰，主题突出，层次分明，内容翔实，排版清晰。除研究基础外，本表与《申请书》表二内容一致，总字数不超过 7000 字”和“选题依据、研究内容、思路方法、创新之处、预期成果、研究基础、参考文献”等 7 点撰写提纲，填写活页时，不得删除，一可规范申请书的形式，二可保证评委依纲判断申请人是否按要求撰写了。可令其与《通讯评审意见表》合为第一页，而真正的内容可从第二页开始填写，保留前面的提示语，后面的 7 点撰写提纲则分头依序填写。（详见例 177）申请书同理。

除申请书前面的“填写说明”外，表二、表三、表四和表五末尾均有“说明”，应该保留，不能给人缺件感。若是整个论证超出二三行，也可调整“说明”的字号，但不能小于 6 号；挤出空间，旨在保证论证内容的整页效果。

75 论证中七点撰写提纲如何微调更合编辑要求?

课题设计论证的七点撰写提纲如下：

1.［选题依据］ 国内外相关研究的学术史梳理及研究动态；本课题相对于已有研究的独到学术价值和应用价值等。

2.［研究内容］ 本课题的研究对象、总体框架、重点难点、主要目标等。

3.［思路方法］ 本课题研究的基本思路、具体研究方法、研究计划及其可行性等。

4.［创新之处］ 在学术思想、学术观点、研究方法等方面的特色和创新。

5.［预期成果］ 成果形式、使用去向及预期社会效益等。

6.［研究基础］ 课题负责人前期相关研究成果、核心观点等。

7.［参考文献］ 开展本课题研究的主要中外参考文献。

申请书与活页均可原封不动地照上述七点的格式填写，却不大符合编辑排版的要求，即标题置于括号内，而对标题的提示放在括号外。因此也可微调而不动其整体，即给7大要点去括号，用各要点做标题，反将其具体提示的内容移入圆括号，用不同字体凸显二者的主次层次；提示语若较长，回行只有2—3字则可压扁成一行。（详见例177）试比较其中第二、三点的变化：

2. 研究内容（本课题的研究对象、总体框架、重点难点、主要目标等）

3. 思路方法（本课题研究的基本思路、具体研究方法、研究计划及其可行性等）

76 提示语和说明中何时可“等”？何时不“等”？

“等”既可表示列举未尽，如中国一线城市有北、上、广等；也可用作列举后煞尾，如北、上、广等三大城市，后面不再添列，就是三个大城市，“等”其实可以舍去。那么，申请书提示语和说明中凡用“等”字之处，“等”还是不“等”？申请书用“等”之处如下：

1）选题依据：本课题相对于已有研究的独到学术价值和应用价值等。

2）研究内容：本课题的研究对象、总体框架、重点难点、主要目标等。

3）思路方法：本课题研究的基本思路、具体研究方法、研究计划及其可行性等。

4）创新之处：在学术思想、学术观点、研究方法等方面的特色和创新。

5）预期成果：成果形式、使用去向及预期社会效益等。

6）研究基础：课题负责人前期相关研究成果、核心观点等。

7）前期成果：只填成果名称、成果形式（如论文、专著、研究报告等）、作者排序、是否核心期刊等，不得填写作者姓名、单位、刊物或出版社名称、发表时间或刊期等。

8）申请人承担的已结项或在研项目、与本课题无关的成果等不能作为前期成果填写。

9）学术简历：课题负责人的主要学术简历、学术兼职，在相关研究领域的学术积累和贡献等。

10）承担项目：负责人承担的各级各类科研项目情况，包括项目名称、资助机构、资助金额、结项情况、研究起止时间等。

11）条件保障：完成本课题研究的时间保证、资料设备等科研条件。

上面共 11 处用到“等”。可“等”者，即申请人可以添加内容者有第 4、9、11 点，因为特色和创新之处还有其他方面，课题负责人可写的内容还可加，保障条件有多种。可“等”可不“等”者，有第 1 和第 7 点中的第一个“等”，前者可以只写两大价值，也可再加“社会价值”；后者可以就此写出主要成果，也可再加译著、论文集、研究报告、工具书、电脑软件、其他。可不“等”者，即申请人不必添加内容者有第 2、3、5、6、8、10 点和第 7 点中的第二和第三个“等”，这些地方意思已尽，再加就是画蛇添足，自寻麻烦。

77 评审意见表中权重如何决定活页 7000 字的切分？

近年来，活页新增一页《通讯评审意见表》，以单独一页的形式作为活页的第一页。评审意见表的公开有助于申请人了解评分标准，掌握评价标准的权重，以便分配活页的 7000 字。因此，意见表的评价权重是论证设计的重要参考依据。表 12 中，理想字数是据权重规划的，实际字数则是依据各具体需填内容而做出的粗略切分。

表 12 通讯评审意见表权重与活页各部分字数大致规划

<table>
<tr><th>评价指标</th><th>权重</th><th colspan="3">理想字数所填内容</th><th colspan="3">实际字数</th><th>内容或作用说明</th></tr>
<tr><td rowspan="4">选题</td><td rowspan="4">3</td><td></td><td colspan="2">题解</td><td rowspan="4">2000</td><td colspan="2">200</td><td>题目的简明解释</td></tr>
<tr><td rowspan="3">2100</td><td rowspan="3">选题依据</td><td>内外动态</td><td rowspan="2">1480</td><td>1160</td><td rowspan="3">国内外相关研究的学术史梳理及研究动态
本课题相对于已有研究的独到学术价值和应用价值等</td></tr>
<tr><td>内外简评</td><td>320</td></tr>
<tr><td>独特价值</td><td colspan="2">320</td></tr>
<tr><td rowspan="7">论证</td><td rowspan="7">5</td><td rowspan="4">3500</td><td rowspan="4">研究内容</td><td>研究对象</td><td rowspan="7">3600</td><td rowspan="4">2000</td><td>160</td><td rowspan="4">本课题的研究对象
总体框架
重点难点
主要目标等</td></tr>
<tr><td>总体框架</td><td>1280</td></tr>
<tr><td>重点难点</td><td>400</td></tr>
<tr><td>主要目标</td><td>160</td></tr>
<tr><td></td><td colspan="2">思路方法</td><td colspan="2">1040</td><td>思路、方法、计划、可行性等</td></tr>
<tr><td></td><td colspan="2">创新之处</td><td colspan="2">240</td><td>思想、观点、方法等方面创新</td></tr>
<tr><td></td><td colspan="2">预期成果</td><td colspan="2">320</td><td>成果形式、去向及社会效益</td></tr>
<tr><td rowspan="2">研究基础</td><td rowspan="2">2</td><td rowspan="2">1400</td><td colspan="2">研究基础</td><td rowspan="2">1400</td><td colspan="2">700</td><td>前期成果、核心观点等</td></tr>
<tr><td colspan="2">参考文献</td><td colspan="2">700</td><td>主要中外参考文献</td></tr>
</table>

78 论证如何环环相扣？步步推进？

论证主要见于申请书表二和活页，本身已规定了论证的逻辑顺序，分为三大板块，即选题、论证和研究基础。三大板块又分为七大内容（见表 11 和第 75 问），按提示要求分条依次论证。各大内容也要注意分段分层，并加标题。

从语篇上看，一、二、三级标题，下级标题支撑上级标题，本身就构成了环环相扣，步步推进，所以标题体系如同展开了整个论证的骨架。论证框架十分重要，各个环节务必逻辑严密，思路清晰，内容充分，方案具体可行，方法精细适用。

此外，还需通过各板块各构成要素之间的过渡语、过渡句，甚至过渡段等语篇衔接手段彰显论证的环环相扣。例如，例 177“研究内容”中“2.1 研究对象”与“2.2 总体框架”之间用了承前启后的一句“为探清上述对象，拟由 5 大板块建构框架，充以 12 部分的具体内容”。又如其中“2. 研究基础和条件保障”的“2.1 研究成果”与“2.2 核心观点”之间采用了过渡句“上述 15 项前期成果的核心观点由宏观到微观可概括为”，等等。

79 为何必须按撰写提纲逐项论证？否则如何？

申请书表二或活页明确要求“本表参照以下提纲撰写，要求逻辑清晰，主题突出，层次分明，内容翔实，排版清晰”，申请人必须严格按各条顺序逐项如实填写，分层设序号，设标题。常有申请人任性填写，如学术动态与独特价值，他非要先谈价值，后谈动态；又如，像对待综述或述评文章那样将“参考文献”提前置于“学术史梳理及研究动态”之后，结果导致与后面的参考文献冲突或阙如，给评委产生了混乱或缺件的印象。

为什么不提倡这类小“创新”？项目评审好比流水作业，习惯顺序审读，一旦遇到有人将“独特价值”放在第一位，其第一反应就是学术动态缺失，等到读完价值再读到学术动态时，会认为你无序填写，无视提示语的要求，不懂申报规则，负面印象因此而生。又如，学术动态本来一般是先国内再国外，你非来个颠倒，先外后内白乌鸦一个，冲击了评委的思维惯性，可能是添乱之举，这种陌生化效果并不讨巧，所以不提倡。

（二）项 目 选 题

80 “选题”有哪三解？选题于获批何等重要？

选题是申报成功的关键。选题是科研的第一关，由大到小，有三种理解：大而言之，指确立研讨的主要对象和范围，即选择课题；总而言之，指确立需要证明的某个命题，即选择论题；小而言之，指确立题目或书文的名称，即选择标题。

可见好选题的最终标志是好题目，这是完成之前的标志。好题目或高或新或奇：高，自然超凡；新，自然脱俗；奇，自然突起。具有标志性的题目于几十上百份申请书中如鹤立鸡群，矫矫不群；于评委眼中又如塔耸山峰，引领他顺读书稿。好题目完成后的标志则是推出标志性成果；较大的项目可产生系列成果，如系列论文、系列著作等，其中必有标志性成果，常表现为提出新概念、解决新问题、推出新表达、发掘新机理、创立新理论等。

选题不好，不得资助；选题选得好，不一定资助。选题与论证孰轻孰重，好比粤菜与川菜，前者讲究食材，追求原汁原味；后者讲究烹饪，精挑配料，追求色香味。二者之中选题更重要，但若二合一，则更能抢占先机。选题选得好，决定未来系列成果的产出，决定未来的研究方向，好的选题往往是一个可持续的研究领域，成为未来五至十年乃至一生的兴趣所在。具体到项目申报，选题好坏与论证强弱也构成了申报成功与否的关系，简列为：

1）题强论证强，极有可能给：双强者极可能入围，但因同评者也优秀、名额有限等因素也会导致落选。

2）题强论证弱，可给可不给：选题虽好，意义重大，但内容不强、思路不清、方法不当等也会让好题泡汤。

3）题弱论证强，可给可不给：选题一般，论证不错，因论证而弥补了选题之不足，也有可能被某些评委看中而入围，甚至立项。

4）题弱论证弱，不给：双差，难过通讯评委第一关，极易被否定。

81 选题常有哪些不足？

选题不足，林林总总，仅列几点：1）大而泛。既然是国家级课题，便定位于国家层面，过于宏观，空泛，操作性不强。2）小而窄。范围太小，缺乏特色和代表性，将被同类课题涵盖；或受地域限制，集于一地一点，选题中还出现小地名，可立于地方，但难上升至共性或国家层面。3）过于专业，因追求研究前沿，所以写得过于专业，能看懂的只有几人，结果可想而知。4）核心概念不准，或概念界定模糊。5）内容涵盖太多，样样抓，样样差。6）研究对象所涉时间跨度太大，无法驾驭。7）选题缺少理论嵌入、地域嵌入、领域嵌入、特色嵌入等，不能体现申报者的优势。8）只有研究方向和范围，而非具体题目，如A与B研究，未揭示A与B的关系C。9）研究对象所涉空间定得不准，跨度过大或过小，或难以完成，或覆盖不够。

82 茫茫题海，如何寻找？

说是题海，并非弄玄。国家社科每年26个学科给出2000道选题，如2016年度，教育学、艺术学和军事学3个单列学科之外的23个学科国家社科课题指南拟定了1893个选题（见表7），即使缩至某一学科，至少也近10个。而在此可数的选题之外，该学科还有无数个自由选题。如何从中选题，实在是一种智慧考验，甚至是智商和情商的双重考验。茫茫题海，多少人一生寻找，屡次申报，与国家项目擦肩而过，终生遗憾；多少人长期申报，与项目偶遇，了己心愿；还有人与项目频频相遇，成就一番事业。相遇一次是偶然，两次是或然，三次以上或走向必然。

科研有道，申报有道，寻题也能琢磨出规律：

1）不断强化自己的研究，不断探索未知领域，做出特色，以特出新。

2）既需仰望科学的星空，又需躬亲中国大地。国家支持，就要为国服务；皓首穷经，可探索人类共性问题，更需结合它俯瞰中国大地，多亲近中国现实。

3）任何研究，最好是理论上顶天，实践上立地，上下贯通，中间汇合。研究在上通下达中可作选择。但只有通观理论与实践，将二者结合起来，才可真正做透其某一方面，然后触类旁通，上下贯通，选题便会自然来。

4）熟谙本体，关注应用。做本体研究者，可能离应用有一定距离，但有必要将研究的终极目标指向应用；做应用研究者，要熟悉本体，为应用找到有力的理论支撑，或反过来促动对本体的思考。

5）需要对国内外学科整体发展有所了解，更需对自己的家底十分清楚。选题实际上是知己知彼相互选择的过程，学科前沿与动态标明了发展的风向，自身的基础与潜力彰显了借风行驶的力量。

6）咬住研究不放松，左顾右盼选题中。持之以恒地科学地申报，不气馁，每一次落选都是头一遭，屡败屡报；每一次申报都有新感觉，题海大浪淘沙中不断超越自我，提升自己；每一次申报都出乎意料，题海选题，常有惊喜，常有发现，意料之外便会逐渐成为意料之中。每一次命中都令人骄傲，短暂骄傲之后迅速总结成功的经验，与此前失败的教训汇成科研成长的助推器，以便走向更大的选题以及研究的成功。

83 国家社科征集选题有何要求？对申报有何启示？

全国哲社办每年要向专家征集年度基金选题，其基本要求是：1）理论研究应密切跟踪国内外学术发展和学科建设的前沿和动态，力求具有原创性和开拓性；2）应用研究应围绕经济社会发展研究全局性、战略性和前瞻性的重大理论和实践，尤其是党政决策亟待解决的重大现实问题，力求具有较强的针对性、预测性和时效性；3）指南选题条目要求具体化，不宜过泛或过碎，力求经济社会发展、学科建设与个人研究三结合，紧扣前述两条要求；4）一般是每位专家提出2—3个所在学科的选题，可略作说明。

为此，申请人无论是读硕读博期间，还是毕业后独立研究，除了解导师和团队的优势外，还须了解国际学术动态，更应了解国内所需；了解学科本体所缺，更应了解社会所需，这样才能对所研究对象予以定点、定向与定位，做到点、线、面、体结合。正因为指南是学术大专家所设，这个方向可能是他们在做的，也可能是他们想物色人做的，或是他们认为可做但未做或难做的，就有必要分析这个领域国内的重要学者，了解自己所专所强的领域能否插入其中，专找其中重要但研究薄弱的环节，有针对性地申报，既参与选题竞争，又避其锋芒，争取更高的获批概率。

84 选题与指南有哪三种关系？如何结合？

课题指南只定方向和领域，是立项的主要依据，内容广泛，领域很大，大而活；若是定得太小，窄而死，未给申报者留下空间，也易撞车。因此，指南有宽泛的指导意义。一般不能绝对化套用，但可化大为小，化宽为窄。申请人选题与项目指南至少有三类关系（见表 13）：

表 13　申请人选题与项目指南的关系

<table>
<tr><th colspan="2">类别</th><th colspan="2">关系</th><th>例说</th></tr>
<tr><td>1</td><td>相似相同</td><td colspan="2">立项与指南相似，甚至相同</td><td>2016 年“中国人口负增长研究”“公共图书馆残疾人服务标准研究”“体育本体论研究”三项与指南选题完全相同。</td></tr>
<tr><td rowspan="3">2</td><td rowspan="3">相关</td><td rowspan="3">立项是指南的具体化，只研究其中某层某侧面的问题</td><td>2-1 提取式</td><td>例 1：农民收入问题研究 > 提高农民收入的农村公共产品供给研究</td></tr>
<tr><td>2-2 调整提取式</td><td>例 2：信息化时代的新工业化与产业结构跨越式升级 < 工业化、信息化与跨越式发展研究</td></tr>
<tr><td>2-3 包融式</td><td>例 3：西方经济学最新发展（制度与演化经济学基础理论）研究</td></tr>
<tr><td>3</td><td>相异</td><td colspan="2">立项为指南所无</td><td>例 4：1998 年的“变译理论研究”</td></tr>
</table>

第 1 类关系：相似甚至相同，即申请课题尽量靠近指南，完全重合不太合适，无特色，易撞车；本类立题较轻松，获批比例小。即使入了围，多半也是名家、大家和前期成果较丰者优先。第 2 类关系：相关，即选择研究课题指南中某个问题的某一层面或侧面。本类是立项的主体。第 3 类关系：相异，即自选。选题非指南指定，而是申请人自行选定的。本类立项是指南的补充，炼题不易，却有特色，近些年获批比率渐增。这三类表明，遵循课题指南，选题空间也不小，改造优化可能性也很大，个人追求同样具有创造性。

85 选题如何避免扎堆撞车？

选题最易撞车的正是表 13 中第 1 类立项与指南相似甚至相同的选题，原因在于众人都能从国家指南中设计，免不了相冲突。为防扎堆，首先要仔细阅读当年公布的课题指南，从中着重发现自己的特色。论证前注意做一些预备性工作，如相关领域研究现状的国内外文献调研；不要为申请而申请，一定要选择自己有学术积累、有前期研究成果、熟悉该领域国内外研究进展、自己最擅长和最能研究的题目，不必扎堆追逐热门话题。

尽量与指南题目结合，万一从指南中选不出合适题目，从中找不到与自己特色结合之处，就不必硬凑，因为指南的选题不是自己的强项，就有可能以弱项充强项，还不如自选课题。换言之，非本人所长的题目不要申报。处理好题目的“自定”与“指定”的关系。

86 选题来源有哪三级十五层？

选题产生的心理基础有怀疑、兴趣、追求等，可从理论、现实、方法论三级出发，再向十五个层面具体发掘选题。因涉及内容较多，在此仅提供思路。

理论催生选题。例如，1）从理论研究中选题：从理论出发，采用自上而下的演绎法，即从共性导出特性或个性，也能找到选题；2）从理论教学中选题：教学是科研选题的有效基础，讲解有助于整理理论知识，使其条理化，也会产生选题；3）从理论疑问中选题：小疑则小进，大疑则大进，有疑便可立言，才可立题；4）从学术史中选题：学科史、理论史、思想史有助于从历史角度看问题，由果追因，可能发现研究对象，提出选题。

现实催生选题。例如，1）从生活中选题：在生活中见人所未见或不能见是超人的本事，习以为常见非常，隔行不隔理，生活中的道理植入学问之中，常有惊人发现；2）从事实中选题：对事实归纳式分析，发现问题，挖掘根源，转化为选题，走向理论提升；3）从闲 X 中选题：“闲 X”即闲聊、闲读、闲听、闲看、闲逛等，因了“闲”情，毫无压力，舒缓状态下思想最易激发灵感，碰撞出火花；4）从日记中选题：每日积累思想火花或有趣有价值的事实，串联串读可能迸出火星，聚成火炬，由小到大，也能产生选题。

方法论催生选题。例如：1）从顶层设计中选题：顶层设计即从高端的总体构想，追根溯源，统揽全局，在最高层寻求问题解决之道，也就可以从中产生项目；2）从各级政府科研指南中选题，如 2012 年国家社科指南（语言学部分）的课题 23 个，国家社科基金立项 67 项；3）从交叉中选题：从所主研的学科与其他学科交叉，会产生新问题；4）从冷热两极话题中选题：热点问题一般与社会政治相关，容易引起社会关注和学界讨论，冷僻问题常以奇以新取胜；5）比较产生选题：通过纵比或横比，找出共性与特性，有助于发现问题；6）系统思考产生选题：从事物的是何、如何和为何的系统思考出发，可以产生系列选题；7）从课题中选题：参与某个大项目，做其中的子课题孙课题，有导师指导，有团队协助，可以双赢。

87 选题内涵与外延关系如何？

研究与选课，宛如生子取名，会研究，好比能生子；善选题，好比擅取名。与文学篇名不同，课题选题命名首先力求准确，该大则大，该小则小。选题的大小并不在于课题名称的长短，而在于其内涵与外延，其内涵越丰富，外延越小。如某地的方言值得研究，可设有关某地方言语法研究的选题；该地处于 X 省东南角，又设为有关 X 省东南方言研究的选题；该地毗邻另外 YZ 两省，利用省的简称，可设有关 XYZ（如鄂豫皖）交界方言区研究的选题，这样不断地调整内涵与外延的关系，可分别申报 3 个不同层次的社科项目。

选题的外延要准确，即要求说明课题所研究的问题是什么，研究对象是什么。或含方法，或含时间，或含空间，或含新的核心术语，以便评委一眼看清课题具体研究什么，即名实相符，使课题名称与所研究内容必须一致，不能太大，也不能太小，换言之，题目就是研究对象或问题的准确概括，可通过增减内涵，以圈定其外延。

88 小题如何大做？与项目层次有关吗？

项目级别越高，要求项目越具有典型性，但不要求大题大做，反而是小题大做，重大项目例外。小题大做，取其褒义，即把小题当作大题来研究。

切口可小，切入要大，如同挖地窖，往下挖深挖宽，以小见大，做透做到底。所以，选择题目不宜过大，要能够驾驭，能解决问题。国家项目级别最高，但并非个个都要宏大，而是要解决宏观问题的一个个侧面、一层层问题。个人选题最好严控于较小范围。即使国家重大项目，对大而无当的题目也会持否定态度。做项目主张猛兽吞狐，泰山压卵，雄狮搏兔，聚全部力量力求彻底解决一个问题，此类问题解决多了，国家的大问题或能分头解决了。

基金资助的是基础研究和应用基础研究，所针对的是科学问题而非技术问题。科学问题虽有大小，但基金项目一般批给目标更为明确的选题，即便是重点项目或重大项目，也都要求问题不能太大，一般项目更是要具体到明确的问题，题目切忌贪大求全，内容过多，否则评审专家会当头一句："研究内容和研究目标太大，难以完成，不予资助。"

89 指南如何演化出选题？如何大而化小？

选题尽量与指南紧扣，但是，如何化指南为己有？选题与指南的关系如何暗合或明示？可将“指南”的选题化解为申请者要做的题目，因为指南选题的范围比较大，大题小做一般做不好；应该将选题落地，私有化，个体化，将其与自己的研究特长结合，化大为小，化宽为窄，化泛为具，化高为低，将宏观的、战略的、政策性的选题转换为中观的、带有实证性的、可操作性的选题。

请看表 13，其中“2-1 提取式”的例 1，从农民收入出发，结合申请人的研究领域农村公共产品，又进一步缩小到产品的供给研究，从而定题。“2-2 调整提取式”的例 2，先分析国家指南中三者之间的关系，将信息化变为时代背景，认定工业化的新阶段，再定其与产业结构跨越式发展，这一发展在跨越的同时还要升级。可惜，只是掉了标题用语“研究”二字。“2-3 包融式”的例 3，抓住国家指南中“西方经济学最新发展研究”的“新”字，与自己的研究特色或强项“制度与演化经济学基础理论”结合，点面结合，将最新的点突出，合成自己的选题；其实还可以标题化，去括号可成“西方制度与演化经济学基础理论最新发展研究”。

90 问题如何升为选题？五类问题各应着力于什么？

立项依据撰写的前提首先是准确提出有待研究的科学问题，之后才能对其综述、评价、提出解决思路、创建总体框架等。可见，选题始于问题，且是真问题。那么问题如何升为课题？

科研能力，首先在于提出有价值的问题，科研高手，高在能察出什么值得研究，且能勾勒解决问题的思路。选题要有强烈的问题意识，要善于突出问题意识，关注社会热点、现实观点和理论前沿，提高课题论证的创新度。问题是否真问题，能否升为课题，至少应满足：1）问题突出地存在；2）困惑学界同仁；3）尚未解决；4）具有普遍意义；5）适于解决，不大也不小；6）可明确表达出来；7）有明确的解决路径与方法；8）可清楚地预测到创新之处。

总之，新问题研究力求选择热点，老问题研究力求定准新切点，基础问题力求显示对现实的关注点，应用问题力求具有理论的提升点，历史问题力求调整对现实的切入点。

91 选题如何反映国家意志？

学者可以不参政，但要懂政治，有政治头脑，具有国家服务意识。选题如何反映国家意志？至少可以做到：1）研读指南之外，还要关注每年的国家相关的重要文件等；2）认清国家项目的定位问题，国家项目必须符合国家主流意识形态，服务于国家战略目标和社会发展的需求；3）按指南的范围、方向和重点，结合自身的前期成果，于全局中显特色，体现国家项目的厚重感，识大局；4）基于已有较低层次的项目，申请国家更高层次项目，立于国家的高度，超越以往，提升已有，重新论证，深化思考；5）坚持理论联系实际，把握国家政治、经济、发展的总体走势与时代主题，以此为背景深入研究个人的学术问题。

92 选题如何由低向高逐步申报？

国家项目有其分量，可以一次性报国家项目，也可以逐步拾级而上。校、市、省（区、市）社科项目做好孵化和培育，发现好选题，进一步放大做强，向更高一级申报。允许以低级课题为基础申报高级课题，直至国家项目，只要有所改造和改进，规模、方法、思路、视野等有了提升和扩大，均可在更高层面上重新加以论证，提出更高一级的研究设想。如“原始儒家道德哲学之建构研究”先报省级项目，后改造又获国家社科基金资助。

不少人认为国家项目高不可攀，不敢申报，报省级了事。国家与省级项目申报时间不同，级别不同，可分级别申报。注意从省项目中发现、挖掘特色选题，经过省级项目的培育，整合全省或国内外优势，合力申报，即有可能先后拿到部和国家项目。近年来教育部与国家社科不允许同年申报，正可以错开分步走；如果获批部级，结项后有了基础，再可升级申报国家社科。

93 选题如何求特求优求新？

科学研究要选择新颖、独特的研究角度，突出预期成果的理论深度、前沿意义、原创价值或应用价值。依托学科领域特点，既要反映课题指南要求，又能充分发挥自身专业学科优势，设计出角度独到、特色鲜明、令人眼前一亮的选题。

申报的课题要有特色，如独特的地域、独特的时间、独特的实地调查、独特的人群等，如“西北地区少数民族政治意识研究”，涉及独特的地域和群体以及领域；又如“珠三角……研究”某个时期可能就具有独特的引领性意义；再如“金融危机时期民营企业破产倒闭的原因和对策研究”能激起学界的兴趣。

特色往往带来优势，选题还可以充分体现各种优势，如前期积累优势、专门工具优势、区域优势、人才队伍优势、学校学术优势等。例如，“……的苏南模式研究”曾经是受捧的话题，学界想对苏州、无锡和常州通过发展乡镇企业实现非农化的发展方式探个究竟。又如“桂西南地区多语接触研究”便具地域优势。

选题新颖，至少可以追求：1）无人涉足；2）学科前沿；3）老题新究（新材料发掘或新技术、新方法运用）；4）海外引介（新理论、新观点的引推）。其中，第 1 类最具创新性，属于开疆辟土，甚至创立新的理论和学科，具有填补学术空白的价值，获批可能性最大，如“宗教伦理”曾少有人研究；第 2 类是将已有学科研究向前推进，具有引领性；第 3 类是以旧发新，老树发新芽，具有再生性；第 4 类 1980—2000 年较多，2010 年后日渐减少。

94 如何处理选题的共性、特性与个性？

选题过程中如何处理好选题的个人眼光和学界眼光？科研讲究个性，但有时也不能任性，还要常常左顾右盼，融入特性，汇入共性，既做自己，也要合流，一起进步。跟踪国家社科动向，适时调整，磨砺自己的学术敏感性，不断修订研究方向，扩大创新空间，开拓新领域。同一方向的持续或断续申报，或改弦更张，终会有喜讯，这其中融汇了点线面结合、个性与共性、特殊性与普遍性的统一。例如，“我国自主创新成果产业化研究”，自主创新是国家鼓励的，其成果又如何产业化，是创新者个人和学界都要思考的问题。

应用类选题，要以颇具地方或领域特色的区域性或行业性为典型，如将长三角、珠三角、经济特区等地的现代服务业、先进制造业、城乡统筹发展等作为典型案例，总结经验，提升到国家层面展开整体思考，提出具有典型意义的发展模式，以资全国借鉴。例如，“兵团在新疆跨越式发展和长治久安战略中的特殊作用研究”，这一研究很特殊，能为国家安全献计献策。

95 选题如何聚焦？何谓 4321 选题锁定律？

最先映入评委眼帘的是选题，即要解决的问题，是具体而明确的科学问题，而非领域和研究方向。不少申请书的选题只给出较大的研究范围，相当于研究的面，题目未聚焦所要研究的点。选题就是要提出真问题、重要的问题、急需解决的问题，因为问题的提出往往比解决更重要。

选题聚焦即是炼题，是应该注意的关键问题，只有清晰地表达了自己的选题，同行专家才能明白项目的内涵。那么，选题思路如何逐步聚焦呢？这便是4321选题锁定律，即从多向思考中确立最适合的选题的规律：

1）基于自己的研究兴趣，大量阅读文献，阅读和梳理最新文献，先整理4个自己感兴趣的选题，画出内容简图或思路图，要考虑其社会、学理与实践价值，以适应学科发展与社会之需；

2）整理自己已发文章，反思有无较多的积累和研究基础，结合文献阅读，从4个选题中排定3个前沿且具创新的选题顺序，以彰显自己的优势；

3）结合未来科研兴趣及奋斗目标，考量有无继续深入开掘的必要和可能，从3个选题中定出能持续10年以上的2个选题，以昭示未来的潜力；

4）结合国家社科指南和本人本单位科研环境的利与弊，明确研究目标，集天时、地利、人和与实力之后，可从2个选题中选定1个选题作为课题申报对象。

选题一旦聚焦，便可将其分解成4个左右的关键词，再反查文献，一网打尽，分析其关联点，汇聚完善设计几大研究板块，构筑新的研究思路，确定创新点，选题的框架便得以清晰建构了。

96 选题确立遵循哪四项原则和四大策略？

确立选题至少可遵循四项基本原则：1）价值性原则，主要考察选题对社会发展有何促进、对科学进步有无贡献、对实际生活生产领域有多大作用或经济效益等；2）创新性原则，主要从学科、理论、思路、方法、技术、应用等方面考察选题的创新度有多大；3）优势性原则，主要从学术童子功与科班学术训练、个人实力、影响和地位、学术团队、组织协调能力、学术积累等考察选题是否有助于拓新和深入研究；4）可行性原则，主要从理论基础、前期成果、现实需求、条件保障、主体思想、思路方法、已有经验、团队力量等决定选题是否能如期完成。

确立选题至少可遵循四大基本策略。1）循序渐进策略：由小到大，由易到难，由浅入深，由单项到综合，步步为营，逐步发展选题。2）边缘搜索策略：

在边缘地带寻找未解决的问题，确立研究课题，边缘地带常被人忽视，很少涉足，存在不少空白点可供开发。3）联想移植策略：由此及彼，利用 A 与 B 的相似、接近、对比、连锁式联想在原理、结构、方法、材料等方面催生新的选题。4）厚积薄发策略：多读书，多观察，多思考，多实践，多积累；学会积累信息，提高对新信息的敏感性和获取能力，提高对各种新信息融会贯通的能力，从中酝酿最有价值的选题。

97 何谓选题链？选题如何以微变应多变？

所谓选题链，即系列选题的系列开发逐步建立的链式系统，以形成逐级申报和连续申报的课题群。申请人或利用硕博士论文，或利用某些项目申报，选定某一主题，进行链式拓展，从中设计三个以上的层面。下层用于申请本单位或校市厅级，中层用于申请省部级，上层用于申请国家级。各级项目申请，上、中、下三层一致就形成了多类需求的选题链，彼此不冲突，环环相扣，节节攀升。

比如本人围绕变译问题，1998 年获批校级项目“翻译变体研究”和国家社科项目“变译理论研究”、2002 年获批教育部人文社会科学重点研究基地重大项目“汉语句法机制与汉外互译（全译+变译）本质探索”、2004 年获批省教学研究项目“变译教学研究”、2007 年获批省博士后资助项目“严复变译思想考”、2008 年获批省博士后基金项目“变译深入研究”和国家社科项目“基于语料库的严复变译思想研究”。

利用硕博士学位论文练好开题报告和论文的写作，将主题确定在大框架之内，以之为蓝本，突出自己的思路，按照项目要求，从头至尾反复琢磨，将其改造成项目申请书，写透写精，打下童子功。各级项目申请公告一旦发布，即可及时应征揭榜。大框之下好乘凉，改造申请书以适应相关项目的过程中，只需相应的调整，项目之间有关联性，可以共同推动。这样报项即可以不变应万变，准确地说，以微变应万变。

此外，项目申报所需的一切支撑材料，如综述文献、意义或价值、经费预算、参考文献等，均可妥善保管，分类存档，随时更新，以备续用、改用与仿用，也许会用之不竭。比如某交叉学科团队对伦理学本体深有研究，一定时期内可设立系列课题，如宗教伦理研究、法伦理研究、当代性伦理研究、当代网络伦理研究、翻译伦理研究等，其中许多信息可以反复挪用和改用，以便取精用宏。

98 如何查阅申报史？何谓“前瞻五，后顾三”？

除了查阅国内外各种文献，还要重视所选领域的学科研究史，看是否有人做过。更要从国家社科基金项目数据库（http://fz.people.com.cn/skygb/sk/index.php/Index/seach）查阅历年课题指南和立项清单，查阅5—10年的。例如，外语界近10年语料库翻译研究的项目较多，后面会逐渐减少，进入常态，符合新方法新视角引入研究的发展规律。与此同时，与互联网相关的项目明显增多，与中国文化走出去相关的项目逐渐增加，这是趋势。又如近些年与“一带一路”相关的项目仍在增加，成为热点与重点，还会热一段时间，这与国家需求和引导有关。

了解项目申报史，摸清前5年项目获批的主流趋势，根据自己的研究领域与方向，确定选题，以免重复，做到如数家珍，旨在超胜。明了国家的研究重点或选题方向，同时确定自己的主要研究方向或领域，阅读近期的文献综述，至少掌握3年内的趋势，熟悉学术专家对未来的预测与建议，做到未雨绸缪。通过申报史，了解同兴趣者有哪些，而此前已获批项目的同行要完成研究，至少得2—3年。知己知彼之后，一一排除，便少了竞争者，可以大胆申报。

参考示例2—24　项目选题

从2016年国家社科基金年度项目指南与个人立项选题中按23个学科各选1个选题，进行对照，可以品味前面若干问答的道理，请见表14。

表14　2016年国家选题指南与个人立项选题范例对照

参考示例序号	学科	国家选题指南	个人立项选题
2	马列·科社	习近平总书记“四个全面”战略思想研究	“四个全面”战略布局实践路径研究
3	党史·党建	习近平总书记关于全面从严治党思想研究	全面从严治党背景下地方领导班子换届选举中“贿选”规避研究
4	哲学	国外重要哲学著作编译研究	亚里士多德《论灵魂》译注和研究
5	理论经济	长江经济带建设研究	长江经济带协调性均衡发展研究
6	应用经济	供给侧结构性改革研究	中国结构性改革的供需双侧联动调控研究指南
7	统计学	国民财富的统计测度研究	中国农村贫困测度与识别研究指南

续表

参考示例序号	学科	国家选题指南	个人立项选题
8	政治学	依规治党与建设反腐倡廉长效机制研究	执政党廉洁政治生态涵养机制研究
9	法学	认罪认罚处理机制研究	认罪认罚从宽处理机制研究
10	社会学	提高社会横向和纵向流动性研究	底层青年向上流动的社会机制研究
11	人口学	全面实施一对夫妇可生育两个孩子政策研究	“全面两孩”政策实施面临的家庭福利保障缺失与政策完善研究
12	民族问题	民族区域自治演变研究	民族区域自治演变与国家观念研究
13	国际问题	G7 与 20 国集团研究	新型大国协调视阈下 G7 与 G20 比较研究
14	中国历史	抗日战争资料收集、整理与研究	太行山文书所见抗战时期文献整理与研究
15	世界历史	古代帝国史研究	罗马帝国元首制研究
16	考古学	重要考古遗址发掘资料的整理与研究	北宋东京城遗址考古资料整理与综合研究
17	宗教学	边疆宗教治理研究	南诏大理国本土宗教与儒释道共处研究
18	中国文学	批判借鉴外国文艺理论研究	卢梭美学思想的中国影响研究
19	外国文学	中国文论外译研究	中国古典文论德译研究
20	语言学	汉语作为第二语言习得的理论与应用研究	留学生全程性中介字字库建设及汉字习得研究
21	新闻·传播	“讲好中国故事”的传播理论分析与诠释	讲好中国故事的“元叙事”传播战略研究
22	图情·文献	图书馆空间再造研究	高校图书馆空间再造模式与策略研究
23	体育学	2022年冬奥会场馆建设与赛后利用研究	2022 年冬奥会赛事风险管理研究
24	管理学	优化开发区域率先实现碳排放峰值目标路径研究	碳排放峰值约束下区域协同减排的调控政策研究

（三）课题名称

99 为何说“题目至尊”？选题如何坐实为标题？

至尊，即最尊贵和最崇高，本指至高无上的地位，在此借指题目的重要性。

常言道：题好文一半，课题也是如此。课题名称即常说的“题目”，至少具有概括内容、点明主旨、引人注目、激起兴趣的作用，由第 80 问可知，题目重于论证，成了获批的充要条件。

题目最重要，显示内功的深厚，需时时天天修炼。题选不好，急于论证可能适得其反，毫厘误千里，欲速而不达。有人认为级别高的项目题就得大，题目求大，研究内容相应过多。而多数评委不相信一二十万元能解决诸多问题，能集中精力与财力解决某一专门问题已是相当不易了。求新求特求专，使得选题成为有限的追求目标，课题名称与内容若是面面俱到，涵盖很广，样样抓，可能样样差，会引起质疑。

由第 80 问可知，课题、论题和标题呈三级关系，课题包孕一个或多个论题，课题和论题均要落脚为标题。选题的过程循此而行，先定大的课题，从中再定一个子课题，甚至是子课题的子课题，再将某个子课题定为论题，最后命个标题，定点研究。从课题到论题再到标题，如同由面到线再到点，是逐步缩小的过程。

100 题目拟制常见哪些不足？

命题或选题是一门艺术。选题常见的不足有：1）熟即俗，即题目全由熟悉的词组合而成，既无原创式全新术语，又无由旧术语构成的组合式新术语；2）残缺不全，只有对象无标题用语，即无“研究”类标记词；3）欠准确，概念不严，内涵不清，外延不周全；4）欠简明，虽无副标题，但冗长，词语化程度不高；5）套用成分大，如好用“基于 A 的 B 研究”“A 视域下 B 研究”“A 下的 B”“A 与 B 研究”标题模式；6）散文化表达，泛化对象捉迷藏，不能一目了然；7）欠鲜明，或无动词，少动态；或无形容词，少价值判断；或无褒贬，态度不鲜明，未突出核心内容；8）过于专，新术语过多，信息密度过大，不能赢得多数专家认可；9）跨学科倾向性不明，如报“中国文学”的选题，标题却含语言学术语多于文学，或相反；10）不求中庸，于外行过深，于专家过浅；11）层次不明，个性研究申报国家级，共性研究却申报较低级别。

101 炼题：一坨泥何以炼出青花瓷？

小题如何大做？或者，冷题如何热做？如何发现科学问题，将看似平常却有价值的对象提炼成高大上的选题？好比是一坨泥，如何经过揉挤、做坯、印坯、利坯、荡里釉、画坯、勾线、施外釉、写底款、施底釉、满窑、烧窑、开窑和验磨，炼出青花瓷？

现以公示语外译研究为例。公示语英译研究得较多，已处于高原状态，现象研究较多，原理研究不足。俄语界才刚刚起步，能否从再普通不过的现象中产生教育部基地重大项目呢？

第 1 稿拟作“公示语俄译研究”，太泛，太窄；

第 2 稿改为“公示语俄译规范研究”，虽具体化了，仍太俗；

第 3 稿改为“公示语俄译规范与国家形象研究”，与对外交流和文化走出去相结合了；

第 4 稿改为“公示语俄译规范与中国形象建构研究”，“建构”，表明需要建构，显示动态，且明确为中国形象；

第 5 稿改为“中国公示语俄语规范与中国形象建构研究”，加“中国”，限定是国内的公示语俄译，但两个“中国”重复；

第 6 稿改为“境内公示语俄语规范与中国形象建构研究”，“中国”改为“境内”，就不涉及港澳台，缩小了空间；

第 7 稿改为“境内服务窗口俄译规范与中国形象建构研究”，加“服务窗口”，升至双语服务战略，隐含翻译，同时避用不太受待见的“公示语”；

第 8 稿改为“境内俄语服务窗口语言生态与中国形象建构研究”，用“语言生态”替代“规范”，升至语言生态学高度，暗指当下存在着问题，俄译生态环境不佳。最终获批 2013 年教育部基地重大项目。

若想精益求精，“建构”再改为“重构”，内涵更丰富，更显深度，因为暗指当时的构建存在问题，反而衬出所报课题更高一筹，则可改为：

第 9 稿：境内俄语服务窗口语言生态与中国形象重构研究。

如果再将 A 与 B 的关系研究进一步点明，则还可改为：

第 10 稿：境内俄语服务窗口语言生态重构中国形象研究。

102 题目如何优选？其结构如何划分？

申请书的题目一般为偏正结构，其结构通常是：专名+类名。专名实为专业术语，类名在此实为标明研究性质的常用词语，成了一种标记，因此申请书题目的构成一般是：术语+标题用语。

标题用语详见第 114 问和表 16。偏正结构中标题用语为正，术语为偏。例如，“‘一带一路’语言景观汉俄比译模式化研究”中“研究”是标题用语，剩下部分便是术语。这一结构上的“偏”部，语义上偏偏又是重点！术语正是题目最应下功夫的地方，一字已不再千金，而是万金！

这一“偏”部仍然是短语，往往是复杂短语，一般可按内部结构进一步划分：1）偏正结构，如“转型中西南边境地区‘新贫困陷阱’的形成机理与突破路径/研究”等；2）动宾结构，如“强化中国与周边国家经济纽带的//策略/研究”整个是偏正结构，其中“强化中国与周边国家经济纽带的/策略”又是偏正结构，偏正中又含动宾结构“强化中国与周边国家经济纽带”，其实原题还可改为偏正结构“中国与周边国家经济纽带强化策略研究”；3）联合结构，如“藏族青少年宗教认同与国家认同//关系/研究”等；4）主谓结构，如“海外华文传媒促进‘一带一路’信息互联互通创新/研究”等。

相对而言，术语结构使用优先序列为：偏正结构 > 动宾结构 > 联合结构 > 主谓结构。动宾结构+标题用语有时不是很和谐，就将动宾结构改为偏正关系；如“提升中国对东盟意识形态影响力/研究”改为“中国对东盟意识形态影响力提升/研究”，更为标题化。

103 题目如何先动己再动人？如何吸引评委关注？

题不厌改，好名必由磨砺出。推敲课题名称，对文字需有敬畏之心，字字均由天平出。题目要改得自我陶醉，享受文字之美，改得不能再改了，再请人指正，既可请同行专家，还可请语文专家提意见。

题目先感动自己，才可进而感动他人，感动评委。题目本是文眼，而文中要突出亮点，好比是瞳孔，这便是题中关键词及其结构了。关键词是否关键、新颖脱俗，可见第 106 问。好题目一落眼就产生冲击力，能吸引评委的眼球。如何巧设计，做到刚健有力，又可见第 109 与第 110 问。例如，哲学类中有关伦理学的选题“转型期中国伦理基础变迁及其重建研究”不仅指明了要研究特定时期中国伦理基础的变迁，还点明了要重建！如何重建，就诱人一睹为快。

再如第 101 问的选题可进一步提炼申报国家社科项目：1）将其与国家战略“一带一路”联系起来；2）公示语进一步提炼为“语言景观”；3）专门讨论

其汉俄对比与翻译，为简洁，将其缩略为“比译”；4）抓住公示语的模式化因素，通过模式的对比找到对比模式、通过模式的翻译发现翻译模式；5）彰显比较与翻译的过程，取“名词+化”构词模，于是产生了“模式化”这一动词，选题动起来了；6）将上述五要素综合思考，2016 年获批国家社科项目：“一带一路”语言景观汉俄比译模式化研究。

104 文与题如何相应？应在何处？

好项目要有好题目，容易夺目、入耳、上口。题目与内容宜对应衔接，否则脱节。文题相应，不仅确保论证具有逻辑性，更可利于评审。评委短时间内看完数十份申请书，前期可能头脑清醒，目力十足，后期会审项疲劳，对内容未能与题相接相应的申请书甚至会产生不良印象，评价会下降，因此题目的命名、字体、字号、排版等设计均需用心。

题目由研究内容炼成，反之，内容的设计应是题目的扩张，只不过论证过程按照申请书规定的三大环节展开而已，形成了内在的逻辑对应。例如，第 103 问的“‘一带一路’语言景观汉俄比译模式化研究”，“一带一路”作为背景，简单交代；“语言景观”包括公示语，自不待言；申请书的主要内容应该是汉俄语言景观的对比和翻译，落脚点在其模式化过程，最终是模式对比和模式翻译。具言之，题目决定了申请书的逻辑重点和逻辑结构：汉俄语言景观文本的模式化比较、模式比较的结果模式化、模式互译的过程模式化正是选题的核心框架。由此观例 177，仍需提高。总而言之，整个文本是题目与关键词（不限于申请书限填的 3 个关键词）本身及其彼此关系的逻辑推演。

105 题目如何出“新”入围获批？含几个新术语合适？

评委多是常读常写之人，阅文无数。拟报的题目如何出新，在他眼前一亮？

出新之招大致可归为：1）术语出新，即题目创新，词要新，题目抓“新”，并非必有“新”字，而重在题目中术语新颖，很少听说或从未听说，由其透出研究内容的“新”。如 21 世纪初，有人提出“数字细胞”就获批了自然科学基金项目，还产生了“数字外科”。2）理论出新，提出新概念、新范畴，建构新框架，提出看问题的新视角，找到解决问题的新方法，创造新的表达模式等。3）领域出新，强调前沿性，开辟新的研究，彰显原创性和独创性，体现学术研究新的增长点。4）彰显时代性，反映当今经济社会发展对理论研究的新要求，力争发挥“智囊团”和“思想库”的作用，反映国家意识和价值取向。5）方法出新，有关方法入了题目，可见其重要性，比如《基于语料库的化境研究》用语料库方法验证钱钟书提出的化境，用新方法研究旧问题，无人做过，故而获批。

题目虽要求新，却不能太新，卓尔不群，全由新术语构成会曲高和寡；若是“新”得让人不理解时一般不会获批。因此，题目 1 个新术语足矣，2 个可以，3 个及以上则信息量太大，难以迅速看懂。另外，题目中新术语的多寡还取决于是申报本学科还是跨学科。本学科内申报，本学科的全新术语可达 2 个左右，其他学科术语最好不超过 1 个；跨学科申报，其他学科新术语至少 1 个以上，本学科术语最好不超过 2 个。

106 关键词（术语）如何出新才关键?

关键词至少有一个新的，即新术语，以此体现题目的新颖性。新术语产生机制可分两种：1）全新式产生机制；2）组合式产生机制。

全新式产生机制是完全产生新术语的过程，该术语对应的概念可能是全新的，可能在其他领域甚至业内偶见使用，但经采用或借用而成了专业术语，进入专业领域，如“资本”“变译”等。这一机制不常用，毕竟人类产生新概念新事物的概率还是不大，若干年产生一个就相当不易，它标志着人类认识的深入与进步。

组合式产生机制是以旧带新通过组合方式产生新术语的过程，主要是通过旧术语按复杂短语的构成方式组成新术语，最典型的是化学术语的海量产生，同时也是人文社科新术语最常见的产生机制。题目依旧出新两相宜，项目选题宜不新不旧：过新，缺基础；过旧，缺创新。应选择有一定基础的题目，否则会因“缺少研究基础或者无法实现”而否决。

旧中如何创新？需在原有基础上掘出创新点。以旧术语带新术语，以旧概念带新概念，旧多新少，如将最新方法纳入自己的研究。又如，“国家”“翻译实践”均为熟词，组成“国家翻译实践”则含新意；“组织”“构建”合成“组构”在外语界使用不多，再组成“汉译组构”更少见。再如通过发起成立互助社，带动低龄老人服务高龄老人，以互助的方式解决社区养老问题是一种全新的养老模式，即可提取“互助”与“养老”，提出“互助养老”这一新术语。

107 哪些高频词入题促获批?

各学科都有自己的术语，如文学的“批评、辑佚、校勘、译介、考证、经典化、蜕变、重述”等；管理学的“需求、消减、适应、品牌化、错配、优质、监控、高效”等；翻译学关于变译的基本术语有“变译、变译理论、增、减、编、述、缩、并、改、仿”等，不一而足，这是各科学者应了然于心的。

还有一些词使用频率较高，逐渐成了各学科都通用的词，同时也反映了各学科的共性问题，或理论的“分类、本质”等，或方法的“耦合、协同、比较、交叉”等。有的已完全术语化，如“控制、测度、机理”等；有的由普通词语转来，还在术语化路上，如“平民、维系、下滑、获得感”等。现列出高频通用的术语，见表15。

表 15　课题名称高频词

类型	举例
一字	快 慢 新 旧 增 减 欠 再……
双字	保护 本体 比较 变革 变迁 并轨 并举 波动 波折 补偿 布局 参与 测度 成因 冲突 传播 传承 创新 错配 搭建 导入 导向 得失 低效 对策 对华 对话 对接 多边 多维 多元 多重 遏制 发掘 发展 翻译 反华 反思 反应 防范 防控 分级 分类 分析 分享 风险 孵化 扶持 改革 改建 改善 改造 干预 高效 更新 公平 共处 共建 共享 构建 观察 管控 罕见 互动 互鉴 互融 化解 机理 机制 辑录 辑佚 加快 加强 价值 监测 监控 建构 建模 健全 降低 交融 结合 解读 介入 界定 进程 纠纷 救助 抉择 均衡 开展 考证 框架 困境 扩张 理解 联动 流动 垄断 路径 落实 矛盾 明确 模拟 模式 模型 耦合 培育 配置 批判 批评 匹配 评估 启示 契合 前沿 趋势 诠释 认同 嬗变 嬗迭 涉华 深刻 升级 识别 实施 实效 实证 适应 收集 双重 缩小 提炼 提升 挑战 调查 调控 调试 调整 推进 退出 蜕变 妥协 挖掘 完善 危机 违背 维护 维系 稳定 稀见 系统 下滑 下降 消减 校勘 效应 协商 协同 新探 新型 形成 兴起 修复 修正 需求 选择 延伸 演变 演化 演进 扬弃 译介 意义 引导 营建 影响 应对 应急 应用 优化 优劣 优质 诱发 预测 预警 源流 约束 运行 再造 增速 增长 障碍 诊断 振兴 征编 整合 整理 支持 执行 治藏 治疆 治理 重大 重构 重建 重述 重要 重组 转变 转化 转型 转移 追究 追踪 走向 最新……
多字	本土化 常态化 大众化 分阶段 规范化 合理化 获得感 经典化 可持续 模式化 品牌化 欠发达 时代化 数字化 稳增长 现代化 新进展 一体化 有利于 约束力 再分布 再分配 再生产 长效化 指导力 中国化 主导型 历时发展 前沿问题 未来走向……

108 题目为何要少用虚词虚字？

题目除去“研究”之类的标题用语，剩下的术语中基本不用虚词。题目中术语较长时，其结构关系可能比较松散，或术语的提炼程度不高。也可适当用虚词，常用的虚词有连词、介词、助词。表示对象或范围的常用介词有“对、对于、向、与、同”等，如“欧盟内部对‘一带一路’不同态度的研究”等；表示比较的介词有“比、同、和”等；表示并列关系常用的连词有“和、与、既、同、及、而”等；常用的助词有“的、之、者、所、等、且”等，如“依规治党和以德治党研究”“坚持以人民为中心的工作导向研究”等；表工具的有“以、通过”等，如“以互利共赢方式深化两岸经济合作研究”“通过法律和政策向社会传导正确价值取向的研究”等。

不过，题目中不用或少用虚词，能不用时则尽量不用，以求术语化。专名即术语，汉语术语是很少含虚词的，如“提升边疆民族地区青年政治认同的传播路径及模式研究”中“的”字必用。而“中华文化关键词俄译的语料库实证研究”“马克思主义经济学的当代化研究”“中国经济模式的经济学理论研究”“周边国家的发展资源现状及其对资源需求的演化方向研究”“国际海洋开发利用的典型案例研究”中“的”字可去，显得紧凑更具标题性质。

虚字本指没有很实在意义的字，其中一部分相当于现代的虚词，但在此主要指赘字，这种虚字命题时应少用，题目本来要求简明，虚字用得多了，产生冗余信息。例如，“‘一带一路’语言景观汉俄比译模式化研究”中，“一带一路”最初为“一带一路沿线俄语国家”，因后面有“汉俄比译”而删除了“俄语”；因“一带一路”本指空间概念，所以就删除了“沿线”与“国家”，以四字入题反倒不言而喻，涵盖面更广。

109 题目如何炼得“一紧二缩三陌生”？

欲求题目简洁鲜明，实为追求术语化，应该力求做到：一紧二缩三陌生。

紧，即不含虚词虚字，词与词之间非常紧密，除标题用语外，课题名称术语化主要是术语的提炼，去虚词虚字的过程就是术语致密的过程。短语压缩为词，可直接删除冗余，也可整体浓缩，如第 103 问中“一带一路”上除了沿线国家外，还涉及地区呢，所以删除“沿线国家”，反倒一语明意！“体育与流动人口社会融合的研究”“武术和民族传统体育的国际化研究”中“的”字可去。

缩，即将较长的术语予以缩略，以求最简。简短的术语易于记忆、交流与传播；冗长时往往被简化。术语提炼主要依托词化和语化。词化是最基本的术语化手段，表现为短语和单句可压缩为词；（短）语化的是单句，更有可能是复杂短语简化为较简单的短语。比如“对比与翻译”缩为“比译”、“保险金额”简为“保额”等。

陌生，即陌生化，旨在强调术语的语义或形式有异于常理、常形或思维惯性，有超常之处，给评委产生异样感或新鲜感，以刺激其视网膜，冲击其心理。具体表现为不用熟词或常规术语，如用“服务窗口语言”和“语言景观”代替“公示语”，在陌生化中提升了研究对象。又如“基于语料库的医患话语冲突与弱化的多模态研究”中“研究”之前部分若能改为“医患话语冲突与弱化多模态语料库”似乎会产生更强的陌生化。

110 题目如何炼得“一动二形三褒贬”？

题目鲜明，才可基于陌生化而给评委留下深刻的印象，这往往是评项最夺目的看点之一。命题是语言的艺术，言有所为，以言行事，以言成事。题目欲求鲜明，可以做到：一动二形三褒贬。动词可以彰显研究的动感，形容词可以表明研究的价值和对象的性质，褒贬性名词可以折射申请人的态度。

题目中的动词多是表示动作行为、心理活动或存在变化等的词，如“批评、禁止、提升”等表示动作行为，“变化、消亡、发生、演变、嬗变、进展、发展、老化、现代化、老龄化”等表示存在变化，“想象、思维、认识、认知”等表示心理活动。例如，“竞争性国有企业混合所有制改革的现实困难与理论突破研究”等。

题目的形容词主要是性质形容词，用于描写或修饰名词，表示人或事物的性质或属性，如“大、小、快、高、低、新、强、软”等单音词，“现代、新型”等双音节词。例如，“区域协调发展中府际合作的软法治理研究”“中央治藏新方略研究”等。

名词，尤其是某些抽象名词，可以表示性质、行为、状态、感情等抽象概念，表示具有某种性质的人或事物，使某些名词带有社会评价，产生褒或贬之义。题目若能褒贬分明，或暗含褒贬，该肯定则肯定，该否定则否定，如“得失、利弊、快慢、优劣、增加、降速、垄断、援助”等。不置褒贬者表明态度有时不鲜明，不易引起评委关注。例如，“标准必要专利滥用的竞争效应及反垄断规制政策研究”“滇桂黔集中连片特困地区生态恢复的制度障碍诊断及治理研究”等。

三类词详见表 15，更多的例证详见表 14 和表 19。

111 题目过长时如何瘦身？长短如何相宜？

不管是论文还是课题，名称都不能太长，字能舍则不留。虽说规定题目不超过 40 字，可是封面留空最长只能容下 20 字，所以最好不超过 20 字，25 个字似乎过长。此外，题目的内涵与题目的长短或字数成反比，题目的内涵应该适中，过大，字数较少，但是空泛；过小，字数较多，却无用。题目又不宜过短，一般不少于 6 字；不宜过长，一般不要多于 25 字。

题目过长在申请书正文中似乎不成问题，写在封面上却是大问题。为了保持申请书表里如一，还是向封面题目的长短看齐。封面上若超 25 字，干脆占两行，设计要巧，或上窄下宽，或上下并齐，上下行以完整的意群切分。若是 25 字以内，只想占一行，瘦身术有：

1）提炼，进一步概括抽象，少用虚词，可参见第 108 问；

2）压扁，过长时压缩 80%—90%，不低于 70%；

3）减“副”，去副标题、冒号、括号等；

4）去枝节，去关系，用结果；去原因，用结果，等等。例如，“西南边疆民族地区‘留得住、教得好’的乡村教师队伍建设调查研究”若是嫌长，可将形象的“留得住、教得好”与相应内容提炼，可得“西南民族地区优秀乡村教师留任队伍建设调查”。

112 命题如何概念化？题目如何暗含观点？

如前所述，题目=复杂短语级术语+标题用语，其中的术语最好是判断，或潜含判断，鲜明地反映申请书的核心观点，暗中亮剑！概念是思维的细胞，可由它构成判断、推理和概念化推衍系统。概念能概括某类事物的共性，通过概念化可以了解事物的本质，为申请书的展开提供稳固的思维根基。

题目中的短语级术语所表达的是复杂概念，实际上是由更复杂的短语表达更为复杂的概念炼成，或由简单句表达的简单判断或简单命题炼成；而这一简单句又可能由几个简单句表达的复合判断或推理炼成。下例中，A 可视为 B、C 和 D 的概念化，由 D 而 C 而 B，至 A，可以看作是由复句（推理）到单句（简单判断）到短语（概念）的术语化过程，即概念化过程。

A“获得性免疫缺陷综合征”是复杂短语；

B“由人类免疫缺陷病毒感染所致的继发性免疫缺陷征”是更复杂的短语，表达更复杂的概念；

C“人类受免疫缺陷病毒感染会得继发性免疫缺陷征”是简单句，表达一个简单命题或简单判断；

D“人类受免疫缺陷病毒感染，会得继发性免疫缺陷征”则是复合句，表达复合判断或推理。

再看一例显示概念化继而标题化的过程：

第一步，提出判断：小句占据语际全译转化过程各单位的中枢地位；

第二步，进一步简化假说，得更简的简单判断：小句是全译的中枢单位；

第三步，简化为复杂概念，即由简单判断简化为短语级的概念，完成概念化或术语化过程：小句中枢全译；

第四步，给复杂概念即术语加上标题用语，如“说”“论”“研究”等，便有了选题：小句中枢全译研究。

113 标题“熟即俗”？慎用哪几种标题套路？

如果某类题目模式化了，如“A 与 B 研究”“基于 A 的 B 研究”“A 视域下 B 研究”“A 下的 B 研究”等，会产生“熟即俗”的结果，即熟悉的即是庸俗的。外语界引进或坚持这几种模式，业内越来越流行，却渐渐引起非议，成了颇受疑义或滥用的标题模式。

第一类，“A 与 B 研究”。此类模式属于关系研究。“A 与 B”式研究模式曾遭国内某些人的贬损，甚至认为是“简单化乃至庸俗化”。“明清小说文本形态的生成与演变研究”中的“与”是明清小说文本形态两个方面的研究，但“清代人口流动与黑龙江流域开发研究”就不清晰，A 与 B 关系是什么，应将 A 与 B 的关系提炼为 C。这种模式本是从西方引进的，无重心，无核心，平分秋色。

第二类，“基于A的B研究”。此类模式旨在以A理论为基础研究B事物，弱点同上。“基于”义即“根据”，“基于”的对象可能是事实，也可是理论，多为后者。如某年国家社科重大项目“基于多学科的视域的认知研究”实为“认知多学科研究”，前者显得高大上，实则冗余；又如“基于语料库的俄罗斯主流媒体涉华报道话语研究”可以改为“俄罗斯主流媒体涉华报道话语语料库研究”。

第三类，“A下的B研究”。此类模式属于印证式研究，旨在用A视角研究B事物。拿着某种理论，冲着中国的事实就往下罩，给人的感觉是，要么脱节，要么隔膜。以理论阐释事实的少，用事实去印证某个理论的多，一旦觉得理论的某个方面无例可证，就舍去，这种自上而下的研究思路于初事研究者是不太妥的。应将A与B的切合点C找出，用作标题关键词，进而命题。

114 常用标题用语有哪些?

据查，每年国家项目指南中的选题标题用语多为“研究”，即“研究”成了标题的标记；也有应有“研究”而阙如的，如2016年选题指南中的：西方国家多元文化主义政策及其当代困境（地区、国别）；近代金融市场发展；联合国在全球治理中的作用和地位；陆海‘丝绸之路’与中外经济文化交流；档案管理众包模式的价值与实施；体育产业发展与政府职能；红色稀土价值核算与保护，等等。最有趣的是“资本市场风险的法律控制生育制度改革与婚姻家庭关系的完善”未见标题用语“研究”，而紧随其下的“继承制度完善研究”却带上了。

标题用语有时兼作内容或关键词，反过来，某些关键词或术语逐步标题用语化，即标记化。有的尚未标记化，如“机制”尚未标记化，2016年选题指南中的“图书开放获取的障碍与政策机制”最好是加上“研究”二字。而“应用”“实践”介于中间状态，如“×××培养模式创新与实践”等。有的已标记化，有的正在标记化，如“分析、评价、评析、比较、形势、现状、考察、趋势、前景、影响、价值、战略、策略、设计、绘制、建设、研制、建构、创建”等，以某一年的选题指南和获批项目为例。（详见表16）

表 16　常用标题用语

用语	举例及说明
研究	（不胜枚举，例略）
分析	疾病、健康与休闲的社会学分析；开放数据环境下的引文分析；网运分离的利弊分析
评价	新常态下社会经济发展的综合评价（“的”可去）
评析	海外对中国共产党历史、中华人民共和国历史研究评析
诠释	“讲好中国故事”的传播理论分析与诠释
比较	世界各国人口结构老龄化对策的比较（“的”可去）
形势	“伊斯兰国”崛起与国际反恐新形势（可加“研究”）
现状	新兴经济体国家依靠外部生产要素的现状及其演化；中国“走出去”战略在金砖国家的现状
考察	对西方“颜色革命”的历史考察（“对”“的”均可省）
调查	民族地区特色优势产业现状与发展调查研究（“研究”可去）
趋势	拉美国家依靠外部市场要素的现状及其发展趋势
前景	拉美加勒比共同体、中拉论坛与中拉合作的前景；拉美一体化进展、面临的挑战与前景
设计	国有企业分类改革的理论研究及其方案设计
绘制	分省方言地图集；分语种少数民族语言地图集（二者宜加“绘制”）
影响	古美关系与美拉关系的发展及其对中国的影响
建设/研制	中国出版人口述历史研究及数据库建设；长江经济带数据基础及应用平台建设
建构/创建	媒介变迁中的礼文化传播及其认同建构
价值/意义	……典籍译介及其当代价值研究（“研究”可去）
战略/策略	世界宗教格局变化的前景及中国应对的战略与策略

115　申报、结项与出版时标题用语可否变化？

设课题名称为 A、结项时的名称为 B，出版时的名称为 C，则三者构成 4 种变化，差异见于标题用语（见表 17），也见于术语：

1）A=B=C，即三者完全同名，均用“××研究”之类，这是主流，比如“东亚道教研究”，其他例略；

2）A=B≠C，即课题与结项时的标题用语相同，而出版时或去标题用语，或换之，如“变译理论研究”为报项名与结项名，出版时去掉了标题用语，直接推出了“变译理论”，显得干净醒目。再如报项与结项时均为“不作为侵权责任之研究”，出版时为“侵权法上的作为义务：安全保障义务之研究”；

3）A≠B=C，即课题的标题用语与结项时不同，却与出版时相同，结项和出版时改变了标题用语，如“变译理论研究”可作为项目名称，而“变译理论”可用作结项和出版的书名；

4）A≠B≠C，即三者完全不同，如“基于语料库的严复变译思想研究”为课题名称，“严复变译思想研究”为结项名称，“严复变译思想考”为出版名称，其中“考”意即“研究”，却显得文气别致。再如报项时为“基于新绩效内涵下的政府绩效审计研究”，结项时为“审计与政府绩效评估研究”，出版时可以是“审计与政府绩效评估机制研究”。

表 17　课题、结项与出版可选标题用语

<table>
<tr><th rowspan="2">类别</th><th colspan="3">标题用语</th><th rowspan="2">内涵</th></tr>
<tr><th>课题</th><th>结项</th><th>出版</th></tr>
<tr><td>通用</td><td rowspan="11">研究建设构建（参考表16）</td><td colspan="2">研究，考</td><td>为事物寻求根本性原因和可靠性依据的行为</td></tr>
<tr><td rowspan="5">思想类</td><td colspan="2">观</td><td>对客观事物的认识和态度</td></tr>
<tr><td colspan="2">说</td><td>观点，主张，道理</td></tr>
<tr><td colspan="2">思想</td><td>客观存在反映在人的意识中经过思维活动而产生的结果</td></tr>
<tr><td colspan="2" rowspan="2">论</td><td>主张（对事物持有的见解）</td></tr>
<tr><td>观点（从某一立场或角度出发对事物所持的看法或态度）</td></tr>
<tr><td rowspan="5">理论学科类</td><td colspan="2">理论</td><td>从实践中概括出来的关于自然界和社会的系统知识和原理</td></tr>
<tr><td colspan="2">学说</td><td>学术上自成体系的理论、主张</td></tr>
<tr><td colspan="2" rowspan="2">学</td><td>即“学说”</td></tr>
<tr><td>学科，即按学问的性质而划分的门类</td></tr>
<tr><td colspan="2">论</td><td>即“学说”</td></tr>
</table>

116 如何理解报项与结项研究对象的变化？

上一问名称的变化只是表象，研究对象的变化才是本质的，内在的。结项研究对象与报项研究对象有 3 种变化：等同、大于和小于。据对 2016 年 1—6 月国家社科基金年度项目和西部项目结项优秀者的统计，等同者为 81.01%，大于者为 8.86%，小于者为 10.13%。（见表 18）

表 18　报项与结项研究对象的变化

年月		报项与结项研究对象			总计
		大于	等于	小于	
2016.1		1	13	0	14
2016.2		1	12	0	13
2016.3		3	6	4	13
2016.4		1	14	1	16
2016.5		1	6	2	9
2016.6		0	13	1	14
总计	数量	7	64	8	79
	百分比%	8.86	81.01	10.13	100

任何申报都是对未来研究的科学设计，预期与结果大致相当是多数评委相信申请人的理由，也是多数申请人实现理想的基础，所以二者相等者占多数，达 81.01%。报项与结项研究对象完全相同者也不乏其人，如“中国方志馆研究”等；有基本相同的，如“近现代中国哲学中的‘自然与人’”与“近代中国的‘自然’及‘人’的观念”等；有不变内容却优化了结构者，如“研究系与五四新文化运动关系研究”改为“研究系与五四新文化运动（关系研究）”更像书名，面更广，出书时更有市场。还剩 20%左右的选题会发生变化，或扩大或缩小，这反映了科学的态度。结项时谁也不会左持申请书，右拿结项书比照，均是实事求是地评判研究成果是否达到结项要求。因此，允许结项研究对象比报项时或大或小。

扩大者，是因为越做越发现内涵丰富，题文不对，不得不长肉，如“社会主义价值与社会主义核心价值体系的内在关联研究”升为“社会主义价值论纲”，成了论述的总纲；“我国农村社会养老保障问题调查研究”扩为“中国农村社会养老保障问题研究”就不只采用了调查法，可能还用了其他研究方法。

缩小者，是因为越做越发现理想很丰满，现实很骨感，不得不瘦身，如“当代俄罗斯东正教会与俄罗斯社会转型”起初可能要研究关系，后来发现仅前者就足以成为研究对象，于是缩为“当代俄罗斯东正教”；“抗战时期中国受害者 PTSD 研究——以南京大屠杀受害者为中心”起初仅把后者作中心案例研究，后来发现仅南京大屠杀史就足以研究，不得不前后换位，缩成“南京大屠杀史及受害者 PTSD 研究”。

117 报项、开题与结项时选题口径如何变化？

据表 18 可知，申报项目与结项的研究对象前后有变化。还有一种变化更常见，尤其是对初报者或年轻申报者。比如“《四库全书总目提要》的官学约束与学术缺失研究”，结项时加上副标题“以明人别集提要为中心展开的研究”，大题基本等同，但因副标题而缩小，可省部分工作量。

一般而言，老年或中年申报者有经验，对研究对象把握得比较准确，而初报者或年轻申请者往往经验不足，对国家选题指南理解不准，对自己的研究对象把握模糊，总认为国家项目高大上，总向高处自拔，结果导致项目申报时难以精准申报。担心题目过小预审或初审时难以通过，一般都设计过大过宽。

宽口径报项获批后，现在不少单位开始学理工科要求社科项目也开题。曾有人说申报煎熬 3 月，获批激动 3 周，反思 3 月，辛苦至少 3 年。其中的“反思”就包括某些单位的开题讨论过程。开题讨论有助于申请人反思研究对象的大小，可作切入口径的调整，是全做，还是选做其一部分、一阶段或一环节？或是分为几大部分做，从中又产生新的选题，申报其他不同级别的项目？例如，“消费社会转型与中国经济发展模式转换研究”经过调整，结项时压缩为“生产控制的转换—— 消费社会与经济转型的研究”，更专注于经济发展模式转换之一种，不再做宏大叙事，而更能小题大做，得出新见，做出贡献。

又如“韩国历代人物名字别号与中国文化关联研究”结项时压缩为“韩国历代人物名字号谥汉义解诂辞典”，其中号谥即谥号，是中国古代帝王、贵族、大臣等死后将葬，按其生前事迹给予寓意褒贬的称号；而别号，指中国古代人于名字之外的别称。这一压缩有三：别号比号谥广；文化研究压缩为汉义解诂；关系研究压缩为辞典编纂。给人启迪是：宽口径申报，窄口径研究。

参考示例 25—139　课题名称

从2016年国家社科基金年度项目指南与立项中每个学科各选5个代表性选题，23 个学科，共计 115 个，可供申报时参考。请见表 19。

表 19　各学科获批选题范例

参考示例序号	学科	个人立项选题
25	马列·科社	选举民主与美国政治极化研究
26		基于信息空间的国家主权理论研究
27		网络虚拟社会中的道德失范及治理研究
28		西部民族地区中国道路大众认同的实证研究
29		当代中国基层民众对主流意识形态的认同问题研究
30	党史·党建	网络反腐激励、约束与保障机制研究
31		地方史志编纂与中国涉海主权诸问题研究
32		抗日根据地对伪造货币的治理及其历史经验研究
33		俄罗斯解密档案与中共留俄干部教育培训得失研究
34		党内法规制度体系与国家法律法规的调适与衔接研究
35	哲学	量子概率的哲学研究
36		新常态下收入分配的伦理底线研究
37		网络虚拟社会中的意识形态话语权研究
38		马克思–恩格斯思想关系的文本学研究
39		20 世纪以来隐喻哲学研究的流变、论争及趋向
40	理论经济	构建南海海洋共同体研究
41		我国绿色技术创新与诱发机制研究
42		新东北振兴与俄罗斯远东开发开放战略互动研究
43		发达国家产业空心化、科技泡沫与人才陷阱研究
44		近代长江三角洲城乡经济关系研究（1840—1949）
45	应用经济	中国水资源绿色效率测度及提升机制研究
46		“中国制造”海外形象提升战略与路径研究
47		“全面两孩”政策对城镇女性就业的影响研究
48		全球价值链视角下的中国对外投资结构优化研究
49		山岳型景区旅游交通拥堵的疏解与集散机制研究
50	统计学	网络异常评论挖掘方法及应用研究
51		创新创业政策绩效评价与机制优化研究
52		我国非现金收入分配的统计测度及效应研究
53		基于 COPULA 统计方法的新药安全性有效性评价及应用研究
54		京津冀协同发展视角下智慧城市发展水平测度及其影响因素空间计量研究
55	政治学	治理懒政背景下的绩效问责研究
56		问责官员复出的问题及制度重构研究
57		基层群众自治有效实现的途径和条件研究

续表

参考示例序号	学科	个人立项选题
58	政治学	政府在新疆族际交往交流交融中的作用研究
59		中国近代国家治理观形成中的理论突围与思想超越研究
60	法学	非正式规范的法律干预研究
61		清末西方国际法的移植与本土化研究
62		中国退休制度整体改革与立法完善研究
63		我国刑事立法的新近扩张及其合理限度研究
64		暴力恐怖犯罪内地形成机理、演变趋势与防控机制研究
65	社会学	中国茶饮景观的“文化制作”研究
66		农民工市民化的制度障碍及对策研究
67		大规模棚户区改造与新型社区共同体建设研究
68		陌生人信任视角下老年人容易受骗的心理机制与干预研究
69		患者预设性不信任对医患冲突发生的多重中介作用及影响路径研究
70	人口学	失独人群心理互助模式研究
71		家庭老年照料的隐性成本研究
72		国际人才竞争视角下的海外华人新移民回流研究
73		农村空巢老人家庭支持与社会支持的平衡机制研究
74		大数据背景下城市社区“医养结合”养老模式创新研究
75	民族问题	中越陆路边境地区构建口岸文化研究
76		当代甘宁青穆斯林慈善组织运作比较研究
77		民族地区精准扶贫及扶贫对象“获得感”问题研究
78		新疆跨界民族文化优势与丝绸之路经济带民心相通研究
79		“一带一路”战略视野下滇越边民跨境流动与边疆稳定研究
80	国际问题	“一带一路”沿线国家税收政策比较研究
81		区域外大国对南海问题的介入及其影响研究
82		加快推动中俄经贸科技创新合作机制创新研究
83		中巴伊土国际通道多边战略价值及风险评估研究
84		吉尔吉斯坦①宗教极端势力及其对新疆安全的影响研究
85	中国历史	战时陪都重庆形象建构研究
86		清代近海管辖权研究与资料整理
87		近三十年中国史叙事的本土化趋势研究
88		琉球归属与近现代东亚世界秩序的重构研究

① 应为“吉尔吉斯斯坦”。——作者

续表

参考示例序号	学科	个人立项选题
89	中国历史	民国时期广州社会新闻与社会观念互动研究（1927—1937）
90	世界历史	美国经济的垄断与反垄断研究
91		亚述帝国崛起与文化扩张研究
92		13—14 世纪蒙古人与欧洲关系研究
93		近代早期英国消费社会的兴起研究
94		海上丝绸之路西段香料贸易及其对西欧社会影响研究（7—18 世纪）
95	考古学	丝绸之路中道城镇与路网研究
96		西藏史前时期农业的植物考古研究
97		丝绸之路南路文化遗产考古调查研究
98		中原地区与海岱地区文明化进程比较研究
99		内蒙古中南部地区新石器至青铜时代动物考古学研究
100	宗教学	佛教伦理的现代性研究
101		新疆宗教去极端化法治对策研究
102		中国当代社会民间信仰状况研究
103		中国维吾尔族伊斯兰教本土化研究
104		中国当代民间信仰状况及其社会治理研究
105	中国文学	中国新诗节奏建构研究
106		晚清民国文章学转型研究
107		中国当代科幻小说转型研究
108		俄罗斯的中国古代文学史料编年
109		传统文学观念对马克思主义文论中国化的影响研究
110	外国文学	斯威夫特与古今之争研究
111		虚构叙事中的声音景观研究
112		启蒙文学经典与国家认同研究
113		当代俄罗斯文学认同与重构中国形象研究
114		英国自然诗歌传统与当代生态诗歌的兴起研究
115	语言学	中国文学外译批评研究
116		二语对一语跨语言影响研究
117		蒙古语连续语流中的音联研究
118		程度语义学与汉语级差性现象研究
119		基于语料库的中央政治文献英译研究
120	新闻·传播	对外传播中的译语话语权研究
121		中国电视剧规避“文化折扣”的策略研究

续表

参考示例序号	学科	个人立项选题
122	新闻·传播	国外互联网治理的理念、模式及借鉴研究
123		移动传播的现状、前景及其影响和对策研究
124		当代英国纸质媒体中的中国形象研究（1950—2015）
125	图情·文献	中国古代图书馆学研究
126		桐城派稀见文献整理与研究
127		中国学者国际学术论文影响力评价研究
128		城镇化背景下的农家书屋转型发展实证研究
129		基于知识挖掘和推荐系统的图书馆智慧服务模式研究
130	体育学	武术国际传播人才培养研究
131		我国竞技体育与学校体育融合发展研究
132		国家形象视阈下的中国乒乓球文化传播研究
133		2022冬奥会对我国雪上运动发展的影响研究
134		中国体育用品品牌生态位构成维度、影响机制及提升对策研究
135	管理学	陆军无人化作战力量建设研究
136		非互信性合作与南海危机管控研究
137		创业团队成员隐性人力资本激励研究
138		新型城镇化视野下的棚户区改造研究
139		新常态下劳动力成本上涨对微观企业产业转移的倒逼机制研究

（四）题　解

118 题解是活页金顶？因何且如何设置？

题解，是对项目题旨的阐释，包括注解题目、简介课题情况，从结构上看具有从题目到整个申请书的引领作用。所谓活页金顶，比喻活页的信息核心，好比名山之山巅，房屋的镏金屋顶，最聚人目光之处。（见图13）活页的逻辑结构分为七大板块，七块之中EF（研究内容）、FG（思路方法）、GH（预期成果与参考文献）、EH（选题依据）四边可支撑△ABC，△ABC所构成的圆形的圆心、等边三角形的中心和正方形的中心三点汇于点D，成为整个活页的核心，也是整个申请书的核心。

题目越简洁越鲜明，可是概念内涵越简，外延则越丰，这构成了一对矛盾，也为申请人留下了阐释空间。尤其是核心概念，若是全新或组合而成全新的，不解释不足以让人理解，则必须解释。评审中发现，有的申请书虽未单列“题解”部分，却常在综述之前专设一段，对所选题目有所介绍，评委由此了解选题的内涵。既然如此，不如干脆设一个“题解”！

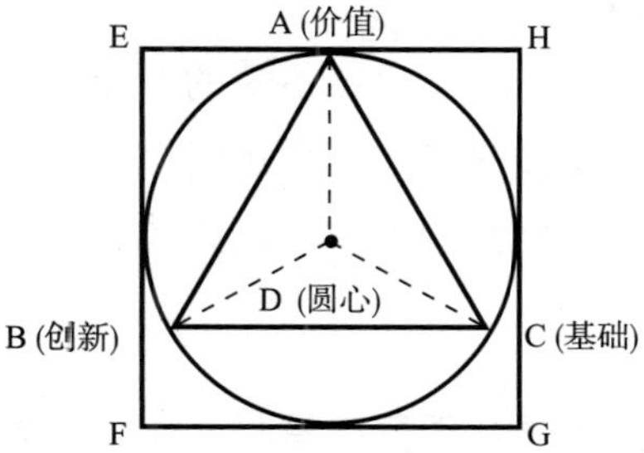

图 13　活页七大板块的逻辑结构

图中：EF—研究内容　FG—思路方法　GH—预期成果与参考文献　EH—选题依据

活页本无“题解”这一环节，小同行或能看懂题目，大同行或非同行就不一定了，总不能让评委读完整个申请书，再回头理解题目吧，这其实不利于评委深入申请人的思想，因此题目之后有必要解题。题目若含从未见过而难以索解的核心术语，还需简单解释。所以，题解具有稀释作用，甚至是科普效用，它既能浓缩申请书的精华，又能方便评委写推荐意见，与评委方便，即是与己方便。在此多磨一刀，不误砍柴。

为了不破坏申请书的原有结构，题解宜添设得自然，与原有结构浑然一体：可在第一部分“1．”之前增加“0．题解”，以保证原定几大板块内容的序号不变，字体字号与几大板块的标题相同。题解的篇幅为 200 字左右，4—5 行。末行用足空间，行末至少空 2 格。（详见例 140—142 与例 177）

119 题解旨在让“专家看了不浅，外行看了不深”？

题目宜简明，20 字以内为好；具体明确，不笼统；新颖传神，显特色；文字精湛，醒目引人。但是，申请人常会想：谁会看？专家真懂我吗？

项目申报既需彰显申请人自身的优势，又要体现专家主导的要求，既不光突出自己独到的思想，又要顾及专家的认可程度。与博士论文答辩所选专家不同，项目报送的专家并非都是小同行，即便博士论文答辩，专家也非个个都与你兴趣相投。因此课题名称乃至整个报告不能过专，若写得像博士论文开题报告，岂不会拒评委于千里之外？

函评能遇上一两个真正懂你的小同行就不错了，会评专家更是大范围内大同行，更不能要求他全懂你，因此题目不能过专过深，但又不能过浅。保持中庸，这对申请人极具考验！

对选题真懂的专家全凭偶遇，全然不懂的专家也极为少见，那么只有争取专家中的大多数，他们对你报的选题或领域略知一二。循此，题目拟定的要求就是让“专家看了不浅，外行看了不深”；为此，就需要对题目进行解释，即解题。

120 如何解题？何时解释术语？需要回答哪“十何”？

命题若比作创新思想的“凝”与“收”，解题则可比作“释”与“放”。解题就是将题目打开，将申请书的精华浓缩进来，其基本思路是：何时何地何人因何采用何理何法研究何对象，得出何结论，有何创新，有何价值。篇幅200字左右，要求言简意赅，很能考验张弛之功！

既然题目提出了新概念，成为研究对象，有必要先厘定核心概念，开篇界定，以免产生公说公、婆说婆式的歧义。选题中所提出的新术语若是不能望而生义，则有必要先作解释，一句明义，准确鲜明。然后从“十何”中择其要解题。所列“十何”是否写全，据需而定，其基本原则就是让评委一目了然，了然于胸。其写法并非按申请书的格式顺序，而是按照项目的逻辑顺序展开：天时地利人和，事出有因，采取措施，找到对象，做出结果，力求创新，产生相应的价值。

题解好比申请书或活页的牛鼻子，突出在前，旨在让评委抓住。评委抓住了你的鼻子，实际上反被你抓住了，事物就是这般辩证！上述“十何”及其相应作用见表20。

表20　解题“十何”及其作用

十何	相应的作用	说明
何时	交代对象的时间或研究的时间	非重点，据需而写。
何地	交代对象的空间或研究的空间	非重点，据需而写。
何人	展示课题组的力量	非重点，据需而写。
因何	说明研究的起因或目标	研究起点，问题来源，未竟问题，存疑之处。

续表

十何	相应的作用	说明
采用何理何法	凭什么，具体如何做	基于什么事实，运用什么理论，采用什么方法。
研究何对象	具体研究什么内容	所研究的科学问题。
得何结论	得出什么样的观点	做出什么，有所发现，应当突出，评委最为关心。
有何创新	新意何在，凭什么超胜他人	研究有什么发现或突破等。
有何价值	有什么意义或作用	社会价值、学理价值或实践价值。

121 题解有必要明示选题与指南的关系?

题解本可以按第 120 问的“十何”交代完毕，为有助于评委看得懂看得快，可用一两句话指出选题是由指南中哪一选题演化而来，算是明示，告诉评委本项目应了国家之需。若是自选，则可不必。

有时选题只涉及指南某一学科的某一条，有时则涉及好几条。前者可将选题指南的那一条直接完整写出，如 2017 年申报与翻译本体相关的选题，可以写上“本项目与 2017 年度‘语言学’部分第 26 选题‘双语对比与翻译转换研究’相关”。若是后者，题解时则只需直接列出各条选题的序号，如“本课题与 2017 年度国家课题指南‘语言学’第 26 选题及‘新闻传播学’第 33、35、46、52、60、89 选题密切相关”。有时选题涉及若干学科，则可写得更多一些，更能体现选题的价值，详见例 140 与例 141。后面论及“研究对象”时还有机会再次提及，详见例 149 与例 150。

122 题解与题目呈何关系？如何展开?

好题目，给人以预期：期望尽快窥得更多的内涵或思想。题解与题目内含连贯性和一致性，正通过关键词的重复及其相互关系的推演而显现。好题名已将胃口吊起，若辅以题解，评委可了解题目的更多内容。因此，题解应含有题目的所有关键词，还有题目所未能包含的关键词，正是诸多关键词及其相互关系按照何时、何地、何人、因何、采用何理何法、研究何对象、得出何结论、有何创新、有何价值的逻辑链，提供了尽可能多尽可能精准的内容，以满足评委的期望，方便他比较全面地了解你的思想。

此外，题解要始终如一地运用相同的关键词，力避近义词，以便强化题目及项目的核心概念和主体概念。例如，例140紧扣翻译体、翻译腔、语料库和辩证思维四大关键词，同时加上其他关键词，如本体、关系、内涵、外延、标记、成因、类型、转化机制、语言接触、规范等，构成了题解的核心内容，显得紧凑而丰富。

123 题解与活页呈何关系？如何展开？

从申请书和活页的篇章结构来看，题解居中，对题目和活页起承上启下、瞻前顾后的作用。读题解，会有两种效果，其一，得知大概，至此为止，即可了解选题核心内容；其二，得知粗略，可以期待，盼望尽快了解更多的正文信息。

申请书虽未明确要求写题解，但不少申请人综述之首或多或少地做了题解，其心理就是担心评委不解“题情”。200字左右的内容不可小觑，它可四两拨千斤。既然评委不能从头至尾细读每一份申请书或活页，那么形同摘要的题解便尤显重要。仅凭题解，评委就基本能知道要做什么，能否做，有何用。撰写立项推荐意见时，他也有抓手，所以解题具有顺接题目又引领正文的作用。

由题解的“十何”（何时何地何人因何采用何理何法研究何对象、得出何结论、有何创新、有何价值）可知，题解又是活页的精华浓缩，也是对申请书的高度概况，是整个课题精髓的提炼，整个活页靠诸多关键词重复贯穿整个申请书，按照上述“十何”一一扩展，扩充为选题的依据、研究内容、思路方法、创新之处等。

参考示例140—142　题解

参考示例140

0. 题解

本课题基于三语多类语料库，拟用辩证思维系统研究翻译腔和翻译体的本体与关系，界定其内涵与外延，建立标记系统，描写产生发展规律，追溯成因，明确类型界限，建立去腔留体的转化机制，以利地道汉译，促进多模态语言接触中汉语之完善、发展、规范与规划。

本课题与本年度国家课题指南“语言学”部分第1、9、26、29和30选题密切相关。

参考示例 141

0. 题解

从译介学与传播学的内在对应关系入手，结合翻译学、文学理论等分别从译介的主体、内容、途径、受众和效果等方面以全新视角探索中华孝文化对外译介有效机制，为译介学研究补充新内容，为中华文化对外传播研究提供新思路。

本课题与 2017 年度国家课题指南 4 个学科的选题密切相关：语言学之第 26；新闻学与传播学之第 33；社会学之第 72；中国历史之第 15。

参考示例 142

0. 题解

文化关键词是民族文化的最直接反映，其翻译涉及中华文化对外传播的准确性与有效性。基于俄语国家语料库（HKPЯ）及相关统计软件，以数据统计和理论分析为研究方法，以典型中华文化关键词的大量俄译文本为研究对象，详细观察其在语料库中的出现频数、语义趋向、分布特征等，依据语言学、翻译学及文化理论，系统分析文化词俄译的本质、过程、规律及现象等，总结其在非本族语文化的传播轨迹，基于此构建中华文化“走出去”的译介模式，为中华文化对外传播提供借鉴。

（五）选题依据

124 选题依据是否充分？如何切分其内容？尚缺什么？

选题依据的权重为 3，其篇幅不宜过长或过短，约 2100 字，写清国内外研究进展及简评、价值意义即可。申请书中“选题依据”提示了两点“国内外相关研究的学术史梳理及研究动态；本课题相对于已有研究的独到学术价值和应用价值等”。前者不必分为学术史梳理和研究动态两部分，倒是可以分为：1）国内学术动态；2）国外学术动态。后者可分为：3）学术价值；4）应用价值。后者实非如此，即不止于两大类，至少可含社会价值。

对学术动态有所掌握后，要不要对其有所评价呢？没有简评，如何知道价值是“相对于已有研究”？如何接上后面的价值？有人会说“学术史梳理及研究动态”可含综述与简评，可是，不明确“简评”或未予明示，致使不少申请书明显缺少这一环节，若是遇上要看评价意见的评委，怎么办？由此可见，选题依据至少可以拆分为 4 个部分：

国内动态+国外动态+国内外简评+独特价值。

125 述评与总体框架如何相关？

“国内外相关研究的学术史梳理及研究动态”相当于“国内外研究述评”。述评与总体框架看似分割两处，无甚关系，其实内在非常关联，分别代表研究的昨天、今天和明天。述评分为综述与简评，综述是继往，简评是承上启下，总体框架是开来。

总体框架应该是基于所研究领域的背景与发展脉络，依据述评所掌握的当前的研究水平、存在问题及可能的解决方案展开的深入研究，发掘新的发展方向，加入自己的新见和智慧，因此，文献的部分内容一面可以进入述评，一面可转化为框架的内容，建构后面的总体框架。具体方法有：

1）部分综述内容可直接提炼用作框架的内容；

2）由综述对象产生的启发可扩充为框架的内容；

3）针对前人研究之不足的解决方案更可成为框架内容；

4）简评所指出的此前应做而未做的内容成为框架的内容；

5）自己前期成果本身构成总体框架的部分内容，也是综述的有机组成。

126 述与评的顺序与比例如何安排？

“述评”中的“述”指综述，“评”指简评。述评的模式有先述后评和边述边评，一般采用前者。述评的意义大于综述，综述只是综合叙述，不带申请人的主观评价。评是基于综述对所述内容加以评价，是基础与后续的因果关系。述与评要结合，述与评内容上要分开，形式上最好也分开。详见第 124 问。

研究现状述评，通过对研究现状的文献调查分析，揭示课题当前研究的成功与不足，以突显研究的价值。因此，以述促评，以述带评，却不以评代述。与述评类文章一样，评的量不能大于述的量，只因受申请书对述评字数的限制，整个述评不超过 1480 字（述约 1160 字，评约 320 字），评一般为述的四分之一左右，述与评的比例大致为 4∶1，详见表 12。

（六）综述（学术史梳理及研究动态）

127 何谓综述？为何说是选题的起点？

文献综述是对某领域某方面的课题、问题或研究专题搜集大量文献，以分析其最新的进展、趋势、水平等。综述能反映申请人对某领域所下的功夫，好综述可以独立成文。

综述综合前人已做的研究，是了解当前的研究状态、了解该领域最快的途径，它一无教材的滞后性，二无论著的独立性，甚至是偏执性。申请书的综述一般是综述类文章的十分之一，较其更难；篇幅越少，综述难度越大，可谓大综述。对诸多文献的综述并不满足于高度总结，旨在看文献，抓重点，学思路，为后续研究寻找出发点、立足点和突破口。其宗旨更在于奠定继续研究的基石，可谓立于前人的肩膀，垫高研究的起点。把握学术动态是不可或缺的起始性和基础性工作，也是保证研究工作开拓创新、避免低水平重复研究的重要前提。

128 综述常见哪些不足？

综述出现的问题较多，代表性问题有：1）机械地分作“学术史梳理”与“研究动态”，实际上可以合并为“学术动态”；2）综合性不够，多介绍同行熟知的知识；3）综述状况时过于笼统，过于概括，话多虚而不实；4）未紧扣题目及其中的关键词，中心不突出；5）简单罗列文献，缺少观点梳理，只是粗加工，而非精加工；6）未分清他人与本人的观点，常以己代人；7）对相关研究状况不甚了解或很不了解，明明有人做过重要研究，却不见反映；8）代表人及代表作的核心观点未能摄入或不全面；9）所综述的文献与核心话题关联度不大；10）容量不合理，占 1500 字以上；11）述的容量少于评的容量；12）未抓住共性问题，而多停留于个别问题，提炼不够；13）好用直接引语，处处标明文献出处等；14）人名、篇名、刊名、出版社名、机构名等专名与文献时间等占篇幅过多，满眼是专名和时间，甚至页码；15）专著文献，阅读量不够，文献查阅不全，只读 CNKI 文章，不读书；16）对文献的观点没能聚焦，综述锁定不准，导致立足不稳；17）表中用表太复杂，不便于观点的综合表达；18）引用旧文献较多，新文献较少；19）同类研究信息不清，发展趋势不明。

129 综述有何特点？评委从中看什么？

综述不外乎对国内外同行同领域的代表作及其观点进行全面、准确、深入、具体和简明的清理与总结，突出信息性，是知识的有序加工。其具体特点表现为：1）全面，即何人、何时、何地、采用何理何法、研究何问题，得出何观点；2）准确，即抓住与自己研究相关的对象，既不过大，也不过小，不会王顾左右而言他；3）深入，即抓住问题的症结和实质，直奔文献的核心思想，不纠缠于枝叶而抱住主干；4）具体，即观点或事实均具体可感，事实确凿，语言生动，观点鲜明；5）简明，即具有概括性、简洁性和明晰性，各家观点分类清楚，同类合并，言简思精。

评委通过综述考察申请人的信息捕捉能力和综合归纳能力，看申请人对内是否了解国情，对外有无国际视野，考察其纵观历史、横视天下的能力，考量其对拟报领域的熟悉程度以及学术水准等。

130 如何理解综述的聚合与组合关系？

综述实为纵横交错的内容复合体，换言之，是聚合与组合的共现。如图 14 所示，右向箭头表示组合关系，上下直接表示聚合关系。

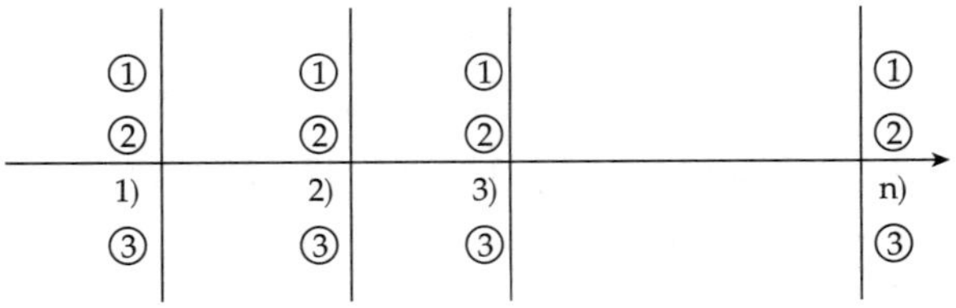

图 14　综述的组合与聚合关系

先说组合关系。一般而言，整个综述可按历史方法，即按时间轴由前往后分段展开组合；也可按逻辑方法，即据研究对象的概念、范畴及其相互关系构成的理论结构展开综述。假如综述抓住所有文献的共性，分为 4 段，即 4 大领域，各段之间是组合关系，前后有历史或逻辑关系性；而各段内容，如果比较丰富，则由“1）、2）、3）”几点内容再次构成组合关系。大小层级的组合关系构建了整个综述的框架，详见例 151 与例 158。

再说聚合关系。即各段由几点构成，而各点的内容来自众多文献提炼出的具体观点，那么，如何聚合观点？可采用合并同类项方法，即读文献时，可将文献标序 1、2、3……30 等。若文献有多个观点，又标以①、②、③等，然后各文献的各观点按性质合并再次提炼，则有：

第 1 段大标题：总括句。1）小标题　1-①+2-③+25-②；2）小标题　1-②+2-②+25-③；3）小标题　7-①+13-③+28-③；4）小标题　41-①+15-③+33-③。

其中第 1 段与后面的几段构成段际组合关系，构成了整个综述框架；其中“1）小标题”与后面的 3 点构成了段内组合关系。第 1 小点中“1-①”表明第 1 篇文献的第 1 个观点，“2-③+25-③”表明与第 2 篇文献的第 3 个观点和第 25 篇文献的第 3 个观点合并，构成聚合关系（所列方式实际上也是组合关系）。第 4 段同理：

第 4 段大标题：1）小标题　11-②+8-③+6-②；2）小标题　4-①+9-②+5-③；3）小标题　15-①+3-③+55-②；4）小标题　19+24+30-③。

131 综述如何突出高度、精度、广度和前沿性？

项目综述之所以称大综述，是因为它有四求：

1）求高度，讲究宏观，立意要高，居高临下；抓代表性文献，此时所达最高程度，一是空间上处于研究最高层次，二是时间上终止于申报的截止时间。入眼文献较多时，勿纠缠于中低档文献的观点。

2）求广度，思维空间越高，便越能一览众山小，覆盖面宽。切忌简单罗列某人某观点，而应高度概括，以简驭繁，以少许胜多多。

3）求精度，思深语精，不容虚话，文献过滤实为思维过滤，抓主干，去枝叶；表达多用句子的主要成分，适当用形容词和副词。

4）求前沿性，即抓住领先地位，看问题已突破到何处，文献追踪到学科的最前沿和制高点，看国内，观国外，内外两相对比，从前沿看差距，更显研究的价值。

132 综述结构如何做到时、空与逻辑三位一体？

综述应该分门别类，才能体现史上研究进展与世上同仁所为。分类如何进行？按时空？按逻辑？或按历史，分出今与昔；或按地域，分出国内外；或按逻辑，建立层次结构。

品读提示语“国内外相关研究的学术史梳理及研究动态”，可知它以预定空间为先，再兼顾逻辑与时间的划分。最佳分类其实是时空与逻辑的交集，可分三步走：

1）空间分类，分清国内外，评委的思路也是如此，也想由此了解申请人是否内知国情，外知世界。

2）逻辑分类，即知网系统化，将几十上百篇文献提出观点，构成知网，显出逻辑关系，聚散为整。

3）时间分类，点线面汇流，文献观点合并同类项，再按时间流汇合，反映各领域已做与在做的研究，何时何人提出了何问题，如何研究的，有何观点等。三者可构成三位一体的综述结构。（见图 15）

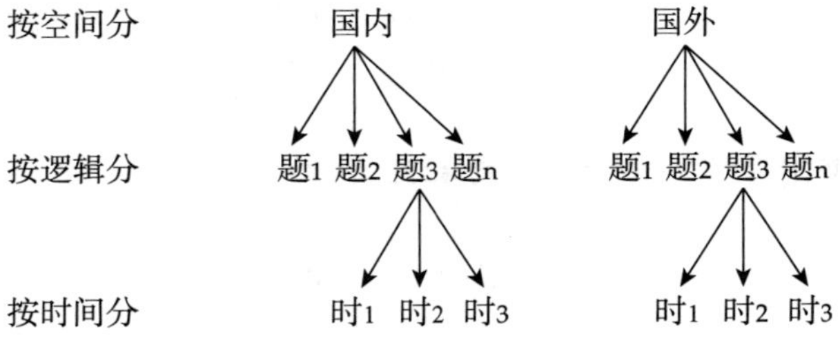

图 15　综述的时空与逻辑融合结构

综述结构可转化为线性表达：三层内容构成了综述结构，详见参考示例 143。结合第 130 问可得：三位一体的综述结构模式：

2.1 国内学术动态

第 1 段标题　总括句。1）小标题　（时$_1$，→时$_2$，→时$_3$）。2）小标题　（时$_1$，→时$_2$，→时$_3$）。3）小标题　（时$_1$，→时$_2$，→时$_3$）。

2.2 国外学术动态

第 2 段标题　总括句。1）小标题　（时$_1$，→时$_2$，→时$_3$）。2）小标题　（时$_1$，→时$_2$，→时$_3$）。3）小标题　（时$_1$，→时$_2$，→时$_3$）。

133 国内外学术动态顺序与比例如何设计?

据提示语“国内外相关研究的学术史梳理及研究动态”，由于人们的思维定势是由内而外，整个综述应该先国内，后国外。有人不然，先国外后国内，有悖于提示语的顺序，一者“国内外”是国内与国外的抽提式缩略，是实际思维过程的一种语言映射；二者多数评委已形成评审定势，冷不丁遇上先外后内者，会产生另类感；三者众多申请人也是如此实践的，在此最好是从众。

理论上讲，国内外学术动态的比例可以是：5∶5，6∶4，7∶3，8∶2，9∶1，99∶1，一般而言，国内外平分秋色，分清国内外之后，两大部分内部再依研究成果的逻辑权重与数量细分，设计出段的内容（如再分 3—4 点）。如果真的是有多有少，比例失调是客观存在的，也就如实反映。若真担心评委不明比例的大小，往往在综述之前不妨交代一句，如“与本题相关的研究，国内少于国外”，以便评委明白。倘若比例相当，切不可重内轻外，或相反。

倘若国内真无，不能不写，也必须一句交代，然后换行综述国外，再分出数段综述国外，反之亦然。比如，2008 年本人申请“基于语料库的严复变译思想研究”，西方主要是将其作为思想家研究，而国内更多将其作为翻译思想家研究，所以综述开篇就定位“国外把严复主要当作思想家研究，其翻译思想只是偶尔提及，因此严译思想研究主要集于国内”，接下来全是对国内研究文献的综述。这一句少不得，否则评委会认为你无国际视野，或者不关注国内，于申请不利。

134 综述内容如何分层、设路标？有何特效？

分清国内外学术动态之后，两部分按逻辑再次分出几段，一般为 3—5 段，少于 3 段为少，多于 5 段为多，每段段首加标题，字数以不超过 10 字为宜。各段内又分点陈述，各点之间可用“；”号分离；内部再分层，用序号“1）、2）、3）”等，层次更加分明；序号后若用少于 8 字的精短小标题，总结本层核心观点，则可锦上添花。请见例 148。

各段显出了国内或国外的大层次，段内各点又显示了小层次，大小层次构筑了综述的框架体系，段首大标题和段中小标题又构成了各家观点体系，大小标题如路标，均从观点中提炼，分别用黑体和楷体突出。这样观点体系更丰富，更完整，更清晰，更悦目。

两套体系标题的作用在于让评委一眼便知综述的要点是否全面，是否抓住点子。评委时间充裕，可从大小标题直到读完具体内容；若时间紧迫，读到标题体系，也能抓住基本。让评委看到你用几个部分来支撑这一选题，是否合理，是否全面；有时只看标题便知内容，为他节省了时间，你就赢得了好感。由此看来，分层合理与否，路标设计恰当与否，标题提炼确当与否，至关重要，均能决定综述的效果。

135 如何据题展开两大类综述?

如何展开综述，其实取决于课题名称中的术语的量与结构。若是单词术语，则采用义素分析法展开综述；若是短语级术语，则可采用术语组构法展开综述。

题目短，是因为其中的术语不长，如 1998 年本人申请了“变译理论研究”，初看有二分：“变译/理论研究”和“变译理论/研究”，实为前者，变译作为翻译理论术语正式提出尚属首次，自然还没有变译理论，所以前者理解是后者的基础，换言之，前者的研究是为了建立变译理论。单词术语可据其义素展开综述。所谓义素，即构成词的微观语义构成成分，比如将“变译”作为名词，其义素分析模式为：{义项}=[属性$_1$+属性$_2$+……+属性$_n$+类属]。作为动词，其义素分析模式为：{义项}=[主体+方式+行为+客体+……+因果+类属]，这种义素分析所得的变译的内涵比较完备，据其至少可以设计综述的 4—6 个视角。

如果题目长，则表明其中的术语结构比较复杂，就按其结构（主要是短语，偏正短语或动宾短语，分清标记语和术语）各要素、各要素之间的关系设计综述：如“汉译组构优化研究”中复杂结构性术语是“汉译组构优化”，属于偏正结构，可据限定语与中心语而展开综述，“汉译”是大限定，指译成汉语的作品，即译作，有时指译成汉语的过程，据此可设计 2 个综述点。“组构”指组织建构，依单位大小，有短语、句子、句群、篇章不同层次的组构方式，据此可设计 2 个综述点；优化指上述各层汉译不断修改完善的过程，看有哪些优化行为，再予以分类，据此又可设计 2 个综述点。从中再挑选组织好 4—5 点为综述的大点。

136 如何抓点综述？点面如何结合?

读文献要善于抓点，再由点构面，如：何人何时何地采用何理论何方法研究何对象写成何作品，得出何观点，这十何如点构面，便可进入综述。那么，所有文献又如何点面结合呢?

1）理论上讲，每篇文献可问上述十何，实际上据需选择几何，研究现状最好有研究观点提出的具体人及时间，其中的“得出何观点”是重中之重，必须保留；因此，至少选中的要素有人、时、观点等，其他几何择机而用，这样便可点面结合，重点突出了。这是单篇文献的点面结合。

2）代表性人物文献或多或成系列，丰富如面，介绍他，几句概括其整体状况，再点出其代表作，突出如点，相得益彰。这是个人成果的点面结合。

3）重点人物或其代表作，最新最重要的文献最好点出，成为前景；其他人概括即可，成为背景，比如“……等 4 人研究了……，认为……”。这是个人与群体的点面结合。详见例 143 与例 148，例 143 多处有罗列之嫌。

4）也要兼顾冷热课题，冷点可成热点，常规研究可成为面；热，正表明当前关注，冷，或可成为未来的关注点，正具有前瞻性。这是冷热点与常规研究的点面结合。

137 如何利用同心圆原理扩大文献检索？

综述的对象是他人的思想观点，而观点出自他人的文献，那么文献如何搜集呢？无论是书文，还是其他载体，均可采用同心圆原理搜集。同心圆原理，可比喻为：水滴于平静水面，产生阵阵涟漪逐步向外扩散，形成一圈一圈的同心圆。随着半径的加长，圆的范围扩大，水纹逐渐减弱，与圆心的关系越来越弱。

紧扣题目的关键词，中心开花，逐步拓开，由下位概念逐步伸至上位概念，由小概念逐步伸至大概念，扩大搜索半径，可获得更多更全的文献。半径越小，文献的相关性越大，进入综述的内容比例就越大；半径越大，其相关性则越小，进入综述的内容比例就越小。

例如，约 20 年前，翻译测试是个极弱的领域，要想获得翻译测试文献，可依次扩大半径，按如下步骤进行：1）查“翻译测试”，仅查得 5 篇，属于核心文献；2）检索其上位概念“外语测试”，得文献若干篇；3）检索其上位概念“语言测试”，又得若干篇；4）检索其上位概念“语文测试”，再得若干篇；5）检索其上位概念“测试”，更是获得无数篇，可能涉及测井、测海、测景、测速、测高、测地、测步等非语言类文献，但在研究方法上或许可资借鉴。

由上可见，半径越大，文献的相关性越弱。能进入综述的内容则正相反，相关性越大的文献进入综述的比重越大，反之则反。因此上述为“翻译测试”搜得的文献不妨按如下百分比融入综述：75：15：5：4：1。（详见图 16）

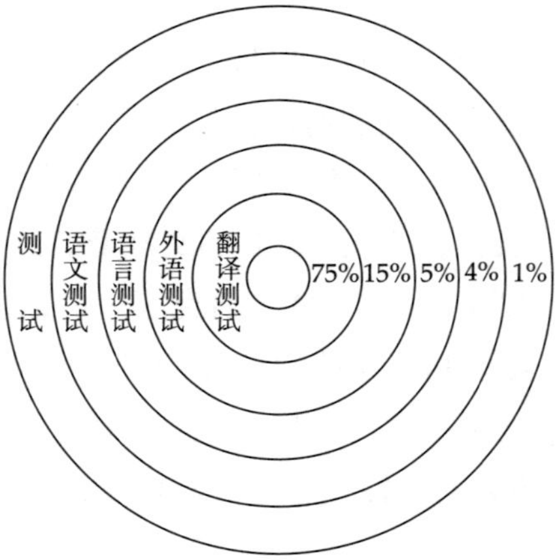

图 16　文献检索同心圆

138 面对海量文献，如何避免目迷五色？

所综述的文献繁多时，如入丛林，要辨别方向，才可辟开出路，才可知道问题已研究到何处，有何缺陷，向何处拓展。文献若是相关，重要文献都应进入综述，且入参考文献。广收文献，常会乱花渐欲迷人眼，若不具判断力，则易入泥沼。基本对策有六：

1）突出问题意识。选题要解决什么，要反复提醒自己。按问题分析文献，对文献分类；文献分流以问题为导向，可犁开文海，一边相关，一边无关。

2）瞄准 SSCI、A&HCI、CSSCI 等核心期刊、经典著作等主流或权威文献。

3）分出主次，在分出主次作者与文献后，再分出文献的主次观点，关键时舍次保主。

4）庖丁解牛，对任何一份文献通过阅读，如全牛般地予以解剖，这样利用文献就会得心应手，运用自如。

5）摘录特别重要的文献，做读书笔记，摘其重点和精辟论述，一旦需要，便成了可入报告的“干货”。

6）平时甄别。不要临到申报才找文献，而是随时阅读文献，设关键词，做出分类，记录文献出处，做好文献整理。

139 观点提炼如何五步走以利综述?

综述即综合叙述已有文献的思想观点，可分成两类。第一类是宏观的，涉及整个领域、专业或某一大的研究方向，不是一般人所能为；其立意高，范围广，涉面宽，故也不易深入，比较好读好懂。第二类是微观的，涉及相当小的研究方向，谈得更为具体与深入。欲深入研究课题，最好是做这一类综述，切入深，领域窄，立足尖，往往可得本课题最前沿的综述。

利用第 137 问的同心原理找到核心文献后，细读与浏览结合，可从其标题、摘要、结论、前言、标题体系、段落提炼观点，不出五步即可淘得文献之宝（以论文为例）：

1）好文献，标题即是观点，或暗含判断或观点，稍一转化即可成为观点；若不行，再看二三级标题，好的各级标题能支撑全文的思想。若各级标题命得无思想，则走第 2 步。

2）摘要若含有简明的核心观点，直接引用；否则，走第 3 步。

3）结论观点可能较多，需稍微加工提炼，但是当下的学术论文，结语较多，结论少；否则，走第 4 步。

4）绪论提出问题，引而不发，申请人尝试回答，即可得观点；否则，走第 5 步。

5）各段段旨句往往总结内容，汇总全文主要段落的段旨，也可得全文的核心观点。

至此，若是还不能提炼出观点，则立即删除这一文献或标以“无用”类字样，以免再次浪费时间。

140 综述如何避用描述、偶用论述、主用叙述?

综述要讲“三述”，一般主张杜绝描述，主用叙述，少用论述，原因如下：

1）描述的对象多是细节，甚至是情节，是形象的表述；有人好用新闻式写法，喜用时髦词汇，多用形容词、副词等，时不时地用问题与感叹号表达情感，泛用修辞手法，好大而化之地做简单化解释等，显得假大空，华而不实，冗余信息多多，核心内容寥寥。

2）叙述的对象是事情事件，可如史家秉笔直书，几句话说清已有文献的内容，反映各家的学术思想，重在转述，是典型的述而不作。即便是“述”之后的简评，也只是直抒己见，不经推理论证。

3）论述的对象是事理。综述的论证并非真正的论证，不用三段式推理论证，太过冥想思辨，报告也难获资助，这尽管不合理，却是很真实。不采用举例论证、道理论证、对比论证、比喻论证、引用论证等方式（详见第142问），偶用“综上、因此”之类的逻辑推理的关键词，却不见严格的推理过程。

141 为何力避春秋笔法写综述？

综述写作并非感言式论证，可以含情却不露，多避免描写性语言，力避春秋笔法。

春秋笔法，是孔子首创的描述写法，现多指文章用笔曲折而意含褒贬的写法，表达委婉，不直抒己见，以迂回方式知告于人。这一写法表现形式常有：1）内容以问题出现，而非对问题的回答；2）语言带有激情而失客观，过于外露而非寓情于文；3）表述曲折迂回。若是有人写选题“中国特色社会主义理论发展研究”的“述”与“评”，写出如下文字，便涉春秋笔法：

> 自诞生之日起，中国共产党就以在半殖民地半封建的中国完成新民主主义革命进而实现社会主义、共产主义为目标；自新中国成立之日起，就以实现向社会主义转变并探索适合中国国情的建设社会主义道路为己任；自改革开放之日起，就以在中国特色社会主义道路上实现中华民族伟大复兴为使命。社会主义特别是中国特色社会主义成为贯穿党的全部历史的一条主线。
>
> 以毛泽东同志为核心的党的第一代中央领导集体，为新的历史时期开创中国特色社会主义提供了宝贵经验、理论准备、物质基础。以邓小平同志为核心的党的第二代中央领导集体，带领全党全国各族人民，成功开创了中国特色社会主义。……
>
> 中国特色社会主义是如何开辟的？中国特色社会主义理论是如何形成、发展起来的？中国特色社会主义主要创新表现在哪些方面？中国特色社会主义建设取得了哪些成就？中国特色社会主义理论研究积累了哪些经验？这些研究有何教训？中国特色社会主义未来发展还将会有哪些挑战？直到笔者撰写本项目综述为止，国内对中国特色社会主义发展进程的历史，还缺少深入研究，叫人惭愧。

第 1 段是常识，不必放在综述里，成为综述他人思考的铺垫。第 2 段涉及进程，虽含有观点，倒是适合放入总体框架，未直述别人的观点，却曲折地表达自己的思想，与综述的主旨相悖。第 3 段更是不断地重复“中国特色社会主义”，既有要综述的范畴，也有零星的评价。首先应将“述”与“评”分开，再对前者采用是第 140 问所说的叙述且是转述的方法，将国内外研究这些问题的文献综合叙述才是正道，而非丢出一串问题给评委，含而不露在此成了综述之大忌。

上好的综述源于朴素的思想，向同行清楚准确地转述别人文献的思想，晓之以事以理而不推理，动之以情而不煽情，才能写出好的综述。

142 课题明为论证，为何却不论不证？

“课题论证设计”理当论且证，整个报告均具论证性质，却又不同于论文与专著。

论证方式总体上分立论和驳论，但申请书并不是按论点、论据、推理和结论展开。此论证非彼论证，实际上是不要论证过程的论证，是直排观点、结论等的“论证”，真正的推理的过程留给了项目批准后的具体研究过程，由未来的论文与专著等展开。所用的论证有：

1）不用举例论证，即不列举事例以证论点，所以论证中基本不见例子，少数学科可能用上几例，以说明研究对象。

2）不用道理论证，即不引经据典以证论点，不旁征博引，不用带引号的理论引语。

3）不对比论证，即不用正反论据作对比以证论点；无论是横比，还是纵比，均可深化论证，突出论点，增强说服力，可这一切均需篇幅展开。

4）不用比喻论证，即不用事物作比以证论点；虽说论证因此而浅显易懂，具体形象，深入浅出，却因细腻而失抽象概括。

5）不用引用论证，不大量引用具体材料以证观点，而只需用思想性话语，所展示的是思想的荟萃。

143 评委、自己、合作者的文献如何进入综述？

评委含有函评专家或会评专家，若是同行专家，要恰当地综述其成果，他更懂你是否具有完成拟定任务的能力与背景。但要防止其文献过于集中，别给其他评委以谄媚的嫌疑。

既然申报这一选题，肯定有相应的前期成果。自己有相关成果，尽可能纳入综述自己做了什么，有何想法，有何不足，心中最有数。活页因不许泄露个人相关信息，常有人综述时不知如何处理自己的文献，其实自己的前期成果也是研究现状的一部分，理应进入综述，用“申请人”“主持人”“笔者”等即可防止泄密。前期成果若有申请人的合作者，可以舍去申请人，直接写合作者的姓名以及文献的观点，如例 148 中 1.1.4 之下第 4 点的综述。

参考示例 143　综述

1. 选题依据（国内外相关研究的学术史梳理及研究动态；本课题相对于已有研究的独到学术价值和应用价值等）

1.1 国内学术动态

近年来，文化词，涉及文化关键词、文化负载词、文化限定词、民俗文化词、中国特色词汇的外译研究得到较大发展，研究视野和方法思路呈现多样化，语料库翻译学的蓬勃发展和丰富成果也为我们的研究提供了理论基础。

1）基于语料库的文化词（普通词汇、术语）翻译研究　朴哲浩、李庆华、王利霞（2014）研制了《酒国》汉俄平行语料库，分析了现代汉语叠音词的俄译规律；李晓滢（2014）通过语料库的统计发现民俗文化词最常用的翻译方法为直译和意译，而在民俗节庆名称中最常用的翻译方法却是音译和直译；蔡颖（2008）选取了十大中华文化关键词，详细观察它们在语料库中的出现频数、搭配词组以及索引行，识别“文化关键词”的语义趋向和语义韵；刘晓霞（2010）、张婉丽（2013）、顾伟（2014）等基于语料库探讨了中国典籍术语的英译问题，发现大多数术语的翻译在不同译本中不能够保持一致，原因在于不同译者的翻译观不同，进而采取不同的翻译策略；

2）文化负载词翻译研究　王银泉（2006）、李冰玉（2010）、孟祥春（2011）等分析了汉语文化负载词的翻译策略；姚喜明（2010）、马睿颖（2011）、唐述宗、李逸津（2014）、张鸿彦（2014）、杨仕章、牛丽红（2013）等以词典、中国古代经典著作、中国现代文学作品等为蓝本，对其英译/俄译进行探讨，分析译者对汉语文化负载词的规律性翻译途径或方法等；刘静（2007）、李勇（2010）、郭旭明（2011）、王晓辉（2012）等从不同理论角度，如功能对等理论、目的论、关联理论、顺应论、模因论、生态翻译学、互文性、接受美学等视角，探讨了汉语文化负载词的英译研究。

3）中国特色词汇的外译研究　王翔兵（2002）、黄海军、马可云（2007）、范勇（2010）、顾静（2005）等探讨了中国特色词汇的英译，认为中国特色词汇的翻译有总体异化的倾向，并探究造成异化倾向的原因，有研究者认为异化的翻译策略是为了吸引一部分具有双语阅读能力的中国读者，同时也是意识形态操纵的体现（王翔兵，2002；贾卉，2008），但也有研究者认为报道的目标读者仅仅是西方人，异化的倾向是西方作者的写作传统（黄海军、马可云，2007）。

4）语料库翻译学研究　国内语料库翻译研究已初具规模，研究主题涉及了翻译普遍性、翻译方法、语言研究、翻译规范、翻译批评、译者研究、文体研究、口译、意识形态等多个领域，代表学者有杨慧中、廖七一、王克非、胡开宝等，但基于语料库的文化关键词俄译研究还很薄弱。

1.2 国外学术动态

欧美 对文化关键词的研究历史较长。Firth（1957）在语境论视角下，将词语、思想和行动视为一个统一的整体，对“焦点词”这类具有重要意义的词汇进行理论探索；Williams（1976）以 20 卷本的 Oxford English Dictionary 为数据来源，将语义领域作为划分标准，对与社会生活相关的“关键词”进行单个共时研究；Stubbs（1996）开创了采用现代语料库的方法对文化关键词进行系统研究的先河。

上述研究聚焦于文化关键词在（本族语）某一个语言社团、一个阶层或一个国家的使用和意义变化的研究。20 世纪八九十年代，Vanderauwera、Gellerstam、Baker 等欧美学者，开始尝试利用语料库进行翻译研究（主要是翻译共性研究），部分学者涉及文化关键词的翻译研究，如 Pearson J.（2003）基于自建的小型英法平行语料库分析了文化限定词的翻译，研究表明，不译、漏译、改译等现象非常普遍。

俄罗斯 自 20 世纪 50 年代开始，Рецкер（1950）、Шатков（1952）、Чернов（1958）、Виноградов（1978）、Муравьев（1975，1980）、Флорин и Влахов（1980）等学者的著作中相继涉及民族特有事物词汇的可译性和传达问题。Влахов и Флории（2009）指出，对民族特有事物词汇不能按一般的规则翻译，译者要翻译的不仅仅是民族特有事物或现象的本质，同时还要保留其民族色彩。上述学者未采用语料库的现代研究手段。

此外，肇始于 1928 年的观念分析理论对我们的研究也具有重要意义。Степанов（2001）指出文化以 концепт（观念）形式进入人的精神世界，концепт 是人的精神世界的文化基核。Арутюнов（1997）指出 концепт 构成文化的重要基础，是文化的元语言。此类研究成果可帮助我们更好地分析文化关键词的翻译过程。

（七）简　评

144 何谓简评？活页未明示，有必要增设？

简评，即简要评论。“简”字二义：篇幅简短明了；文字简洁精炼。综述虽渗透了申请人的智慧，但所倚重的更多是组构能力，突出了知识性；而简评是在综述之后发表己见，突出了智慧性。简评肯定长处，更重问题分析，指出可研究的问题、发展方向等。“评”正是分析所“述”的结果，是提升综述质量的关键，更需融入申请人的理论水平、专业基础、解决问题和分析问题的能力。

综述之后对文献要有批评，缺少评论，见不到课题要做的实质。学术动态介绍，不单单是了解别人做了什么，还要考虑别人没做什么和为什么没做，宛如综述之后常做的有所升华的小结，界定研究起点，引出研究问题，这显得比综述还重要，旨在抓住综述之重，指出已做之不足，描绘应做之愿景，哪些有待去开拓，指明更大的远景。因此，简评显得不可或缺。

经过简评，评委可知申请人对国内外研究现状了解是否全面，可显其把握问题的学术水平，对他人研究的分析和判断是否正确，研究方法是否科学完善；

理论、观点或对策是否正确深入；所列问题哪些已解，哪些未解或未完全解决，潜在哪些新问题等。

145 简评常见哪些不足？

整个简评应是针对国内外综述两大部分，但简评过程中会存在各种问题：1）评多于述，或占比例超过后者的三分之一；2）对国内外研究现状评论不够，分析不够，走到人前，未能跃上其肩；3）国内外未予分开评论，宜在总评之下有分评；4）罗列文献后，未点明其优劣与方向；5）未明了现状之不足及其原因；6）未能批判性思考，未提出问题；7）已有人研究，却被断为未曾涉及，以显示自己首创；8）缺乏分析与判断，妨碍了新起点和突破点的确立；9）对综述内容的评价针对性不够，靶子未对准；10）泛泛的评价较多，中肯的分析较少；11）评价他人，语言轻率粗俗；12）国内外分头简评与国内外综述排序未能对应，甚至反了方向；13）评中包括国内对本领域的评论（它仍属被综述的对象，评应是对前面综述内容的评价）；14）简评还在转述观点，与前面的综述分野不清。

146 简评如何顺接综述展开？彰显什么？

做述评时，可利用图表将文献的整个逻辑结构画出来，或者顺着文献逐一理出观点，逐一推敲正确与否，再从整篇文献甚至整个研究的全局考量其核心思想有何优劣，研究方法有何长短，以挑战或批评的心态，挑剔文献，抓重点，找突破，逐一将其思想观点纳入综述，将其思想的优劣归入简评，二者分流各走一边。

综述以正面介绍为主，简评以评判讨论为主，提出自己对该学术领域研究的评价和判断，敢于亮出观点。因此，综述力求客观，评论力求公允，述评结合，以述导评，以评提升综述，顺此指出本学科的发展趋势和可拓展的学术前沿。综述主讲已做了什么，简评则彰显已做的优劣，有何价值与不足，未做什么，缺什么，为什么缺，是在梳理他人文献之后，要评委明白众人研究尚存哪些弱项，你的选题何处强过他人，强者还有不足，弱者更待提高；由简评显示你要做这一选题的优势与实质，让评委知道你的评判能力，方便评委看到你对未来研究的宏观认识与总的看法。

147 评与述有几种宏观组合方式？优劣如何？

评与述的组合方式有三种：

1）边述边评，即（国内综述+简评）+（国外综述+简评）；

2）国内综述+国外综述+总评（国内简评+国外简评）；

3）国内综述+国外综述+总评。

换言之，第 1 种简评可随国内外两块分头评说，各个击破，有针对性；第 3 种简评单独成为第 3 段，国内外融在一起评说；第 2 种虽然也是国内外分头综述后集中简评，先求全局，有整体性，同时又分开国内外简评，有针对性地指出国内和国外已有研究的优劣长短。

第 1 种方法国内国外综述之后即时简评，虽说比较方便，但是评委可能在逐项阅读后最终仍要看总评，以掌握整体印象。为了粗中显细，总中有分，全局与局部相得益彰，整体之下可以分层，分别针对综述的国内国外两部分，且加语篇提示，如标以“国内”“国外”字样，标明所针对的是哪一部分（请见例 148）。由此可见，第 3 种方法不失为最佳组合方式，内外简评合一处，各取所需，一枪二兔，可以多赢。

148 简评如何避虚就实？

评价因为主观，往往显得扣得不紧，宽泛无力。为避虚空，可以：1）有针对性，写综述，逐条对应，有所倚重，不会偏离，不会跑题；2）直指问题核心，不枝不蔓，不旁逸斜出，不羁绊于旁支问题；3）先简介本研究领域已到何种程度，肯定其长处；4）可从哪些方面切入研究，可达什么目标，将产生何效应；5）指出其短处、发展趋势是什么，还有什么问题未解决；6）未来研究可望成功的条件和依据是什么；7）逐层攀升，不能只停留在较低层次，还要逐层提升，做出更为宏观的评价；8）用语精简，删繁就简，不说虚话，不让思想沉于琐碎，以免精华蔽于冗余；9）评语较多时，排出重要性序列，据质与量的要求，国内外简评各项取前 3—4 点，由重要向次要排列。

149 简评如何含而不露地侧抒己见？

评论可含有自己的思想，但又不能直抒己见，否则会与总体框架的内容冲突。换言之，简评是思想观点引而不发，总体框架是其的充分拓展与系统化。从原有文献到申请人自己的观点是一个连续统，原有文献的观点、申请人的评价、申请人的观点分别对应申请书的综述、简评、总体框架。

比如在“基于语料库的严复翻译思想研究”中，框架内容是对简评一句话的具体拓展（见表 21），通过严译《天演论》与全译语料对应，例证“信达雅”的真谛，推定达是信达雅的轴心，达旨术的灵魂，达旨术与信达雅呈一致性关系，变、通、达三者具有内在关联，以求严复变译思想系统化，建立严复变译思想体系。

表 21　简评与总体框架内容关系对比

对象	内容	字数
简评	纵观整个中国译论研究和译史研究，严复所言（信达雅）被研究再三，所为（达旨术）未被充分关注，对严译本身个中奥秘未作深入探讨。	61
框架	2.1.2　**严复变译思想实质考**　（论证达旨术是变译的策略，信达雅是变译的思想。详见例 158）	234

既然不能直接亮出观点，不能和盘托出，意与研究内容有别，那就侧抒己见：仅对国内外研究现状做出评价，不以自己的观点替代评论。简评最明显的是常用评价性词语，即用对人的行为、态度、观点的客观性评价，既涉积极评价，也涉消极评价，用的都是评价性形容词、副词、动词等。详见第 151 问。

150 如何评价研究现状？如何张弛有度？

评价研究现状包括三点：一评人，二评书文，三评事态。评价用词一般是先肯后否，当肯定则肯定，当否定则否定，否定时用词不必过狠、不留余地。尤其是对见仁见智的问题，对自己把握可能不准的问题，下判断宜谨慎，不说过头话，不妨多用模糊点的词，如“也许、可能、或能、或因”等。不过，总体上否定比例大于肯定，因为否定或部分否定是科学的精神，要否定但不能过分和绝对化，千万不要贬低前人或别人的成果，过于吹嘘自己；“非常、极其”等词要慎用。

评人的原则是：一视同仁，不能因人而异，尊重甚至吹捧名家权威，而对普通学人则毫不留情，因为人们习惯于对代表人物予以肯定，对无名学人敢于否定。评书文的原则是：肯定不拔高，否定不打击。对成果的评价是主要的，即使肯定也一定要恰如其分，如“填补空白、开创了、第一、首先”之类的用语一定要查证，尊重同行评价。评价事态原则是：整体把握，指明趋势。事态是事情的状态，事态评价是对国内外研究发展的主要脉络、发展路线、未来走势等做出如实的评价和可能性发掘。

151 如何建立评价用语表？

评价性词语主要有形容词、副词、动词、名词等；主观色彩大致又可分为褒、中、贬三类，表中不按此分类，只按词性分类。（详见表 22）

表 22　简评常用评价用语

形容词性用语	副词性用语	动词性用语	名词性用语
表性质类，如粗细　大小　等次　敌友　对错　繁简　非常　广狭　贵贱　好坏　合理　灵活　强弱　亲疏　全面　荣辱　深浅　生熟　松紧　虚实　远近　真假　主次等次类。	表疏状类，如比较　必然　不止　彻底　大多　大概　第一　过分　或能　或因　可能　稍微　甚至　首先　完全　相当　向来　也许　一直　至多　至少　最等次类。	表心理类，如鄙视　并重　反对　反省　顾及　关注　计较　理解　漠视　平衡　同意　拥护　重视　赞成　置之不理等次类；表行为类，如开创　填补等次类。	表性能类，如榜样　关键　利弊　实质　优缺点等次类；表意识类，如成见　创见　观点　偏见　先见　异议　卓见等次类。

说明：1）因词语较多，不能一一罗列，仅列出类别，可查相应的同义词词典。
2）另外可参见表 35 的创新用语。

参考示例 144—145　简评

参考示例 144

1.2 国内外简评

1）近年来国内学者对文化关键词特别是文化词的英译关注较多，多角度进行理论探讨，鲜及俄译；
2）文化关键词的翻译研究相对薄弱，西方的文化关键词研究历史虽久，但较少涉及其翻译研究；
3）虽然俄罗斯从 20 世纪 50 年代开始关注民族特有事物词汇的外译问题，但成果较少且不成系统；
4）语料库翻译学注重描写和实证，借此宏观和微观考察文化关键词俄译规律及其模式者尚欠充分。

参考示例 145

> 1.2 国内外简评
>
> **国内研究** 为课题提供了史料和方法借鉴，但：1）整体上有史无鉴，选题缺乏对现实问题的思考；2）重史轻论，忽视对翻译事件或翻译思想内在联系的理论阐发；3）个案为主，全局性翻译纲领缺席；4）材料雷同，需拓展选题与史料；5）以西观中，夸大了西方文学和译论对晚清翻译现象的解释力。
>
> **国外研究** 关注晚清译者及其译作对中国文化现代转型的作用，但：1）基本将“翻译”广义理解为“转换”；2）仅挖掘译者、译作和译事的思想史价值，较少进入语言转换层面谈论翻译；3）研究者多以西方历史或理论为研究视角或评价标准，观点难免有失客观公正。
>
> **走出上述困境需要转换研究视角。**本着“借古鉴今，服务智库”的宗旨，课题认为国家竞争实力最终取决于国民综合素质，如何提升国民素质应是翻译史研究的目标之一；国民性思考是晚清翻译界的内在纲领，应作为独立研究对象进行系统深入阐释，以此为当前以人为本的文化强国战略提供历史支撑和经验总结。

（八）国内外学术动态*（2021 年起略写）

152* 述评如何略写？含哪些要素？“述”“评”又占多少？

新变化也是评委关注的新重点。“国内外相关研究的学术史梳理及研究动态”是研究的起点与基点，本不该略，但要求略写，就不能减得过多；换言之，减得过多，会因简而陋。学术动态略写，不能删减构件式内容，即不能绝然删除某部分，而只能是各部分按比例整体式缩减。

学术动态本身可分出国内、国外、学术史梳理及研究动态，据第 124 问，“学术史梳理与研究动态”实为“述评”，因此题意实际所指涉及三种：国内综述、国外综述、简评，其中述主评次，国内国外之比应具体选题而定。因此，这三大要素均要相应缩减。

“略”的总对策是：加大面，减少点，即每个研究领域先要有文字概括性交代，简练而高度概括，在段首起引领作用。后面再附之以主要代表人物及其观点。以小四号字计，国内外综述约 1000 字，内外比例据实调整；如图 7 的国内学术动态 749 字，相应的国际学术动态一般会少于国内，400 左右为宜。简评约 300 字，如图 17 总评式简评连带标题与内容总共 312 字。

1.3 国内外研究简评

1）武术文化典籍译介亟待研究 当前武术译介内容多涉武术本体，对武术文化的哲学思想、养生医学、武术典籍文献的译介与传播等缺乏研究，武术外译话语尚未形成完整的系统。

2）武术外译国际化需定标准与规范 当前武术外译研究多集于翻译方法、原则、策略等方面，译语缺乏统一标准，死译硬译现象突出，译介传播效果不佳，缺乏国家层面的翻译规划。

3）武术外译话语体系构建需跨科视野 近年来，武术国际话语权及国际传播能力研究多限于体育领域，融合语言学、翻译学、传播学、宗教学、哲学等跨学科研究亟需开拓。

4）武术外译话语体系构建亟需理据 现有中国翻译话语体系构建处于初始探索阶段，其下位的中国武术外译话语体系构建尚无成型的理论框架，这一框架将贯穿本研究的全程。

图 17　国内外研究简评（总评式）

153* 综述要求略写后，国内外分写与合写，哪种更好？

学术动态不分国内外，而是按研究问题将国内外文献合起综述，这种述评不是不行，也有综合突出问题意识的优势。但是，这种写法有时会失分。比如，评委欲知你对国内了解如何，如何满足国家所需；欲知你对国外了解如何，是否了解国际前沿，怎么办？

更重要的是，通过内外两分，你会各自从几方面归纳，有比较才有鉴别：国内强，国外弱，应保持领先地位，要再接再厉，应得到国家支持；国内弱，国外强，应奋起直追，更应得到国家支持。同样，只有对比，评委才能看到最新的差距。差距就是国家应该弥补的空白，空白足以反衬你的选题价值。正因为如此，才更需补写题中未明文要求却是应有之义的“简评”。否则，看不出优劣，见不出高低，比不出强弱，研究怎能彰显价值？！

154* 综述略写走向概略化？综述为何要面中突出点？

学术动态略写总原则是述主评次，综述与简评又要各自相应求简明。总体而言，国内外综述，一般是对国内了解较多，也较容易，特殊情况除外。因是社科研究，最终是为国内服务，所以理论上要求瞄准国际，深知国情，服务国家。相对而言，一般性选题多半是国内综述略多于国外。

国内与国外内容占比可能是五五开、六四开、七三开、八二开、九一开，或相反。极端情况是九九一开，即国内或国外几乎无人研究。因要求略写的前提下，国内外各自更强调内涵式总结与提炼，是诸多成果思想观点的浓缩，而非常见的简单列举；是鸟瞰，而非散视。因此，不仅仅是文献量的缩减，更多是内容的浓缩，少说点，多呈面，不啰唆。少做整点的删减，多做散点的归并与浓缩。此时此刻的语言也是近乎近代汉语，至少是简明的表达，不许拖泥带水。如图 7 所示，更可细读例 178。

155* 综述各级标题如何朴实出华？要不要显倾向？

所填内容既有面式的内容，又有线式的标题，最能方便评委捕捉信息。三四级朴实的标题既显领域，又含思想，具有带路效果，能实现标题的标引目标。

整个申报书虽说以叙述为主，文风尚实，若能朴实出华，给评委看最想看的点，岂不更好？！因此，综述内容宜点化或条目化，宜标题化。这些标题平行而列，至少可以反映国内外研究取得进展的领域，如例 177 的申报书样本，又如图 7，其国内学术动态中 4 个三级标题明确带有倾向性，且不断增强，如“外译研究发展脉络”“外译实践存在问题”“外译传播障碍问题”“话语体系尝试构建”都是比较实际的内容，而“存在问题”“传播障碍”“尝试构建”又带有观点，含有褒贬观，会给人产生鲜明的印象。

更重要的是四级标题最好带观点，显得更生动具体。如图 7 中第一研究领域之下，三个标题“中国武术外译的历时转向”“武术译介与传播范式转换”“对外武术话语体系初步探索”，其中“历时转向”“范式转换”“初步探索”都带有历史感，与“学术史梳理及研究动态”的要求高度契合。

156* 百家思想如何概括？概括语出现何处？点如何代面？

因要略写，合并量加大，个体数减少，更忌多用一人一条的罗列式综述。时段用得略多，时点即单个年份相对减少；善于用“等”，省略人、领域等内容。除用各级标题概括标引综述的类型性思想外，行文开头多用更具概括性的语句，如图 7 中 1.1.1 之下第二个小领域，段首合并了多个理论视角切入武术外译问题，而文献量只挑选了 2 条，重点是突出“范式转换”。再如例 178 的 1.1.2，用“理论、原则多为借鉴，以译法及误译分析为主”概括作为标题之后，段首又用一分手句“符号景观翻译研究形成了‘理论/策略/方法+实例’套路”，接着列举代表“40 余种理论涉及符号景观的目的（张沉香 2008；肖姝 2014 等）、文化顺应（曾庆南 2012 等）、语篇关联（承云 2014 等）、语言生态（岳中生 2014 等）、变译（谢丹 2017 等）等”，在所涉及的理论、策略、方法等之后用“等”，在每则理论或策略之中又用“等”，这样就可以点代面。

有时则需在某个领域综述的末尾作结，又如表 23 即图 7 中 1.1.1 之下第一个小领域，它重在呈现中国武术外译的时间节点，段末则概括这个时段的特点是口译，符合外译的历史发展与外译方式的特点。试比较表 23 左右两边，左边标题显得松散，可加入“武术”，点题；直接用“译介”挤掉水分，改稿就简明一些；而内容去掉了张莺凡的文献，因内容只涉及译，未涉及研究；同时进一步凝练了语言。

表 23 综述概括比较

原稿	试改稿
译介、翻译到对外传播的范式转换 《剑桥中国晚清史》中采用意译法介绍武术术语标志着国内武术翻译学术研究的兴起（张莺凡 2014）；翻译适应选择论、翻译美学等理论逐步应用于武术术语标准化和专业化、语言隔阂以及武术翻译策略和武术教学等研究；利用现代数字媒介及汉语桥、孔子学院等形态（李晓婧，2014；郭玉成，2013）的对外传播研究愈加广泛，但始终未形成系统的武术对外传播话语体系。	**武术译介与传播范式转换** 新世纪，翻译适应选择论、翻译美学等逐步用于武术术语标准化和专业化、语言隔阂、武术翻译策略、武术教学等研究；利用现代数字媒介及汉语桥、孔子学院等（郭玉成 2013；李晓婧 2014）对外传播研究愈加广泛，武术对外传播话语体系有待形成。

157* “动态”缺简评藏风险？简评如何更简？分评还是总评？

2021 年的活页仍未启用“述评”二字，仍有申报者未见“评”字而未作“评”。按学理讲，有综述无评价，动态把握是不完整的。更有甚者，边综述边评论，章法上杂糅，不利于国内外思想的分类陈述与评价。为什么一定要有评价？除第 144 问外，理由还有：无评价，无以显价值。综述与价值之间需要申报人指点江山，作出藏否，对未来作出展望，而这展望正是自己要做的方向。

试比例 177、178 中的国内外简评。现在要求略写，最好不再采用“总—分—总”复式写作，完全可以分为总评式与分评式。总评式分 1—4 点，将国内外一起评价，同时指出未来发展趋势，如图 17。而分评式则更具体一些，国内外各几点，概括性指出各自存在的问题，或含未来趋势。如图 18。

1.3 国内外简评

国内 语言景观研究已取得一定成果：**1）内容欠深** 对其概念界定、语用功能、语言文化特点、错误类型、例证以及翻译策略等内容上大同小异，但多重复，不够深入。**2）对象单薄** 主要以汉译英为主，俄语以及双语对比研究少，对语言景观撰写研究及模式提炼未见。**3）层次较浅** 主要分析某地某领域语言景观错误、误因及英译策略并做修正，少有理论探讨。**4）视角较窄** 多用某种语言理论分析景观翻译，取社会语言学角度者少。

国外 俄语国家语言景观研究滞后于我国：**1）范围待扩** 分析禁止类语言景观居多，语言景观的概念、理论体系、撰写研究尚无。**2）视野渐开** 主要取自文化学、言语行为理论等。**3）语种较少** 以俄、英、德语为语料，汉俄语言景观互译文献未见。**4）方法传统** 使用调查法、观察法，未见语料库方法。

图 18　国内外研究简评（分评式）

（九）价　　值

158 价值与意义何异？仅止于学术价值与应用价值吗？

2014年及以前，申请书的提示语有“选题的价值和意义”，当时有人就分述价值与意义，其实“意义”在此即“价值”。2015年，申请书将提示语改为“本课题相对于已有研究的独到学术价值和应用价值等”。三年来，不少申请人的确分述了学术价值和应用价值，这并不为过，但如此二分，少不少？二分之后，又各自可分出三四点及以上，多不多？

新的提示语是从学术性与应用性提出的，大致对应学术价值与应用价值。学术价值主要是对科学进步的贡献，应用价值主要是对实际生活、生产等领域有何用处，产生一些直接或间接的效益。但是在此之外，考虑到项目的功能或作用等，人文社科项目可能还涉及政治、战略、文化、历史、社会等方面的价值，可统称为“社会价值”，即人文社科研究对社会发展所做出的贡献。任何人文社会科学都是研究社会价值现象的学说，所以活页中“5. 预期成果”才专设了“预期社会效益”，其具体领域或有政治价值，或具战略意义，或有文化意义，或具历史作用，或产生道德影响，等等。

159 价值填写常见哪些问题？

价值填写常见问题有：1）受提示语影响，仅限于学术价值与应用价值，该写社会价值时而阙如；2）价值大谈研究领域，而非所研究问题的价值，王顾左右而言他，好比王婆卖瓜不吹瓜，大谈瓜田开何花；3）过于宏观，究竟有何价值，不明显；4）论及价值或意义，不免总是高大上，结果空虚泛；5）对课题价值强调过分、过高；6）过于细致，价值不突显；7）过于庞杂，一写就超过五百字；8）“填补空白、国内独创”等过多，夸大其词；9）价值体系不全，无层次，无重点；10）最大价值位次靠后，而非第一位，影响阅读与获取。

160 价值有哪三层级？与研究类型有何相关？

价值要分层，分层才可具体化，这是分类和具体化的良方。第 158 问不是反对分为学术价值与应用价值，相反是有必要加上“社会价值”这一大类，建立相应的独特价值体系：社会价值、学理价值和实践价值。例如，2016 年春，拆除小区围墙，中央政策定了调，具有战略意义；依法推进，则具有学科价值；方便社区管理和百姓生活，则具有实践价值。价值是预期的，只有定位准确，思路才能清晰，价值诉求才能到位。

综合类研究具有社会价值，注重全局性、战略性、前瞻性等，要在综合性、交叉性上下功夫，重在对经济建设有何贡献，如何促进社会发展等。基础类研究具有学理价值，注重基础性、开拓性、原创性等，如有何理论突破、思想创新等。应用类研究具有实践价值，注重针对性、实证性、对策性等，最好侧重于具体问题，实践如何可行，联系实际就有应用价值。

161 如何构建三级价值体系？

填写价值，有人常常无从下手。究其因，心中无稳定的价值体系。既然价值可分社会价值、学理价值与实践价值三级，就可往下再分小层，建立起课题三级价值体系（见表 24）。一旦申报课题，即可将其与本课题实际需要相结合，至少可取三层十五个角度，建立本课题的价值体系。如此一来，心中有数，价值一定会得以体现。

表 24　课题三级价值体系

三级价值		具体表现
高	社会价值	政治意义、战略意义、国家利益、文化作用、经济发展……
中	学理价值	科学价值、学科价值、理论价值、思想价值、方法论价值……
低	实践价值	应用价值、实践意义、经济效益、战术作用、实用价值……

由表 24 可知，社会价值从国家高端去思考选题的价值，要学会用战略思维、宏观视野和全局观念去准确捕捉微观问题，同时善于把微观问题提高到宏观高度，以小见大，反映国家意识与社会需求，供区域乃至国家经济建设与社会发展参谋与借鉴。

学理价值具有科学意义，对学科发展有奠基作用，对解决重大理论问题有推动作用，对思想的解放具有催生作用。

实践价值能解决现实问题，能活用理论于实践，能产生新的方法与技术，能指导实践顺利开展等；如《山区乡镇政权建设研究》基于一省及周边各省乡镇政府的实地调查，得出的结论可以向其他各省推广，颇具现实意义。

162 价值从何而来？如何突出其与历史和未来的关系？

研究的价值虽说可从 3 个层面、至少 15 个方面发掘，但是立于当下看选题的价值，可知价值来源有二，即前察历史，后观未来。

回望历史知兴衰，价值源于历史分析，即来自对国内外研究现状的述评。只有对文献及其得失进行全面、准确、深入、具体和简明的述评，才可明确选题的独特视角，进入研究价值的发掘，才可显出高于已有水平，才具立项的价值。可由述评自然导出选题的三大类价值，述评决定价值的续写。

展望未来知远景，价值源于未来预测，即来自对未来研究内容的价值预测。具言之，一是源于本课题国内外研究的发展趋势，二是源于自己的研究，因为价值是“本课题相对于已有研究的独到学术价值和应用价值”等。重在“本课题”，即本人的课题，因此价值来源于申请书的总体框架，甚至可与创新点对比思考，部分内容可入价值，部分内容可入创新点。但本人研究的价值切忌空泛、自吹自擂，给人印象应该是：立于旁观而不为所察，发自主观而显得客观。

163 价值如何顶天立地？如何高处着眼，实处入手？

立意高，写得实，是价值阐述的追求。既求高度，又求低度，梅开二“度”，上下追求！价值如何既就虚，又就实，这既要眼界，又要眼光。就虚，即力求抽象概括，但写法上可以虚义实写，往实处写，不能因为意义或价值具有抽象性，就写得空泛。

如何往高处看？选题价值要深刻，要高大上，必须突出本课题与已有研究的区别与优势，向政治意义、战略意义、国家利益、文化作用、经济发展、科学价值、学科价值、理论价值、方法论价值等方面分别提升，彰显申请人的科研特区对时运国策、科学进步和学科发展的贡献。

如何落在实处？选题价值要管用，要接地气，就要理清本课题与经济建设、现实条件、实践操作的横向联系，在思想价值、应用价值、实践意义、经济效益、战术作用、实用价值等方面分别挖掘，彰显本课题满足现实需求、解决实际问题的种种效用。

164 价值表述如何排列利于评？

价值可以成段表述，但段内需有分层标志，如分号、序号“1）、2）、3）”或“第一、第二”等语篇衔接手段，也可以成条成行表述，以便更好地显出层次，方便评审。

确立本课题价值体系后，可按高、中、低三级由宏观到微观排列价值，这是中规中矩式设计。但是，并非每位评委都清楚高中低三级价值体系（见表22），而价值体系中通讯评委最为关注最想抓住的、可助你入围的价值便是最重要的价值；若能一眼看中最重要的价值，终审评委可直接提取用于推荐，则极利于为你立项。因此，可以不按价值体系序列，而按重要性序列自上而下地排列，即打乱价值体系，依据课题的理论研究、应用研究和综合研究三类项目的性质，将最重要的价值上置，次要者随后，依此下排。

三级价值体系包含15种以上的价值，从中分层分别选择2—3个最能反映课题的价值，共6—9点，再按重要性重新排序，最终选出前4—6点分行排列。各点之间可用分号，最后一行用句号；4—6点价值排布呈梯形，也可呈矩形。（详见例146与例148）一般而言，最重要的价值可占两行，其他价值可占一行，数量即分量，因此，要求思精言简。

若能精益求精，更方便评审，还可对价值进一步提炼成3—5字的标题，上下对齐，让评委一目数行，一眼看明。（详见例148和例177）当然，如果申请人担心评委死扣提示语，仍可按例147分两大类排列，可将社会价值纳入学理价值。

165 如何建立价值用语？

表达课题独到的社会、学理和实践价值的用语因人而异。表25所列价值用语仅供参考，如何排列组合，权在申请人。

表25　课题三级价值用语

类型	例词例语
动词性用语	阐发 阐明 澄清 促进 催新 发掘 发现 反观 分清 符合 巩固 构建 构筑 夯实 加大 建立 践行 揭露 揭批 揭示 扩大 厘清 理清 另辟 深化 提倡 提供 透析 拓宽 拓展 挖掘 完善 重构 做好 做强 有助于……
形容词性用语	大 小 快 慢 新 旧……
名词性用语	本体 本源 规范 机制 价值 需求 意义 源流 源头 战略 证据 政策 政治 显示度……

说明：1）因词语较多，不能一一罗列，仅列出类别，可查相应的同义词词典。

2）还可参考表35的创新用语。

参考示例146—147　价值

参考示例146

1.4 学术价值和应用价值

学术价值：

1）利用语料库技术优势，考察文化关键词俄译特征及规律，为文化关键词翻译研究提供新视野；

2）注重实证研究，从大量翻译事实出发，弥补传统文化关键词翻译研究的主观性和片面性缺陷；

3）采用统计分析法考察词汇翻译规律形成的内在机制和动因，提高翻译研究的科学性和阐释力；

4）文化关键词俄译的语料库实证研究从宏观上描写文化交流及译介模式，推动文化翻译学研究。

应用价值：

1）对大量文本语料进行系统研究，能够发现新的翻译现象，为译者翻译文化词提供新的思路；

2）通过基于语料库的翻译文化词语言特征研究，可重构文化词翻译规范，指导译者翻译实践；

3）提供文化词俄译的具体翻译策略和方法，帮助译者提高文化词的翻译效率，改善翻译质量；

4）提高文化词双语词典编纂质量，用于教学可提高翻译教学质量及翻译专业人才的培养质量。

参考示例 147

1.4 学术价值和应用价值

- 国民素质关乎国家形象与综合竞争实力，也是当前社会热点问题，课题可为翻译研究如何提升国家软实力、实现中国梦提供个案实践；
- 总结晚清翻译界将异域学术和文学作品中国化、时代化和大众化的经验，为当前国民素质和国家形象建设的“翻译”之道提供理论和实践参考；
- 再现翻译界如何导引晚清普通民众完成从天朝臣民到民族国家国民的身份和思想转变；
- 理清“前现代”语境中翻译界的国民性思潮如何促进或体现晚清社会结构的调整与知识结构的转变；
- 深化翻译伦理研究，迄今尊重作者的忠实性伦理和尊重其他文化的差异性伦理都忽略了译者的社会责任，课题回望晚清翻译界的光荣与梦想，强调译者在翻译职业化和商业化背景下兼顾个人伦理和社会伦理。

参考示例 148　选题依据

1. 选题依据(国内外相关研究的学术史梳理及研究动态；本课题相对于已有研究的独到学术价值和应用价值等)

对翻译腔/体关注由来已久，多集于国内，汉外两界有侧重；国外多论其他语对，偶涉外译汉。

1.1 国内学术动态

1.1.1　性质优劣判定　汉译语言是常批的对象，形成了褒中贬三类意见。**1)评判观**　五四前后至20世纪50年代，翻译腔引起广泛关注，多是价值评判，如胡适、钱玄同、傅斯年、鲁迅、瞿秋白等多论态度，做批评，提建议，以改造白话文，构建新文学语言。**2)贬义观**　理论上金堤与奈达1984年较早用“翻译体”译tanslationese；1999年刘宓庆将其定性为贬义：充满斧凿痕迹，不为人待见，是不顾双语差异、语表机械对应转换的结果；2005年牛新生重识翻译症：译文偏重词层对应，违背译语习惯，生硬拗口，晦涩难懂，甚至意义失真。**3)风格观**　1999年何三宁定翻译体为风格，是原语文化的传真；2006年程熙旭认为翻译体是某一时期的产物，具有历史性；2007年王建丰指出翻译体属于语言常态，有别于创作体；2008年朱一凡则认为是受翻译文学影响产生的新表达方式和句式的总称；2009年杨普习等将翻译腔/体合定为风格。**4)辩证观**　1986年孙致礼认为既要保存洋味，又要避免洋腔；2001年吕俊将翻译腔功用一分为二：破坏译语风格，却能引介新词语、改进表达；2002年林玉鹏确定翻译腔属于偏离了译语共核的有标记文体；2005年倪红艳认为翻译体有助于认识汉语。

1.1.2　现象描写批评　国内对翻译腔/体/症有所认识(杨普习等2009)，但多批翻译腔。**1)汉语界描写**　汉语欧化语言学研究始于且集于王力，20世纪40~50年代他描写了五四以来种种欧化语法现象，如复音词创造、系词增加、句子延长、可能式、被动式、使成式、语法标记、联结成分、替代法、插入法、称数法、无定冠词、词序等，观察比较系统，描写符合事实，兼论外来影响的途径、限度等；1959年《五四以来汉语书面语言的变迁和发展》涉及汉语词汇和语法受印欧语和日语的影响；1987年朱德熙批评主语过于欧化；2003年《规范语言学探索》基本未涉汉译。**2)译界个案批评**　批评多见于单篇文章，基本认为翻译腔/体/症只顾逐词逐句扣原文，忽略汉语特点与习惯，结果晦涩、费解、不自然、不流畅、生硬枯燥、佶屈聱牙，甚至不知所云，主要表现为复杂词组、长句、复句的翻译等，最具代表性的是20世纪60~70年代起余光中、思果等对上述现象的批评，后集于《余光中论翻译》、《翻译研究》等。后来，众多学者研究词典、教学、译作中的汉译腔/体，以罗列+批评为主；20世纪80~90年代研究无大进展。**3)译界研究集成**　21世纪以来，研究成果开始集于教材和词典，如2003—2004年孙致礼、王治奎等分析过翻译症，要力戒翻译体：语言不通、照搬字典、死扣语法、照抄语序、生吞活剥、因袭标点、违背汉语规范、败坏读者兴趣、引人入歧等；1997—2011 年《中国翻译词典》等数部辞书吸收成果，收录了有关词条。

1.1.3 语料库之实证 **1)翻译共性研究** 2005 年最早由柯飞、胡显耀等引介，2006 年王克非首提“语料库翻译学”，2012 年推出《语料库翻译学探索》，涉及翻译共性、汉译宏微观特征研究。国内研究以验证性为多，汉译个性研究少；共性研究量上依次为显化、规范化、简化、整齐化(刘泽权 2010；秦洪武等 2014 等)。**2)汉译个性研究** 主要涉及汉译微观语言特征描述，如词汇层的名词、连词、人称代词、词汇密度/常用词、词汇特征等(胡显耀 2010；肖忠华、戴光荣 2012 等)；句子层的特定句式或结构、把字句、被字句、so...that...结构、长定语、结构容量、句段长度、语法标记、话语重述标记等(胡开宝 2011；秦洪武 2010 等)；篇章层涉及少，如衔接手段等(黄立波 2008 等)；王青(2011)与李颖玉(2012)探讨了外来词和语法层的欧化翻译、译与作中的译者风格，提倡取其积极，剔其消极。2009 年汉语界贺阳通过历史语料库比较辨别了具有代表性的汉语固有与舶来现象及其欧化的影响。

1.1.4 解决对策设计 为警惕原语负迁移，避免翻译腔，学界提出了：**1)词汇层对策** 多论词语汉译技巧，未明确规范层面，如 2000 年范万军涉及母语纯洁，提出能意译则不音译，更不要直接掺杂字母词等。**2)语法层对策** 研究较多，如提倡意合除腔法(王正良 1998)；同构成分、冠词、代词汉译可省(刘世芳 2005)；打破英语原有结构，按汉语造句规律和习惯重组(李丛竹 2007)等。**3)语篇层对策** 研究较少，讲究语篇意识，重构语篇，如以腔/体明显的新闻语篇为例，主张重调衔接手段，以避翻译腔(曹志建 2007)等。**4)综合层对策** 从文化、习惯、逻辑、视点等入手阐述破除翻译腔的对策，如不能照搬词典、功能词、语序、表达式等，要克服片面认识，重视语词语法语篇的比较和审校等(孙致礼 2003)；要求认清双语差异与汉语规范，提高汉语语感与表现力等，以存异国情调(王治奎 2004)；申请人 2009 年曾专论最佳汉译之法。

1.1.5 腔/体成因解释 2012 年柴秀娟评价腔/体研究：概念不定，混用严重，研究薄弱。究其因：**1)转化错位** 2007 年高雷区分翻译腔与异化的关系，呼吁重视英汉对比；2006 年叶小宝将翻译症分为欧式与中式，认为语际转化时语表结构与深层思维割裂诱发了翻译症。**2)策略失当** 翻译腔由直译失度和双语差异所致(刘重德 1998)，翻译腔拘泥形式，忽视交际，缺乏语篇意识(牛新生 2005)；2006 年程熙旭则否认直译导致和等于翻译体等。**3)多角缺失** 21 世纪以来，从翻译学、语言学、哲学、认知科学等角度广泛研究腔/体，如谢耀基(1990)着力于欧化语法的成因与规范；苏金智(1997)、石定栩等(1999，2003)、吴东英(2001)等考察了港台汉语受英语影响产生的变异，部分涉及成因分析；章磊(2004)探讨思维模式与跨文化交际是翻译体存在的理由；译文具有杂合特征，原因多样(韩子满 2005)；针对汉语危机，2008 年潘文国从历史、社会、政治、文化、翻译、语言和哲学等方面分析了原因，提出了对策与建议；2009 年胡卫平识得翻译的异质，与季可夫认为它能赋予翻译与创作以新鲜感和异国情调；朱一凡（2012）年认为忠实原则滥用、缺职业道德、语感缺失等造成欧化，误读和吹捧异化滋生洋腔怪调。

1.2 国外学术动态

1.2.1 贬义倾向 translationese 产生于 20 世纪 30 年代之后，后缀-ese 含有贬义；1969 年 Nida 定其为不自然的译语，违反了语法语义；1988 年 Newmark 认定其为理解不当的直译；1993 年 Baker 视其为异常的语言特征分布，2009 年编《翻译百科全书》时未收此条，涉及时均指其负面：直仿原文，出自劣译。

1.2.2 中性倾向 20 世纪 80 年代起，研究从应然走向了实然，实描译语现象，对其态度由负面转向中立。translationese 日趋中性，专指翻译特有的语言(Puurtinen 2003)。1993 年 Bake认为它与 translation universals 不同，前者属于异常，受原语干扰所致，后者则是典型的译语特征；Schmied 与 Schaffler(1996)以及 Balaskó (2008)认为后者是前者之一种。此后，翻译结果即译文的共性日益得到广泛研究。

1.2.3 成因问题 翻译腔/体的成因，翻译与汉语两界认识不同：**1)译界重转换** 翻译腔/体是因为过分追求形式对等(Nida 1969)、原语干扰或照搬词典释义(Newmark 1988)、语际转换或过度运用翻译策略(Schmied and Schaffler 1996)、原语与译语抗衡(Balaskó 2008)。**2)汉语界重接触** Li (1962)讨论了1949—1959年汉语新语法现象，认为词缀构词法发展、缩略语运用以及某些新兴表达并非欧化结果，却与之有关；Kubler (1985)的研究重在语言接触理论探讨；Gunn(1991)仔细描写了某些受外语影响的汉语现象及其产生的年代；1997年马西尼著书重点研究借词、译词、新词的引进与创造对现汉词汇形成的影响。

1.3 国内外简评

国内 1）20世纪研究观察欠充分，描写欠精密，多重复，规律性不强，方法多为主观定性式；
2）五四以来研究多为词句正误个案例证，欠深细，有时汉译腔/体真伪难辨，欠辩证研究；
3）汉译腔/体本体未见客观系统研究，因缺理论阐发而少理据论证，容量小，难以全面研究；
4）文革后汉译腔/体研究多循"提出—分析—解决"问题模式，贪大求全，大而无当而乏新意；
5）译界重规范正误，汉语界重描写与解释；语料库定量关注翻译体多于翻译腔，解释有待加强。
国外 6）翻译腔非研究主流，被翻译共性所掩；重理论解释未及细节，涉及外译汉不多；
7）translationese概念界定偏颇，成因研究受限，缺小题大做，本体更缺宏观系统研究；
8）对间接语言接触影响某一语言系统，目前缺乏深入研究，类比语料库研究成果尚不多；
9）基于语料库的翻译共性研究推动了翻译研究进展，需加大阐释深度、增补翻译过程研究；
无论国内国外，翻译过程、口译、机译、汉外界合作等与腔/体的关系及整体研究比较匮乏。

1.4 独特价值

1）国家战略　利用语料库研究汉外语言接触中汉译规范，符合国家语言规划战略；
2）译学建设　从翻译本质与翻译过程考察腔/体，透析其产生机制，可夯实译学研究；
3）跨科贡献　腔/体辩证研究可为汉语规范理清源头，为规范理论构建另辟一大新天地；
4）本体发掘　发掘翻译腔/体现象的本质，由现象到本质，揭示其特性，以反观双语的本体；
5）现实应用　描绘腔/体关系区间，为汉语发展与汉译规范建立连续统，促进语际接触规范；
6）实践操作　分清腔/体，理出固有与外来现象，有助于汉译的守规与超规，译出美丽的汉语；
7）方法催新　借语料库推动定性与定量相结合的科研方式常态化，为译论带来新发现与新解释。

（十）项目同比新进展*（2021年起新增）

166* 增设"新进展"意欲何为？题意如何才更简明？

为何增设"相对于国家社科基金已立同类项目的新进展"？或是因为此前申报者太多，或是为了助力评委抓住你超胜之处。

不论怎样，增设"新进展"，至少要求申报者：1）不仅要了解书文，还要了解项目，形成良好的学术生态；2）自我查重，关注同类立项的进展，找出不同点，避免重复研究；3）减轻评委与全国哲社办的工作量；4）若有同类项目，找到可比项，尤其点明所缺项，重点突出自己的强项，让评委信服； 5）在学术史梳理、价值之后交代，以突出新进展，比同行更推进一步；6）更加突显选题自身的价值。

所增的“相对于国家社科基金已立同类项目的新进展”语义清晰，但欠简洁，不妨简化为“项目同比新进展”。

167* 新进展包括什么？获悉渠道有几条？追往昔，多少年为好？

要想获得相对于国家社科基金已立同类项目的新进展，包括获批者、项目名及其内容等，相关信息获知大致有 6 条途径：1）国立同类项目的名称由全国哲社办网站可查，据题可猜关键词及关系，初步提炼其思想。2）以获批者姓名为主，以项目名（小心有变）为辅，查其所在单位（如高校、社科院等）网站宣传的获批信息，最好是查得开题信息，会获得主要内容。3）以获批者姓名查文章或书目，以 CNKI 查其文章或通过网站查其出版信息。4）以项目名查主持人和成员公开发表的文章，主要作者不一定是获批者本人，可能是其学生或是合作者。5）以项目名查结项消息，结项常作为喜讯报道。6）依名索人索项，依项索人，依人索文；或靠个人友谊追踪联系到人，或找到单位，请教项目完整的内容。

国家自 20 世纪 90 年代开始设立国家社科基金项目，已 30 余年，为时还不算长，因此可追溯的立项时段就是 30 年左右。

168* 同类项目如何把握度与量？所写的点数、行数、字数如何调控？

从立项原则看，“相同”的项目不能立，可立者是同类或类似的项目，即大类上相近的项目。因此要拿捏好“同类”二字。以此为据，可以推断，该题的本意或初心是：要求申请者衡量自己与此前已立项目极似、相似、相近、相交、相关等“相 X”关系，极其相同到极其不同，是一个连续统，通过各种手段从中找出同类项目，再排序，一般选前三。若是可选项少，自然好；多，也只排至第三项。这才能显示同类或相关性，一般相关或相联不必写出。反正同类是模糊词，一般相关项多写于己不利。即便无同类项目，也要写明，别让评委觉得你糊弄人。

若与同类项目比较，要写出相应的新进展，字数约 300，少则 160，多则 320。会涉及要点数量、每点所占的行数与总字数，三者可形成多样的组合关系，详见表 26。

表 26　新进展撰写的点数、行数与总字数关系

<table>
<tr><th>方案</th><th>所设要点数</th><th>每点所占行数</th><th>每行字数</th><th>总字数</th></tr>
<tr><td>1</td><td>4</td><td>1</td><td rowspan="13">40</td><td rowspan="2">160</td></tr>
<tr><td>2</td><td>2</td><td>2</td></tr>
<tr><td rowspan="2">3</td><td>1</td><td>3</td><td rowspan="4">200</td></tr>
<tr><td>1</td><td>2</td></tr>
<tr><td rowspan="2">4</td><td>1</td><td>2</td></tr>
<tr><td>3</td><td>1</td></tr>
<tr><td>5</td><td>3</td><td>2</td><td rowspan="2">240</td></tr>
<tr><td>6</td><td>2</td><td>3</td></tr>
<tr><td rowspan="2">7</td><td>3</td><td>2</td><td rowspan="4">280</td></tr>
<tr><td>1</td><td>1</td></tr>
<tr><td rowspan="2">8</td><td>2</td><td>2</td></tr>
<tr><td>3</td><td>1</td></tr>
<tr><td>9</td><td>4</td><td>2</td><td>320</td></tr>
</table>

169* 第一题提示语有歧义？有几解？“展”新方案有三套？

据图 1 理解，按标点，分号隔开的是动态与价值，新进展紧随价值，似乎首先可归入价值。而按语义，新进展涉及同类项目的动态，属于研究范畴，也可归入动态。因此，新进展既可单独进入前二者，也可与动态和价值并列，分号在逻辑上骑墙，比较模糊，导致各种理解，会有不同填写方案；因此新进展的归置至少有三套布局，见表 27。

表 27　依题意设计新进展的布局

方案 1	方案 2	方案 3
1.3 国内外综评 **1.4 独特价值** **1.5 项目同比新进展** 1）有……	**1.4.1 理论价值** **1.4.2 应用价值** **1.4.3 项目同比新进展** 1）有……	**1.1 国内研究动态** **1.2 国外研究动态** **1.3 项目同比新进展** 1）有……

方案 1 将新进展放在“1.4 独特价值”之后，设为 1.5，与前面的内容形成序列；方案 2 将新进展视作价值的内容，在理论价值与应用价值之后增设为 1.4.3；方案 3 将新进展视作综述的内容之一，设为 1.3。

170* 新进展旨在报告什么？重心坐于何处？

针对新进展，有人大量介绍已立项目，成了旧识推介。本题初心是基于旧题告诉大家自己为何拟新题。因此报告的重心在于如何依旧出“新”，已知何以推出“未知”，在于一一道明新识，比较过往，看到未来。换言之，新进展不可过多报道同类项目的旧信息，而是新信息，详见下述两问。新旧信息之比以 3∶1—2∶1 为宜，至少是 1∶1。整体上采用“已立篇名+新进展”分写模式，前为旧知，后为新知。请见图 19。

1.5 项目同比新进展 同类项目已立 3 项：1）构建和谐民族地域文化与奥运背景下的新疆公示语翻译现状调查与对策研究；2）“一带一路”语言景观汉俄比译模式化研究；3）“一带一路”背景下西藏自治区语言景观规范化建设研究。前者分析了公示语英译错误及对策，中者探讨了景观比译模式，后者讨论了双语和三语景观的合法性与规范性及其英译。与其相比，本项目新进展为： 1）深化“一带一路”俄语段急需而俄语界偶涉的对外符号景观译制研究，为国献策； 2）突显符号景观译写与制作机理，重在融合二者，以求汉俄符际景观译制整合出效； 3）新增符号景观制作跨科内容，添加非语言符号，纳入新元素，以拓学界与业界视野； 4）加大变译机理研究，破解文化供需矛盾，深化全译机理研究，扩至翻译研究全视角。
1.5 项目同比新进展 同类项目已立 2 项：1）构建和谐民族地域文化与奥运背景下的新疆公示语翻译现状调查与对策研究；2）“一带一路”语言景观汉俄比译模式化研究。前者分析了公示语英译错误及对策，后者探讨了景观比译模式。与其相比，本项目新进展有四：
1.5 项目同比新进展 同类项目已立 2 项：1）构建和谐民族地域文化与奥运背景下的新疆公示语翻译现状调查与对策研究；2）“一带一路”语言景观汉俄比译模式化研究。与其相比，本项目新进展有四：

图 19　新进展中新旧比例调整比较

图中上部是原稿，新旧比例几乎是 1∶1，3 个已立项目加逐项简评，已是至简了，但旧知信息仍占比较大。中部删除了相关性略小的项目 3 及其评价，已显抑旧扬新之效，整体效果最终可参见例 178，新旧比降为 4∶3。下部的比例为 2∶1，将 2 个已立项目的评价删去，减弱评价成分，部分评价潜入下面四点的“新”与“进”。

171* 新进展“进”在何处？如何显超胜？

新进展要比已立项目先进，能更上一层楼，宜用比较级表达。为显示先进，先得立比较的对象，即已立项目，列出篇名即可，其书写模式见上一问。

比较结构必然涉及被比较项、比较项、比较词、比较点、结论项五要素，比较项一般是本选题，被比较项一般是同类已立项，比较点千差万别，比较词也是多样，可形成三种比较模式：

1）同类立项+比较词+本选题+比较点+结论项

2）本选题+比较词+同类立项+比较点+结论项

3）比较词+同类立项，本选题 +比较点+比较词+结论项

三类模式中，据上一问，结论项为主，占幅较多，其他为辅。其中，比较词可是动词，如“胜”等，也可是连词“不如”等，可是介词“比”，也可是副词“更”等。结论项有时蕴涵于比较词，如“好”可蕴涵于“不如”，有时可单显，如“新颖”“全面”等。比较点可隐可显，如“挖掘比较深”隐去了比较点“挖的深度”，加上“深度”是完型，完整却成赘瘤，不如隐去而显空灵。有时，因前面有所交代，一定语境下连比较项与被比较项也可省略，即“本项目”“同类立项”等字眼不必处处露脸，只需呈现其他几个要素。如图 20。

1.5 项目同比新进展

近……年，同类项目国内已立……项：1）……；2）……；3）……。与其相比，本课题：

1）评价内容更全面……；

2）涉及范围更宽广……；

3）研究方法更多样……；

4）内容体系更多维……；

5）理论视角更新颖……。

图 20　新进展显“进”式方案

本图活用第三种比较模式，比较了拟选题与 3 个已立同类项目，取内容、范围、方法、体系、视角 5 个比较点，用了比较词“更”，结论在小标题中体现为“宽广”“多样”“多维”等，每点之后再展开一行，详尽地展出“进”在何处。

172* 新进展“新”在何处？如何寻找出新点？

“新进展”与“创新之处”前呼后应，或有重叠，换言之，也是从综述与价值角度的自我肯定，从创新角度先期发声，因此可与创新之处互为参照，又要区而别之，以防重复表述。请看第 239—243 问，从三大领域、五条来源、至少十二

个视角查找新进展，选其前 4 个重要的视角，再逐一陈说。可将十几个方面当作比较的视角，观察得出“新”之所在，3—4 点即可，每点至多2行。如图 21。

> **1.5 项目同比新进展**
> 1）从学科看，已立……项，……项无学科显示，其余有……项属于……学，……项属于……学。
> 2）从整体看，本课题主要从……理论、采用……方法、由……切入，此前项目不曾涉及。
> 3）从议题看，……在……方面扩大体现了新视野，取……为新方法，欲做……理论的新探索。
> 4）从……看，……

图 21　新进展呈“新”式方案

由图可知，整个新进展之“新”取自 4 个方面，由高至低，由整体至局部，由外至内依次陈述。比如学科视角，还可换写为“……项横跨……学”“查无……学方面的研究”等。还可参照上一问，与已立的 1—3 项对着展“新”，尤其是已立 3 项时，就分条列出项目名，再直接点出比其新在何处，针对性可能更强。这样列出三项比较，每项 2 行，也显得针对性与坐实程度更高。

（十一）研 究 内 容

1. 对　　象

173 对象也遭误解？课题论证为何始于对象？

项目的对象指项目研究作为目标的人、物或事件。对象在此可以是人，也可是物及其二者的关系，还可以是事件。三者关系是：人或物可单独成为研究对象，人与物、人与人、物与物发生行为关系又可构成事件，更能成为研究对象。换言之，对象多是名词性结构。例如，选题“佛教逻辑研究”的简明对象是“佛教逻辑”，具体对象若写成“考证藏传因明译著、专著及译者、作者的因明思想及其特点”，会与“研究目标”写法相似，不妨改作“藏传因明译著、专著及译者、作者的因明思想及其特点考证”。

2015 年增设“研究对象”后，也见有申请人把对象仅仅理解为人，生拉硬扯地写出了“人”或“人群”，实属误解。当然，对象真是人时，还得写人。与“研究对象”相关的问题还有：1）不明确，漫无目的；2）外延过大；3）内涵过小；

4）界定不清；5）表述不具体；6）对象弄错；7）等同于题目去掉“研究”之类的标记词；8）把偏正短语表达的对象写成了动宾短语表达的目标。

报项要有项目观。项目观，即“观项目”，是申请人对项目总的看法和根本观点。项目观主要解决选题对象“是什么”的问题，2015 年新版申请书的“研究内容”开篇要求谈“对象”，是一大进步，因为的确有人对所研究的对象并不明了甚至出错，导致后面的论证跑偏。对象是研究所瞄之“的”，课题名称就是要一语中“的”。好比语言学要研究语言，文学要研究作品，翻译学要研究翻译，管理学要研究管理，本是不言而喻的，可实际并非如此，研究中忘“本”失“的”者常有。譬如网上就有人问：“‘新常态下我国经济发展方式转变研究’的对象是什么？”有人迷茫：“农民工的乡土观念变迁”的研究对象是农民工？农民工的乡土观念？农民工乡土观念变迁？还是农民工乡土观念变迁的规律？

174 对象锁定如何遵循漏斗原理？

多数课题名称去掉“研究”类标记词之后，所剩便是最简研究对象，多表现为复杂的偏正短语，其结构常在三层之上，如图 22，从左向右看，呈由宽而窄的过程；从上往下看，呈内涵越来越丰而外延越来越小的过程。这一过程符合漏斗原理，也可称为对象锁定漏斗原理。

根据这一原理，研究对象由宽口径缩小到窄口径，选题对象由大至小，由高至低，由上位概念不断降至下位概念。好比满心要说的话，说得出者八成，听得进者六成，记得住者四成，做得来者二成。锁定对象又好比由面到线，最终聚焦于点，如“危机话语→公共道歉→名人微博公共道歉”。又如“基于语料库的严复变译思想研究”，去掉“研究”二字，便是最简对象。现采用右向锁定漏斗原理图示研究对象“基于语料库的严复变译思想”的确立过程：

以何方式研究	→	基于语料库的方法；
研究谁？	→	基于语料库的严复；
研究严复的什么？	→	基于语料库的严复翻译；
研究他的哪类翻译？	→	基于语料库的严复变译；
研究变译的哪个层面？	→	基于语料库的严复翻译变译思想。

图 22　右向锁定漏斗原理示例

顺着看，词词启下，下边承着上边；逆着读，词词相背，意思有变。各词之间上罩下，往下递罩，逐渐缩小，最后聚焦。

175 对象如何展开？可建对象体系？有何作用？

研究对象有层级地展开，可建对象体系。研究对象展开分两步走。

第一步，交代选题来源。选题若是来自指南，在此先明示其出处，这是对题解中选题来源（详见第 121 问和例 140 与例 141）的进一步扩充，即在题解的选题序号后括注具体的内容；指南中的选题若只一条，则可写全具体内容；若是几条，则还需对具体内容再次提炼，如指南设有“新媒体背景下的语言文字规范研究”选题，可压缩为“语言文字规范”。请见例 158。

第二步，建立对象总分体系，又分三级：

短语级　属于概念级，其实已含于课题名称，如课题名称为“管理思想史研究”，其对象就是标题用语“研究”前的专业术语“管理思想史”，这是最简对象。

单句级　属于简单判断级，如说管理思想史是一门研究管理科学产生、形成、发展过程及其规律的学问，由其内涵得出其总体对象，仍可表达为暗含判断的复杂短语“研究管理科学产生、形成、发展过程及其规律”。

复句级或句群级　属于推理级，一般包括 3—4 个单句。但可由单句转换而成复杂短语，构成具体对象，如说管理思想史的“研究对象”主要包括：1）影响管理科学产生、形成和发展的历史条件；2）管理科学产生、形成和发展的主要过程；3）管理科学发展变化的基本规律；4）通过对各种管理思想的广泛运用而产生的主要社会影响。

两步走和三级对象体系各有其用。前者告诉评委：本项目选自国家指南，符合国家需要。后者更是方便评审：1）课题名称中的短语一目了然时，可以免看；2）读题不明者仍可看总体对象，也会有基本了解；3）时间充裕者可细看具体对象。这样各取所需，三层对象也各尽其能了。

参考示例149—150　对象

参考示例149

2.1 研究对象

本课题利用语料库这一现代研究手段，对典型中华文化关键词的俄译策略、俄译规律、翻译规范、语义趋向、语义韵、语域、认同度、使用分布等相关问题展开研究。具体包括：

1）翻译语言特征频率统计分析；　2）转换规律及翻译策略研究；
3）误译原因解读与翻译规范重构；　4）俄译名语域分布及语义聚合与组合分析；
5）俄译名对俄社会影响力分析；　6）基于文化认同的中华文化对俄译介模式构建。

参考示例150

2.1 研究对象

译场　聚焦甲午战后文化生态环境，包括知识界对战败的反思和对异域文化由抵触转向关注和接受。

译者　选取严复、梁启超、林纾、鲁迅等主要译者，结合其代表著译的互文阐释，察其翻译思想。

译作　重在考察主要译者的学术等方面代表性或新文类开篇译作及其所呈现的理想新国民品质。

载体　描述晚清影响力或发行量较大的4报和4大小说杂志刊介译文的情况与开启民智的宗旨。

出版社　考察商务印书馆、湖北译书局等官方和民营出版机构如何赞助译介，促进翻译职业化。

2. 框架思路

（1）总体框架

176 何谓总体框架？如何与昔日“研究内容”兼容？

2014年前申请书的“研究内容”写作要求较单一，未作细致提示；2015年后新版本将其分为研究对象、总体框架、重点难点和主要目标。那么，“总体框架”与2014前的“研究内容”是何关系？

框架即事物的总体结构，那么，总体框架在此指研究内容的总体结构，应该是构成整个内容的各个部分的搭配和安排。有人理解成未来书稿的章节目录，也不无道理，只是不能简简单单地列出目录。但是，框架并非内容，只有框架，真正要看的具体内容似乎无处安身。而评委要看的压舱石似乎不好摆放了；船舱仿佛是框，更是“筐”，“石”则是内容。更令人担忧的是评委有时也未区分清框架与内容，有人仍按内容要求看新的框架，2015年的评审在此认识混乱，各级评委之间因此而意见相左，评审结果也要出现争议。

这一新旧变化的矛盾如何解决？不妨二者兼顾，以旧推新，既保持老评委看重看顺“内容”的评审惯性，又照顾新版申报书的字面要求：有框有架含内容，将内容“框”在“架”内！即将主要内容设出几大标题支起骨架，而将具体内容变为血肉，填入其中。详见下一问。

177 总体框架是申请书的压舱石？

早年，木船空行水上，重心高出水面极易翻船，为此专备一块大石压于舱底，以防船翻，这一石头叫压舱石。申请书的压舱石则是总体框架，不仅居材料的中部，而且所占篇幅最大。虽说会评专家写立项推荐意见时，其重要性或被选概率不如价值、创新点和前期基础，却是前后各点写作的轴心或源头。其原因如下：

1）从篇章看，研究内容处于全书和活页设计的中心位置，前有选题依据，后有思路方法、创新之处、预期成果、研究基础等。而总体框架在研究内容中又处于中心，前有研究对象，后有重难点和主要目标。可见总体框架是中心的中心，重中之重。

2）从外部看，总体框架是整个申报书的核心内容，选题依据是其前世，思路方法为其开路，创新也为其亮剑，预期成果更结其果，研究基础为其奠基。

3）从内部看，对象由其提炼，重难点和目标从中产生。

4）从权重看，课题论证权重为5，占整个申请书权重的一半，那么总体框架占整个论证的三分之一，约1280字，内容比学术动态（即综述）更重要，多出120字左右。

178 总体框架编写常见哪些缺点？

框架不当，活页与申请书会立足不稳，会产生如下负面评价：1）内容框架欠稳妥，各部分不均衡，忽多忽少；2）框架内容不具体；3）具体内容庞杂失简，过于烦琐，内容缺乏提炼；4）内容太多，大而全，时间不够，资金不足，若只解决一两个有意义的问题，就有价值；5）过于简单，内容空泛，只见鸡肋不见肉；6）问题意识欠鲜明；7）各部分之间逻辑关系不严密；8）只见框架不见具体内容，各大部分内容仅 1—2 行；9）有设想，无思想，未含鲜明观点；10）过于用图表，文字陈述少；11）语言情感化，采用了春秋笔法，以问题出现，问而不答；12）过于使用论证方法；13）过于点化，条目化，显得不丰满；14）章节化，思想成碎片，而非连贯表达；15）框架写成了书的目录，有的甚至写出了绪论、结论。

179 如何将内容“框”在“架”内？

总体框架，要有框有架，还得有内容，既然要将昔日的“研究内容”部分与新框架合二为一，相互兼容，那么：

1）应掌握全部内容，列出未来成果（比如书稿）的主要章、节、点内容，但不能列得太细。细至三级标题即可。

2）将所有内容分流，上升为“总体框架”，旨在为内容建骨架；可抓大标题，写清 4—5 个板块，要有立体感，完整勾画课题的框架；介绍本课题主要分析和解决的几个主要问题，有鲜明的问题意识；总体框架注意重点突出，详略得当，几大部分，即是其大框主架。

3）分流后，部分内容还可下沉为“具体内容”，为框架长血肉，将未来书稿大标题（“章”）下的小标题（一般为“节”“点”）的内容用连贯性语言成片地表达出来，体现成熟且完整的基本思想。

4）下沉后的具体内容内部若很丰富，还可分出主次，按逻辑分块成小标题当支架，再展开其具体内容。于是，主架与支架共筑总体框架，层次分明。

5）框架的每部分内容均用序号和简明的短语（暗含判断或命题）做标题，在自然段段首标出，加不加序号均可，但需用异体字凸显。（详见例 151）

180 框架固有哪四性？框架编写如何取法于综述？

总体框架讲求关联性、整体性、层次性和递进性，具体如下：

1）关联性，指各大板块内容相互联系。任何研究都有目标，欲达此目标，需展开哪几方面的研究，目标与实现目标的具体措施就产生了密切的关联。

2）整体性，即围绕申请书的核心问题，以之为中心建立逻辑结构，抓住了选题的核心问题，又分为几个分问题，通过研究相关的具体问题进而解决核心问题，其主次分明，中心突出，自然构成一整体。

3）层次性，撰写时要讲层次感，分阶段，讲顺序，整个框架围绕研究目标而设计，分步完成，其理论层、实践层等分别体现为框架的分段或分块，如分出“2、2.1、2.1.1”三个层次。中间者为核心层，前后者为引围层，形成众星捧月式框架。

4）递进性，与层次感密切相关，整个框架应与研究过程相对应：提出问题、描写问题、分析问题、解决问题、解释问题，从现象到规律再到原理思考，整个框架显得程度依次加深，逐步推进，形成渐入佳境式框架。

总体框架与前面的学术动态即综述均属于连贯性表达，有诸多相似之处，可以参阅前面的相关问题，如第134问、第140问、第141问、第142问等，此处不赘述。

181 框架如何承前？又如何启后？

总体框架在整个申请书居中枢地位，内容上承前启后，即可承接前面的内容，能启动后面的内容，详见表28。

表28 主体框架与前后内容的关系

前后关系		框架可承前或启后的内容
承前关系	综述	国内外思想可提炼成自己框架的部分内容，尤其是其中申请人自己的思想可入框架，而他人的思想经过提炼，作为人类智慧的积淀可汇入框架。
	评价	此前未做而被批的内容，哪些自己可以做，便可成为框架内容，甚至是主体内容。
	价值	课题的价值正是有别于以往之处，应变成可做的内容进入框架。
启后关系	重点	框架各组成部分至少可提出一个重点，各段之间乃至整个内容可提炼更大的重点。
	难点	框架各组成部分至少可提出一个难点，各段之间乃至整个内容可提炼更大的难点。
启后关系	思路	何时何地何人干何事，何事来自框架各部分，但不是内容的拷贝，宜换言之。
	方法	如何干，如何完成框架各部分的任务，分别提出相应的方法，再提出整体研究的方法。
	可行性	框架各部分如何能够完成，整体如何完成，分别思考可靠可行与否。
	研究计划	计划是何时何地何人如何干的计划，所完成的任务与框架逻辑上相对应。

182 框架如何将章节目录段落化且分出主次顺序？

如前所述，总体框架不能只有框和架，而是框架必含内容，骨肉相连相融相契。框架的内容不能分得太碎，应是观点、判断、思想的集合。申请人撰写框架时一般都胸有成“书”，设计了未来书稿完整的章节目录，但是框架又不宜章节化，不宜条目化，需将其转换为连贯性思想。为使总体框架按其自身结构呈现出来，同时便于评委审读，框架可以段落化或板块化。如何将未来书稿的章节体系变成段落化文字？

段落化反映了整个研究将按几大主题或问题展开。现行申请书不再设“本课题的核心观点”，转而要求写“前期成果”的观点，那么本课题的观点或思想正可充分地写入总体框架的几大板块，成为内容的精华，以此填充板块化或段落化的框架，显得丰富完整。

段落化后的框架有两种主次顺序：其一，按未来结项或书稿篇章的自然顺序；其二，按研究的逻辑顺序安排，即提出问题、分析问题、解决问题；若其中某段较丰富，还可分解。设框架为 5 个板块，语篇呈现为 5 个左右的意义段，每段设一 10 字左右的标题，单占一行。每段 4—7 行，共 30 行左右，约 1280 字。每段不宜过长过大，超过 7 行，则表明本段过量过长，可再分成 2 小段；更大的段甚至可分为 3 小段。一段也不宜过短，只有 2—3 行，表明本部分不足量，过短则可以作为一小段归入较大的一段。（详见例 158 与例 177）

183 框架遵循哪些划分原则？

将框架切成几分，即几段，至少可遵循如下原则：

1）逻辑性原则：注意各部分之间的内在逻辑关系，有主次、层次、因果等关系，按逻辑关系由几部分构成完整的体系，相当于未来一部书稿的框架。

2）简明性原则：选取最核心的内容，语言简洁，能省就不写，写得多，评委不能很快看到核心内容，不求处处都用主谓宾完整句；一般不用图表，但简表可用，如要建立系统、流程等。

3）适宜性原则：内容分段，段落数量适宜：至少 4 大段，至多 6 大段，不然太单薄或太繁多。段落大小也适宜，过大则分出几小段，过小则融入大段落；每个大段相当于文章的意义段，小段相当于自然段。

184 框架分几级为好？如何显示层次关系？

框架要分出大段、小段或小点，大段有标题，小段或小点最好又分出小标题和展开的内容，由此可知框架可分二至三级。

分级后层级关系如何构建？若将总体框架设为“2.2 总体框架”和黑体，其下第一层是大段，标以“2.2.1”“2.2.2”等，序号之后再设列大段的标题，可设为楷体加粗，等等。“2.2.1”之下的第二级或呈现为小段，不宜再按“2.2.1.1”设置，否则显得太碎；小段之首有小标题，设为楷体等，后空一格，接排具体内容，至此第二级结束。第二级小段之内如果内容仍很丰富，也可用“；”或“1）、2）、3）……”分开；数字之后再加小标题，空一格，展开具体内容，至此第三级结束。（详见例 158 与例 177）

185 框架由点、线、面、体织成，何用之有？

积点成线，点线构面，多面筑体。框架也可做如此比喻：整个框架如体，各段如面，大段标题如线，小段标题或小点标题如点。反过来，点加上对各点内容的展开文字可以构成小面，与大段标题构成更大的面，各面构成整个框架的体，这样，选题的总体框架就立起来了。例如，例 158 的框架：

2.2 总体框架

为探清上述对象，拟由 5 大板块建构框架，充以 12 部分的具体内容。

2.2.1　多类语料库应用与汉译腔/体语料搜集

英俄汉多类语料库应用　汉译……（2—3 行）。

腔/体特色语料库建设　语料……（2—3 行）。

2.2.2　辨证研究翻译腔/体特征与二者的关系

辨析腔/体，建立标记系统　对化……（2—3 行）。

用辩证法深究腔/体的关系　原作……（2—3 行）。

2.2.3　描写汉译腔/体产生与动态发展的过程

腔/体产生策略描写　全译……（2—3 行）。

腔/体产生过程描写　除了……（2—3 行）。

腔/体动态发展描写　语言……（2—3 行）。

2.2.4　汉译腔/体分文体文化，规范利害去留

腔/体分文类　文化定策略　笔译……（2—3 行）。

汉译去腔留体　避害趋利　汉译……（2—3 行）。

2.2.5　汉译腔/体主客观探因，求预防之对策

腔/体内外溯因　汉译……（2—3 行）。

腔/体主观溯因　揭示……（2—3 行）。

腔/体客观溯因　汉外……（2—3 行）。

点、线、面、体逐步构成总体框架，这是从内部结构看。从外部结构看，总体框架逐步分解，逐层推进，逐项展开。若从外部功能看，更有其用：时间匆忙者可随三级标题自上而下地建构内容体系，基本上能抓住申请人的思想框架；时间充裕者可细看，由大到小，由粗到细，步步走近申请人的选题论证核心，了解框架与内容的全貌。

186 框架为何比综述更突出深度、新颖性和前瞻性？

与综述突出高度、精度、广度和前沿性（见第 131 问）不同，总体框架更应突出深度、新颖性和前瞻性（一度二性），因为前者注重既往，要求向上登高，汇总已知，扩大视野，找到现有前沿；后者则旨在开来，要求向下挖深，探索未知，拓展未来趋势。框架的“一度二性”具体表现为：

1）发掘深度，即要在很大程度上触及所选课题的本质，不能在框架内列出无关痛痒的问题，不是反映课题的表层或表象，而是反映其核心问题，以揭示现象背后所蕴藏的内容。

2）彰显新颖性，即基于已有中外文献所处的前沿，研究更前进一步，申请人所提出的观点要求比最新的还要新，才能指向未来，才能赢得评委。

3）瞄准前瞻性，即以现在为起点，追踪将来，往远看，往前看，追求诗与远方；它与综述的回顾性研究正相对应，更能鲜明地昭示未来，让你预见方向，对国家未来发展具有直接或潜在的智库作用。

187 框架遵循哪两大搭建思路？

与第 135 问一样，可按义素分析法或术语组构法搭建总体框架。总体框架的搭建，同样取决于课题名称中术语的量及其关系的结构，若是词级术语，则采用义素分析法展开内容；若是短语级术语，则可采用术语组构法展开内容。

词级术语可据其义素搭建框架。如“变译理论研究”，取“变译”理论研究视角，其中的变译是动词，其义素分析模式为：{义项}=［主体+方式+行为+客体+因果+类属］，对各义素重新组合，可以搭建“变译理论研究”的总体框架：1）变译主体研究　研究变译由人或/和机器来变；2）变译因果研究　因特定条件下特定读者的特殊需求而变，不是为了满足一切读者；3）变译行为方式研究　研究变译的增、减、编、述、缩、并、改、仿等从宏观上改变原作的变通手段，旨在摄取原作有益信息，是有选择、有取舍、有消化、有反嚼的有效吸收，而不是原作的全部信息，不是完整输入；4）变译性质研究　与全译相对应，仍属于人类的翻译行为，是一种人类在做却不予研究的跨文化交际行为。

若是短语级术语，则要按其结构要素及其关系搭建总体框架。上一例若取“变译理论”视角研究，则按理论体系创建的各要素与研究对象的性质建立框架：1）变译理论立说　先要厘定其核心概念和基本概念，进而尝试建立新理论；2）变译基本理论研究　核心范畴和基本范畴的逻辑关系构成了变译基本理论，如变译的实质、系统、手段、方法、体系、单位、章法、过程、机制、特效、规律、标准、范围、价值等；3）变译主客体论研究　研究变译的读者论、译者论和客体论。

再如“汉译组构优化研究”，其内涵详见第135问。其研究对象是“汉译组构优化”的基本问题和典型优化问题，研究按组构单位词语→短语→小句→复句→句群→语篇→语气的拓展态势依次推进，其总体框架可以是：1）汉译组构优化基本问题研究；2）汉译句以下单位组构优化研究；3）汉译语篇单位组构优化研究；4）汉译组构优化溯因及其原则研究。

188 框架内容主要来自哪四个方面？

总体框架的内容与申请书几大板块其实是密切相连的，至少可以来自后者的四个方面：

第一，来自他人成果的综述，即基于他人已有研究成果。通过归纳总结，高度凝练，这些结论即可进入申请书总体框架。这完全是他人的思想，与学界前人或同仁具有深刻的逻辑承继性，也是对人类智慧的尊重，可设为A。

第二，来自新意，即新的内容，要将自己的新观点B扩张为内容进入框架。

新意在此有两义，一是以旧出新，以旧推新，框架的标题体系宜显新意，有别于且高于综述，综述再前沿已成旧信息，而框架面向未来，更重新的内容，对前期成果的自我批评即是旧知发新芽，构成了新知。二是含旧谋新，是全新内容，当然内在逻辑上仍与前期成果关联，只是相关度小一些，显得更新，是既往成果纵深更进一步的拓展而已。

第三，来自对他人成果综述的简评，即基于国内外研究现状翔实、全面、充分的归类，展开简要的评论；批人不足，必有对策，由此激活自己的思想，产生新知识新智慧，仿佛已有知识是前提，由此推演出的新知为结论。这是由A产生的带有A的影子的思想AB，开始走向思想原创，可设为C。

第四，来自申请人的前期成果，即此前自己所做的前期研究成果，其实质与水准自己最清楚，也是未来研究框架的核心内容来源之一，而将所要改进或继续推进的部分一并放入框架，详见第189问。可设为D。

最后，A、B、C、D按逻辑关系组构成总体框架，详见第187问。

189 前期成果如何凝聚为内容进入框架?

总体框架的设计宜充分利用申请人现有研究成果。总体框架中研究内容的标题应体现申请人现有研究成果的创新点。前期成果以文章和专著为主，二者的内容如何入“框”？

最重要的是从几个角度切入，将前期成果分类，按类归并各种前期思想观点，前期成果的内容进入总体框架的路径有三：

1）单篇文章若很重要，足以成为未来成果的一章，可以改为框架的一大段。文章若是改为一段，文章标题可改为框架的段首标题，文章的摘要、结论等可改为框架各段内容的各个观点。

2）书的一章或一节若很重要，足以成为未来框架的一大段，可用作大段，章节标题炼为框架的段首标题，章节的引言和各部分的内容要点可炼成段内的观点。

3）书、文等文献的部分内容比较重要但不集中，不突出，可与其他文献相关内容合并，提取一个大标题，构成一大段，往下再分几小段或几小点。

190 各段段旨如何凸显？长短如何设计？

段旨，即一段之要旨或主旨。段旨既然那么重要，就得有相应的手段彰显：1）单设一行，将段旨提炼出来，置于段之上，区别于段的正文。2）段旨前加序号，如“2.2.1”等，以明确共有几大段落，即几个板块，以便评委对框架的量与结构一目了然。3）设为标题，10 字左右，每段最好一标题，标题就是段旨。让评委看到标题支撑选题是否合理，是否全面，是否鲜明；有时只见标题便知内容，为他节省时间，你就赢得了好感。4）语句概括，即用一句话或短语高度概括一段话的核心思想，多半将一句话转化为短语。5）字体突出，即采用字体的变化突出标题，以区别于段落文字的字体，而不必用下划线、加重号、着重点等额外的方式，以减少标记过多产生的繁乱冗余。（详见例 158）

段旨的长短受到限制。段旨可是复句或单句，更可以是短语，以短语和单句为多。各段段旨最好统一语法结构，实在不行，也可短语与句子混搭。既然以短语为主，最复杂最长的短语以明意为准，或动宾短语，或偏正短语，含多层关系，以 10 字左右为宜。（详见例 177）

191 段旨如何提炼才简明？全段内容如何分层分布？

段旨的表达或提炼有两条路径，一是自上而下，即先想到观点，再展开为段落；二是自下而上，有了段落内容，再提炼出观点，即段旨。无论哪种，都要求用最简洁的形式表达最丰富的内容，即言简意赅，如第 190 问所示，段旨表达手段的优选序列应该是：短语 > 单句 > 复句，即能用短语就不用单句，能用单句就不用复句。短语的优选序列是：动宾结构 > 偏正结构 > 主谓结构。

各段内容在框架中已分层，各大段内部若需分层，大致有两种分法：1）大段内容不是很丰富，3 行即可说清，即可单列一段，如例 177 的“2.2.5”，若含 3 个小点，既可用分号将其 3 点区分，也可用“1）、2）、3）”标明，甚至还可用“1）标题　具体内容”的方式更加准确地分层分布。2）大段内容若是很丰富，超过 5 行以上，再次分层，则可分若干小段，小段之首又设小标题，之后再展开内容，按前一种方式展开。（详见例 158）

192 重要内容如何突出？各种手段多少为宜？

框架中重要内容的突出手段不仅只有黑体字，至少还有 4 种方式：

1）以大小段突出，重要的段内容多，篇幅长，框架的段一般≤6；

2）以段旨的长短突出，段旨不是越长越好，而以简明为上，无论是用短语，还是用单句或单句构成的复句，段旨的字数最好≤12；

3）以要点突出，即将段内的内容再次要点化，提炼出小标题，此时要点数≤8；

4）以标记突出，如果大段之下又分小段，小段又设小标题，小标题即是重点，建议不再用黑体或粗体，而在其前加“1）”，其后采用空白、楷体、回行独自成段等突出重要内容，之后再空一格，接排内容。（详见例 158 与例 177）

（2）框架思路（+纲目）*

193* 研究内容改革催生质变？会引起哪些顾虑？

框架思想的改革引起了研究内容及其结构的质变，以活页为例，至少有如下变化：

1）不减更增。删除原先的“思路方法”，完全舍去“方法”，而将“思路”并入框架，同时将“研究计划及其可行性”插入“研究内容”；结果“研究内容”未减，反而增加。

2）不简更繁。原先研究内容的篇幅无形中增加，填报起来内容更繁多，形式会更复杂。

3）不略更详。创新之外，活页其他各处均要求“略写”，研究内容却不作任何删减，反而“招兵买马”，再次壮大，篇幅及篇章结构上会更为详实，可见其压舱石地位更为突出！

4）不散更紧。此前“思路”与“研究内容”分开，且与研究计划冲突，第 230 问有过商议。思路与计划均涉及步骤或项目研究推进的时段，现在改革将二者均纳入研究内容，将思路与框架合，而研究计划单列。经这么一调，近者更近，研究内容比以前更强调整体性。

经近两年申报观察，研究内容的改革引起了小小的波动，尤其是“框架思路要列出研究提纲或目录”的增加，引起了申报者的顾虑：1）提纲与目录相关而有别，二者是选择关系，写法又有所不同，怎么办？2）框架与思路同样相关也有别，再加提纲或目录，关系又多一重，不好把握。3）内容体量增加，更显重要，得更加重视，但如何得法？4）对方法依依不舍，因为创新之处仍然提及方法创新。5）数字与篇幅仍不好把控，布局方式暂未定型。

194* 纲目与框架、思路呈何关系？何时何地择其一而填？

无论提纲，还是目录，可合称“纲目”，旨在为研究内容导航。但二者的差异也决定了其选择，各有自己适应的对象。

简言之，提纲是挈领式地写出主要内容（在此实为“研究框架”）的要点，故称“纲要”。因其大体轮廓助力评委鸟瞰研究内容。提纲从侧面可勾勒内容的研究思路，换言之，提纲关联研究思路。提纲一般先于内容拟好，是对研究的整体规划，为其搭建内容的结构，直接对应于研究框架。而目录多指书文正文前所载的目次，是揭示与报道书文的工具，旨在条块分割地列出内容，有严格的章、节、目层次，构成二三级体系，甚至四五级标题。可见，于项目而言，目录本身就预示了终期成果——书稿，而提纲则可用于论文集、系列论文、专著、研究报告，适用面更广。

另，提纲可用短语和句子表达内容要点，如项目活页提示语开篇“本表参照以下提纲撰写”，用的是“提纲”，而非“目录”；往下内容主要是复杂短语，也含句子“框架思路要列出研究提纲或目录”。而翻开科学出版社的图书，读其目录，所用的基本是短语，构成了二三级标题系统。

走笔至此，申请者最想要的对策是：研究报告、专著、系列论文或论文集，宜用提纲；若是专著，最好用目录。若是实在分不清，此处标题可直接用“提纲或目录”，也可将其缩略为“纲目”，或如例178。

195* 框架、思路与纲目孰前孰后？图表何时吃力不讨好？

框架、思路与纲目的关系如前所述，十分复杂而微妙。据提示语，框架在前，思路在后。可实际填报中，据二者的逻辑关系，孰大孰小，孰前孰后，孰长孰短，与纲目孰近孰远等等，都值得考量。按篇幅长短，思路在前、框架在后为佳，也不反对思路在框架之后。依因果，纲目本应在内容框架之前，却因思路在前，以免相似者相距太近，纲目最好放在框架后，同时显其依附地位，正合设计者的初心。

此外，按字面，框架得有框有架，与图表相关；思路有时让人想起理工科的路线图。纲目似乎可用图表显示，自然萌生绘图画表的念头。社科项目申报不反对用图表，请看第 312 问，更因学科与具体选题而定。经济学、管理学等社会科学可用图表，即使用，也是简图简表，其中文字不能小于小 5 号字。若是画得密密麻麻，评委一时钻不进去，或是进得去出不来。一个本子能看的时间就几分钟，一般不过 10 分钟。个人观点是：要善于“以言行事，以言成事”，能言语且篇幅少于图表时，何不用文字？更何况人文学科呢？！凡用图表者，担心评委不能一眼明了，一般还要文字解说，费时费版，何苦来哉？

196* 框架内容包含未来观点？要不要避免直抒己见？

2015 年改革以来，不能写项目研究未来的观点。现行的研究框架实为具体的研究内容，要谈出未来至少三年的研究设想，实含拟立项目的观点或发现，只是不宜过多，也不宜过于用明显的判断句表达，尤其不宜连片表达，以免写成了观点，而非研究内容。概言之，内容是做什么，观点是做出什么。为此，写法可采用包孕式，实在难以分割时则成混合式，旨在展示要干什么。如图 23 中 2.2.1，三个四级标题用了动宾短语“廓清中国传统武术文化内涵”“钩沉中国传统武术文化价值”“透析中国传统武术文化实践”，均是要做的事情。以第一点为例，其内容“由表及里廓清三个层面：表层即武术动作、器械等，中层即各门派武术理论体系，深层即各门派武术审美情趣、价值取向、道德规范、哲学基础等”，像是观点，却不明显。

再如例 178 中 2.2.2 之下“5）”有三个小标题，即“符号景观译制自组织系统”“‘译+制’聚合与组合关系”“‘译+制’整合机理图绘制”，均是名词短语，分别列出所要做的领域；而后面展开的内容多带有观点，如“‘译+制’整合机理图绘制汉俄符号景观不同功能类型的符际转化与变通依符号类型、空间配置等而定，符际转化与变通关涉全译与变译理论，空间配置关涉国家语言政策、设计理论等；结合语学、译学、设计学、符号社会学等，可绘制汉俄符号景观译制机理图”，首句是判定，第二、三句交代关系，第四句预测研究结果，但整个内容均在表明将来要干什么。

2.2 总体框架

2.2.1 溯源中国武术外译话语体系生成母体：武术文化

廓清中国传统武术文化内涵 由表及里廓清三个层面：表层即武术动作、器械等，中层即各门派武术理论体系，深层即各门派武术审美情趣、价值取向、道德规范、哲学基础等。

钩沉中国传统武术文化价值 从国外、国内、个体由外及内三纬度：深度挖掘中国传统武术文化对国际社会、“一带一路”沿线国家、中国政治体制及社会主义核心价值观等的影响。

透析中国传统武术文化实践 从古代、近代、当代由远及近三时段：透析中国武术文化实践对中国社会发展的意义，对明清武术地位嬗变、中外武术融合到武术申奥回顾与前瞻。

2.2.2 剖解中国武术外译话语体系活水源头：外译文本

挖掘整理武术外译语料 目前国内外没有完整系统的武术外译语料库可参考，个别小型网络语料库不够规范，且出处不详，参考价值小。笔者团队此前已创建 10 万字武术汉英平行语料库，拟继续从体育界、翻译界、文学界、宗教界、历史界深挖武术外译多向多语语料。

创建多语多模态语料库 将多语文本、音像等按史料、神话、古籍、碑刻、偈语、歌诀等分类，从词汇、句法、语义、篇章、语体、非言语交际等视角构建标注体系，涉及原文、译文、手势、言外音等。除汉英双语库外，目前正研制西班牙语、日语、法语等多语语料库。

剖析诠释翻译方法策略 目前发行的武术外译良莠不齐，国外以西方话语体系为中心，国内缺乏统一标准。本部分基于相关译学理论探索武术外译策略，在多形态武术对外传播过程中，分析对、增、减、移、换、分、合全译策略，更关注删、编、述、缩、写等变译策略。

2.2.3 重练中国武术外译话语体系表达方式：话语生成

武术外译话语新概念 以解构主义理论对武术外译内容重新解码与编码，搭建新概念的理论框架，阐释术语的释义系统与认知框架，使受众按照既定释义系统赋其特定意义。从术语内涵、翻译理论、国际接受及中国立场等角度剖析，对武术外译话语固有概念翻新。

武术外译话语新范畴 基于话语体系历史性与世界性的发展趋势，基于超学科理论对武术外译内容重构与编码，武术外译阐释应突破既有话语体系范畴的禁锢（如二元对立的认知框架，将武术定义为正义与邪恶、武术玄学等非此即彼的认知观），建其外译话语体系新范畴。

武术外译话语新表述 以辩证思维创新文本表述形式（如“武德”之爱国精神、“止戈为武”之人类命运共同体意识等的文化价值外译新表述），通过连环画、纪录片、电影、艺术武演等多模态融合形式，实现民族和国家内部的凝聚、融合及教化功能，增进译语受众认同。

2.2.4 武术外译国际标准研制：基本内容

创建多模态武术语料库 基于 2.2.2 挖掘语料，结合中国传统武术文化和译语表达习惯，运用多元翻译方法与策略梳理、规范、匡正外译武术术语，为武术术语外译“话语权”夯基。

武术术语标准化管理 充分利用计算机辅助翻译中的术语管理技术和工具，创建多语种武术外译术语库，存储至开放性术语库管理平台，方便使用者查找、编辑、添补和传播。

2.2.5 武术外译话语体系理论框架：理论阐释

武术外译话语体系融入译论构建 基于武术外译实践总结提炼翻译经验，形成翻译假说，借助文体学、哲学、传播学等跨学科理论，采用科学方法验证，形成中国特色的武术外译理论，为理解、描述、解释和认知武术外译现象和活动提供概念框架、思维方式和价值观念。

武术外译话语体系理论的核心要义 围绕富有中国气派的思想性话语、中国特色的制度性话语、中国风格的理论性话语的体系框架，将中国立场、话语、逻辑植入外译，根据武术文化及其言语表达个性和特征构建客观性、完整性、普遍性、程序性的中国武术外译话语体系。

图 23 总体框架

197* 框架、思路及纲目几种组合方式有何理据？有无最简方案？

框架、思路、纲目按序排列组合共有两大类，即前后分列式，分列融合式。前者又分为三种，见表 29。

表 29 框架、思路、纲目前后分列式方案

序列	方案一	方案二	方案三
前	框架	思路	思路
中	思路	框架	*纲目
后	纲目	纲目	框架

表中三个方案的框架、思路与纲目三者相对独立的组合，是三种简单的“合”。方案一按题目“框架思路”结构顺序切分，也适应部分评委顺题审读思路，框架前面，思路紧随，纲目附后。方案二按简单至复杂的逻辑，思路在前，扩容为框架，应是较好的选择。方案三继续由简至繁，纲目可以是思路的丰富，同时又是框架的简缩。

框架、思路与纲目三者似乎只有框架与纲目能再次内部整合，达到“化合”，即纲目与框架融合，具体是纲目与框架的各级标题合二为一，换言之，框架是纲目最为直接扩充与具体化，于是产生第四套方案——最简方案！因方案最简，担心评委一时未能发现纲目与框架已融为一体，最好有语篇衔接手段，用一两句特作交代，以免评委认为缺项。如图 24 中的“循此思路，再由 5 大部分和 12 小部分的三、四级标题构成提纲或目录，充以具体内容：”，且与思路空一行。

2.2 框架思路

上述对象拟由 **4** 大步骤展开为**如下思路**：

第1步 建库 拍摄“一带一路”汉俄语国家语言景观，分类建立开放性的多模态语料库；

第2步 对比 提炼双语景观各自的模式，并从宏观与微观角度展开系统对比，找出差异；

第3步 探理 对汉俄双语语言景观及模式进行社会语言学阐释，为其制定汉译基本通则；

第4步 建模 据俄语语言景观特点与模式，参照已有译写规范，构建语言景观俄译模式。

循此思路，再由 **5** 大部分和 **12** 小部分的三、**四级标题**构成**提纲或目录**，充以**具体内容**：

2.2.1 汉俄语言景观宏微观分析

语言景观建库与文献处理　拍摄沿线俄语国家俄语与我国汉语语言景观，分类建立汉俄平行语料库；从语言特点、外译原则、策略、方法及对比等总结国内外汉俄语言景观研究成果。

语言景观特点的宏观分析　分析语言景观如旅游景点解说等的篇章结构，探讨其开头、中间、结尾的语言模式，找出常用衔接手段、逻辑联系语及其他纽带等。

语言景观特点的微观分析　分析汉俄语言景观如标点、字体、空格、换行等书写特点，按功能、分领域探讨汉俄语言景观用词、语法特点，探明双语语言景观译写规范与制作细节。

2.2.2 汉俄语言景观模式比较

2.2.3 译写通则制定与理论诠释

2.2.4 语言景观汉俄全译模式化

2.2.5 语言景观汉俄变译模式化

图 24　框架思路含纲目最简方案

198* 框架如何分层最有效？为何重视三四级标题？多长为好？

据上一问，总体框架不按给定的标题顺序，即“框架+思路+纲目”，而选上乘方案，即“思路+框架+纲目”，那么几级标题的最佳分层见表 30。

表 30　框架思路分层方案比较

标题层级	方案一	方案二
一	**2.研究内容**	**2.研究内容**
二	**2.2** 框架思路	**2.2** 框架思路
三	**2.2.1** 总体框架	总体框架
四	1）**译写通则制定与理论诠释**	**2.2.1 重练中国武术外译话语体系表达方式：话语生成**

由表可知，无论方案一，还是方案二，差别主要在版面设计的美观与清晰，以及四级标题序号设计的上下贯通。两个方案前三级标题其实只是方向性标引，

不过方案一的四级标题揭示了研究领域，仍未透露思想；方案二则体现了思想倾向，如“重练”“生成”等，已抒“私”见，导航作用明显。为了明确研究领域或进一步显示思想，四级标题因占一行，空间资源丰富，可写10—30字；若设五级标题，因标题本身多半与所展开的内容前后相继，连贯成行，建议3—15字，如例178中2.2.2之下的四、五级标题。

199* 纲目标题列出几级？如何产生整体效果？

列出提纲或目录是改革新要求，其功能只是辅助性即附设性的。若用提纲，本应在研究框架之前，起引领作用；若用目录，也应在内容框架之前。但正如学位论文开题一样，全篇论文的目录往往后置，起附设说明之用。

既然纲目降次使用，而非平行，更非主要，比较细致的体系就不必列出。若列一级标题，过简，等于未列，因为信息量过少；列至三、四级，纲目体量会翻倍，甚至翻番，为活页所不许，在整个申报书多处要求略写的语境下，这自然有悖初衷。因此最佳的纲目层级就是两级，不多也不少。

既然确定标题列至二级，就可用目录的章节体系，或者“1.、1.1”西式提纲或章节标示体系，试比较图25与例178，前者是西式序列，后者是中式序列。为求美观显层次，建议整个纲目用比上下文小半号的字体，如图25中的5号字体。每章之下2—4小节，偶尔超过5小节。各节要右向缩进1—2个汉字，以显章节层级，整体透出参差美。另，绪论与结论以及参考文献在此均不宜列入。

拟定纲目（依思路、框架而拟）

1 符号景观及相关概念	**2 符号景观译制基础论**	**3 符号景观译制关系论**
1.1 符号景观及相关概念	2.1 景观译制主-客-受操控论	3.1 景观译与制哲学观
1.2 符号景观的功能类型	2.2 符号景观译写理论基础	3.2 符号景观全译与制作
1.3 汉俄符号景观的结构特点	2.3 符号景观制作理论基础	3.3 符号景观变译与制作
4 汉俄符号景观译写论	**5 符号景观全译机理**	**6 符号景观变译机理**
4.1 符号景观译与写关系论	5.1 原作转化机理	6.1 原作变通机理
4.2 符号景观译与写选择论	5.2 符际/思维转化机理	6.2 符际/思维变通机理
4.3 符号景观译写策略论	5.3 译符转化机理	6.3 译符变通机理
7 汉俄符号景观构型机理	**8 汉俄符号景观译制融会机理**	
7.1 符号景观空间布局操控	8.1 符号景观译制一体化系统论	
7.2 汉俄符号景观空间解构	8.2 汉俄符号景观译制形义支配论	
7.3 汉俄符号景观空间组构	8.3 汉俄符号景观译制机理图构建	

图25　提纲或目录方案之一

200* 纲目与框架的标题如何长短有别且避重？如何挤版增容？

框架的三级标题可以较长，展示较为丰富的信息，便于关键时刻、紧急甚至情急之下评委一目十行扫尽四五级标题，所获信息却能八九不离十。而纲目的标题较短，既有别于框架，又便于双栏排，甚至是三栏排，详见例 178。

纲目与框架的标题不能绝对相同，应有所变化，有所合并或分解。总体讲，纲目的章数一般等于或多于框架的板块数，如图 26，请细比框架与纲目的标题，纲目的第五章“符号景观全译机理”与第六章“符号景观变译机理”是框架中“2.2.4　译制优构机理：汉俄符号景观‘译+制’多模态符号的优选与重构”的分解，纲目的“第八章　汉俄符号景观译制融会机理”对应于框架的“2.2.5 译制协同机理：汉俄符号景观‘译+制’聚合、组合及其整合成形”。

含一二级标题的纲目如何巧妙地纵式分栏排版？一般采用双栏排，容易且美观；较少用三栏排，除非是章节较多，且两级标题较为简短，如图 25 用了三栏排，8 章内容横向排列，有点反常，只是为了标题长短相济而各章子系统又相对完整。

内容框架（依思路展开与搭建）

2.2.1 跨文化供需动因：符号景观汉俄文化差异驱动及其“译”“制”矛盾

形与义：……

供与需：……

译与制：……

2.2.2 符际变化机理：汉俄符号景观全译“转化”与变译“变通”相济

符际景观转化机理 ……

符际景观变通机理 ……

2.2.3 符号景观构型机理：境内外汉俄符号景观的符号解构与组构

空间符号解构 ……

空间符号组构 ……

2.2.4 译制优构机理：汉俄符号景观“译+制”多模态符号的优选与重构

多模态符号优选 ……

多模态符号重构 ……

2.2.5 译制协同机理：汉俄符号景观"译+制"聚合、组合及其整合成形

符号景观译制自组织系统 ……

"译+制"聚合与组合关系 ……

"译+制"整合机理图绘制 ……

拟定纲目（依思路、框架而拟）

第一章 符号景观及相关概念

第一节 符号景观及相关概念

第二节 符号景观的功能类型

第三节 汉俄符号景观的结构特点

第二章 符号景观译制基础论

第一节 景观译制主-客-受操控论

第二节 符号景观译写理论基础

第三节 符号景观制作理论基础

第三章 符号景观译制关系论

第一节 景观译与制哲学观

第二节 符号景观全译与制作

第三节 符号景观变译与制作

第四章 汉俄符号景观译写论

第一节 符号景观译与写关系论

第二节 符号景观译与写选择论

第三节 符号景观译写策略论

第五章 符号景观全译机理

第一节 原作转化机理

第二节 符际/思维转化机理

第三节 译符转化机理

第六章 符号景观变译机理

第一节 原作变通机理

第二节 符际/思维变通机理

第三节 译符变通机理

第七章 汉俄符号景观构型机理

第一节 符号景观空间布局操控

第二节 汉俄符号景观空间解构

第三节 汉俄符号景观空间组构

第八章 汉俄符号景观译制融会机理

第一节 符号景观译制一体化系统论

第二节 汉俄符号景观译制形义支配论

第三节 汉俄符号景观译制机理图构建

图 26 内容框架方案之一

参考示例 151 总体框架

2.2 总体框架

2.2.1 描述历史背景

分析主客观历史条件，阐明**翻译催生了国民性思潮**。包括 1）林则徐和魏源等译者粗略的国民意识是历史积淀；2）来华传教士为传教借翻译开启中国民智成为外力；3）"甲午海战"后知识分子强烈的历史责任意识是催化剂；4）国民性是中外比较视阈下产生的现代性话语，得力于西方进化论和社会有机体论的译介和传播、日本民治维新时期国民性思潮的东渐、西方学术界和在华传教士论述中国国民性的作品在中国的翻译和传播；5）职业译者登场提供人员保障，表现为随着印刷和出版业发展、文化消费市场扩大，翻译的薪酬和版权制度建立，译者社会地位提升与职业化，出版社与报社等媒体合力推荐译家译作，官方译书局、商业译书社及民间译书机构多元共生。

2.2.2 考察翻译纲领

细读翻译界领军人物的译作和著作，考察其国民性改造实践中各自的翻译目的和载体，挖掘其思想间的继承与差异。包括 1）严复以学术著作翻译"**开民智**"；2）梁启超以政治小说翻译"**新民德**"；3）林纾以西洋小说翻译"**鼓民力**"；4）鲁迅以科学小说和弱国文学翻译"**立人**"。

2.2.3 归纳新民品质

通过原本译本比读与译者著作、译作的互文阐释，勾勒翻译界在上述纲领指导下建构的新国民形象，包括 1）**理性科学** 通过翻译学术名著、科学和侦探小说等引导国民破除迷信、接受科普知识、培养科学思维方式；2）**合群爱国** 为树立国民公德与国家意识，译作渗透着强烈的英雄情结与救亡意识、传播国民的权利与义务观念及法治精神；3）**自由独立** 晚清启蒙思想界视奴性为国民劣根性之首，译者宣扬的自由观念主要包括国群自由与反异族奴役、参政自由与立宪思想、言论自由与反封建专制、婚恋自由与反男（父）权制；4）**自立务实** 在废科举和戒空谈的呼声中，翻译经济学和应用科学文本成为传播齐民要术的重要手段；5）**尚武冒险** 翻译界希望借冒险、军事、侦探和科学小说的翻译，以西方的兽性与匪气改造国民的柔懦，变种族主义话语为国民性话语。

2.2.4 挖掘亲民策略

通过原本译本比读考察译者将译作传播到普通国民时的策略，包括1）**中国化** 如以中国传统文化的概念会通西学、替换学术作品中的例证、将原作的人名地名、结构、叙事模式和视角、人物形象等归化处理；2）**时代化** 如通过序跋或译评融合以针砭时弊，表达救时救世意识，借转译、合译提高翻译时效；3）**大众化** 如选材倾向于现实主义与趣味性，译作语言由古雅文言和浅近文言向现代白话逐步更替，重译原本逐步增强译文可读性，增删合述等多种变译策略降低阅读难度、编译作品以提高阅读效果等。

2.2.5 呈现实践特点

归纳翻译界国民性改造实践的特点和倾向，包括 1）以作为“国民之魂”的小说为翻译的主导文类；2）译者有强烈的国族主义倾向；3）以传统文人、改良派、留学生等文化精英为主力，职业译者形成；4）译作目标读者由男性精英扩充至边缘话语群落，包括儿童（“少年”为晚清现代化欲望的核心隐喻）、军人（“兵”的形象和地位在译作中提升，军人向社会权势中心挺近）、妇女（兴女学大潮中东欧女豪杰成为救国希望）、商人（以《原富》为标志，译作开始突出商人振兴实业的形象）；5）译者身处社会和历史转型期，其向往西学又执着传统的矛盾情绪构成译本的内在张力；6）译者强烈的实践精神，如以翻译为实业或积极投身工商业与教育，以实业兴国；7）朝廷、地方、个人以及报社、出版机构的多种赞助形式；8）各出版机构侧重选取某一类型的文本翻译出版，培养国民不同方面的素质。

2.2.6 借鉴历史经验

结合当下中外互译的客观现状，借鉴晚清翻译界国民性思潮中积累的“新民”策略和历史经验，为当前国民素质建设的“翻译”之途谋求良策。包括：

1）**多维赞助模式** 即国度重视翻译对提高国民素质的重要性，加大对翻译的政策和资金扶持力度；出版机构提高稿酬，严把质量关，实现双效双赢；学术机构加大笔译（尤其是变译）研究和人才培养，建立规范；以参股等形式吸收民间资本投资翻译产业。以上措施有助于提升笔译的职业认同和社会责任意识。

2）**普通国民读者为导向的原则** 包括本土译者迎来、汉学家送往的翻译模式；以“亲民”的文学作品为文化外推的主导文本，辅之史哲文化经典，将译语读者由汉学家和汉语学生扩至普通读者、士农工商兵妇幼等各类国民群体；思想先行、形式靠后的选材原则，表现中华民族独特精神标识和当下中国国民真实文化心理的文学作品优先推出去，可提升我国国民欠缺素质（如公德、法制观念等）的外国文学作品优先迎进来；采用变译等归化翻译提高译作对普通读者的可接受性和传播效果。

3）**翻译界与传媒业联姻** 互联网时代建立国内外出版社、传播媒体和评论界通力合作的推介网络；鼓励多形式合译；媒体多渠道调查国内外对翻译需求与接受，反馈给译者和出版机构。

3. 重　　点

201 何谓重点？如何负“重”？不当写法有哪些？

重点即整个研究框架或整个项目中更重要或更主要的部分，或是同类事物中具有重大意义、价值、作用或影响深远的部分，多与要解决的对象相关，这样的部分往往会引起重视，内容上受人看重。

重点应是拟解决的关键问题，是否能抓得准，是否负得起项目之重，体现了申请人的学术能力。围绕研究对象展开几个方面的研究，构建几个部分框架，哪 3—4 个问题是最关键的问题，将其突出，极其精练地表达出来，即可成为总体框架的支撑点，或中流砥柱。根据实际情况，找出最重要而不得不突破的科学问题。

重点的常见不当写法有：1）将研究内容重复一遍；2）将易得结论的研究内容列为重点；3）关键问题抓得不准；4）重点不突出；5）点化不够，写得过长，显不出重点；6）重点过多，超过 6 个以上，多则不见重点，反映情况提炼不够，难以负重；7）点化过碎，如重点之下分“1）、2）”，在其下又分“a、b、c”。

202 重点从何炼来？如何确保重点突出？

设总体框架为 5 段，重点则可据框架分段分层提炼，明确研究的核心问题，用判断或命题表达；然后结合申请书的简评和价值，逐段逐层地提炼重点：1）每段至少提出 1 个重点，可得 C（5，1）=5，重要段落可提 2 个；2）相关联的每两段提出一个重点，可得 C（5，2）=10；3）相关联的每 3 段提出一个重点，C（5，3）=10；4）相关联的每 4 段提出一个重点，C（5，4）=5；5）相关联的 5 段提出一个重点，C（5，5）=1。

突出重点的方法有：1）与上述提炼重点的顺序正相反，重点提取面可能越大越重要，遵循取“重”优先原则，由 5、4、3、2、1 层次将所提得的观点排序，得出重点序列。据上所述，理论上至少可得 31 个重点；再据项目的大小选取前 3—5 个重点；2）单列成条，比成片表达更能突显各重点；3）用阿拉伯数字排序，表明共有 N 个重点，让评委一目 N 行，看清重点数；4）若想让评委更懂你，可加导语“整个项目的重点按重要性可排列如下：”（如例 152）；5）可用完整句，更可用非完整句，完整句有时还可在主谓之间用逗号，突出主语或谓语；6）用非完整句，即呈现为短语形式，且多是动宾短语，状语或定语都是极需时才采用，以求鲜明突出，力避冗余。

203 重点如何彰显“正能量”？单写时如何规划数量与排列？

所谓正能量，指能彰显选题积极的、推动研究进展的主要或重要的方面。重点是超出一般，超出以往，在意义、价值、影响、作用等方面比较或非常明显，因此宜从内容的正面突出。重点兼具承前与启后的作用，它是应该、应然的内容，在学理、事实上同行或前人应做或未做的对象，是以往同行做出的重要内容，这是承前。启后则是拟报选题尝试要做出来的内容，这些重点可解学界之渴，给同行以答复，给未来以希望，给过往以鉴定或评价，因为重点是评价与比较的结果，是与历史相较，与当下相切，与未来对话的结果。

有人任意摆列重点，或由轻至重地排列，但从阅读心理看，评委的精力与新鲜感多集中于前几点，甚至是第 1 点。因此，重点可以如此设计：1）最好单写，至少 3 点，至多 5 点（如重点项目例 158），以便清晰分明，易于识别，易被评委接受；2）按重要性大小排列；3）点化成行，极为简明，产生鲜明的印象；4）虽说一个重点 1 行，但最重要者可占 2 行，且排位第一；5）以第一个重点的行末为准，下面各行的重点与其长度大致相当，可以等长，构成矩形；亦可自上而下逐行增加一字，或相反，构成梯形，产生美感。（详见例 153 与例 177）

204 如何建立重点用语表？

表达重点多用动词、名词、形容词、副词、介词等，更多的时候是组合使用，例见表 31。

表 31 常见重点用语

类型	例词例语
一字	更 很 较 紧 颇 要 尤 重 足 最……
双字	宝贵 本位 必需 必要 并重 侧重 冲要 第一 根本 非常 关键 关节 核心 基本 基点 极其 加重 焦点 紧迫 紧要 看重 可贵 灵魂 隆重 难得 偏重 颇具 迫切 器重 切要 全面 深重 首要 枢机 推重 显要 要冲 要害 要紧 尤显 着重 中坚 中枢 中心 重柄 重创 重大 重担 重地 重点 重负 重荷 重任 重视 重托 重心 重型 重要 重用 重在 重责 重镇 主导 主干 主体 主要 注重 足以 尊重……
多字	重要性 必不可少 不可或缺 非同儿戏 非同小可 举足轻重 空前绝后 难能可贵 燃眉之急 事不宜迟 事关重大 无可比拟 至关重要 重若丘山 重于泰山 重中之重……

说明：1）因词语较多，不能一一罗列，仅列出类别，可查相应的同义词词典。
2）可参考表 23 的价值用语和表 29 的创新用语。

参考示例 152—153 重点

参考示例 152

2.3.1 重点

整个项目的重点按重要性可排列如下：

1）总结晚清翻译界教化国民的时代化和大众化翻译策略，发掘其对国家翻译实践的借鉴意义；

2）勾勒翻译界国民性思潮如何促进新国民所需的品质，加速中国社会阶层结构和地位的转变；

3）揭示晚清翻译界面向全体国民的翻译实践成为弥合精英与大众鸿沟的政治途径；

4）描绘社会历史转型期译者承前与摄外、延续与裂变、守成与启蒙兼并的矛盾心态。

参考示例 153

2.3.1 重点

1）重点任务是总结揭示中华孝文化对外译介的一般规律，描绘向西向东有效传播的路径；

2）全面搜集孝文化研究的资料，考察孝文化的当代价值和海外有效传承策略，纵横互察；

3）通过孝文化典籍英译典型案例的定性与定量结合研究，探索儒学现代有效译介的规律；

4）需从译介学、人类社会学、传播学等多学科聚焦研究中华孝文化，发掘其跨文化价值。

4. 难　　点

205 何谓难点？“难”在何处？有何不当写法？

难点是整个项目或总体框架中不易、很难解决或做起来很费事的部分，多与解决方法相关，是对所要解决的问题的反映。

哪3—4个问题是最需突破的难点？要多叫苦，叫苦得有法：从系统论出发，结合本项目的内容和价值，审时度势，确定项目的困难所在；再排列困难的大小，择其难者而述之。难题要提得准确，包括认识层面、学科指导、理论基础、思想提炼、研究方法、材料发掘等方面，考察目前无法解决但经努力能够解决的种种困难，如有限时间内、有限范围内必须完成……工作；无……而必须做……；……沟通协调不畅，成为实施进度方面最大的不可控因素；要求高，工作量大；需控因素多，需要多方会诊等。

难点填写常常显不出难度，具体表现为：1）难点不足量，从量上反映不了难度，将会被人比下去；2）夸大难度，言过其实；3）小觑了难度，显不出难度，不足以由国家级项目完成；4）难点易与解决方法相混，前者是后者的对象；5）表达难点的词汇不丰富；6）难点泛泛，紧扣总体框架力度不够；7）写得过多，实际上难以实现，导致评委对项目能否完成产生疑问。

206 难点由何产生？如何确定难度？

统而言之：难点分段分层提炼，明确研究的困难之处；再按难度排列下来。

设总体框架为5段，则可从框架、理论、操作、方法、语料获得等方面切入，可以考虑问题的复杂性、理论难点多、学科基础薄弱、资料的搜集与处理难度大等因素，结合申请书的简评等，紧扣总体框架，将其各段转为一个个要解决的问题，在考问中容易发现难点，进而逐段逐层地提炼难点：1）每段至少提出1个难点，可得C（5，1）=5，大的段落可提出2个难点；2）相关联的每2段提出一个难点，可得C（5，2）=10；3）相关联的每3段提出一个难点，C（5，3）=10；4）相关联的每4段提出一个难点，C（5，4）=5；5）相关联的5段提出一个难点，C（5，5）=1。

确定难点的方法有：1）与上述提炼难点的顺序正相反，难点提取面越大越难，遵循取难优先原则，由5、4、3、2、1层次将所提得的难点排序，得出难点序列。据上所述，理论上至少可得 31 个难点；再据项目的大小选取前 3—4 个难点。2）单列成条，比成片更能突显各难点。3）用阿拉伯数字排序，表明共有 N 个难点，让评委一目 N 行，看清难点数。4）可用完整句，更可用非完整句，完整句有时还可在主谓之间用逗号，突出主语或谓语。5）用非完整句，即呈现为短语形式，且是动宾短语，状语或定语都是极需时才采用，以求鲜明突出，力避冗余。

207 难点是否属于“负能量”？如何规划数量与排列？

常言道：好哭的孩子有奶吃。申报项目还要善于“叫屈、抱怨和诉苦”，带上了“难、不、费、困、乏、缺、不易”等字样，本身就是语义消极类词语，是妨碍项目完成的因素，因此难点承载了负能量。摆出困难，是为了排除困难，争取早日完成研究目标。找难点的最简方式就是针对重点一一反着考虑。

难点的数量规划与排列请参考第 203 问。若想让评委更懂你，可加导语“整个项目的难点按难度可排列如下：”（详见例 154、例 155、例 158 与例 177）。

208 重难点是否合写抑或分写？有何优劣？

重难点有无必要填写，全国哲社办也曾犹豫过。几年前曾要求填写，取消了两三年后，2015 年又恢复了。这一变化表明重难点不好写，也不好分。既然现在要求写，二者最好是分开写。分写，可以证明你的区分能力，证明你对所报项目精准的掌控，是一种智慧的把握。同时方便评委分头了解项目的重点与难点；更重要的是有利于驱动后面的目标、思路、方法等的写作，重点与难点往往成为目标、思路等绕不过的路标，重点难点各自会用什么方法解决，因而决定方法的挑选。

若是觉得实在难分，才会合写，可见合写常常是迫不得已。若是合写，则至少要写 5 点，每点 1—2 行，第 1 点非常重要，可以写 2 行；合写会失去分写的优势，其优点是方便了申请人自己写作，却不便于评审。尤其在同比情况下，别人清晰地分出了重点与难点，你却不能，其差别不言而喻。

若是合写，也有两种形式：一是总体上合，具体上分，即在总的“重难点”之下，再先分重点，后分难点，两点之下又分小点。（详见例158）可以重点3—4点，难点3—4点，重点项目可写至5点。二是完全二合一，重难点共5点，每点一行，最重要的占2行。完全合写时，为向评审说清你的意图，不妨在前面加一句“重难点共5点，前3点偏向重点，后2点向难点”之类的导语。

209 如何建立难点用语表？

表达难点多用形容词、副词、动词、名词、介词等，更多的时候是组合使用，例见表32。

表32 常见难点用语

类型	例词例语
一字	空 困 难 缺……
双字	避难 不便 不够 不易 超重 吃力 挫折 繁难 繁重 费解 费力 费时 费事 复杂 高深 过重 棘手 坚苦 艰巨 艰苦 艰难 艰深 艰险 精深 空乏 空泛 空缺 空虚 困苦 困难 麻烦 难办 难保 难处 难当 难倒 难得 难点 难懂 难度 难关 难过 难行 难及 难极 难解 难免 难名 难期 难胜 难事 难题 难为 难疑 难以 难义 难于 难治 颇难 欹欠 缺乏 缺口 缺漏 缺少 缺省 阙如 深奥 失败 为难 畏难 严重 障碍 重负 重荷 重沓 重压……
多字	难以企及 百思不解 不好解决 不易解答 不易忍受 不易实现 工作量大 还很薄弱 积重难返 极其困难 来之不易 老调重弹 令人伤神 矛盾重重 难得者时 难分难解 难乎其难 难乎为继 难解难入 难进易退 难能可贵 难如登天 难上加难 难以承当 难以处理 难以名状 难以逆料 难以挽回 难以为继 难以应对 难以应付 难以预料 难以置信 难易相成 难于上天 难作于易 排忧解难 任重道远 尚待解决 使人为难 陷入困境 需进一步加强……

说明：因词语较多，不能一一罗列，仅列出类别，可查相应的同义词词典。

参考示例 154—155 难点

参考示例 154

> **2.3.2 难点**
> 1）文献繁多，涉及晚清翻译史、思想史、出版史等，包括学术、语文、教育变革等；
> 2）译家的译作众多，原作涉及多语种；译文古奥，大幅变译，增加了原文译文比读的难度；
> 3）作品或人物的译名繁乱，存在伪译或原作难以查找，文献对事件记载不一，均需考证辨别；
> 4）各译家的翻译思想前后有变，彼此间翻译观或对立，或对应，或有别，理清原委，不易评价。

参考示例 155

> **2.3.2 难点**
> 1）自建语料库难，涉及多语言多模态，为此需要召集不同语种不同领域人士共同参与；
> 2）字幕、配音、画外音视听翻译三个基本模式中配音翻译及画外音翻译的转写量庞大；
> 3）通过微博、QQ群、微信群、学术论坛等多种平台搜集语料，实时投入的工作量巨大；
> 4）生态、物质、社会、宗教、语言五类视听翻译中文化折扣复杂，外译机理涉因繁多。

5. 目　　标

210 何谓目标？有何作用？目标填写常见哪些不足？

研究目标是项目以特定的思路欲达到的预期目的，应从对象与框架出发，借助科学方法，实现拟探索的最终目的。凝练的目标应是项目的科学指归，或是阶段性驿站，如灯塔，既指明航向，又照亮当前，具有远期和近期双重标示作用。研究目标是对研究内容应达目标的整体描述，是对研究内容的提升与呼应。

目标设置常见不足有：1）缺乏有效表达，导致目标不明确，往往太笼统，可行性不强；2）过高而空虚；3）过低而琐碎；4）与内容混淆或相似，与内容缺乏逻辑一致性；5）目标表达不鲜明，目标性不强；6）目标过大，泛泛而及；7）目标不具一定高度，未聚焦某一科学问题，缺乏标示性。

211 目标如何分步确立？与重难点是何关系？

目标是项目的核心和靶子，是要解决的主要问题。目标确立有两条路径，即紧扣框架，先设计总的目标，将总目标分解为分目标；或紧扣框架，先设计分目标，将分目标整合为总目标。目标可就近依据重难点提炼，项目拟解决的关键问题，是项目的重点、难点之所在，关键问题得以解决，项目才可顺利开展，而不至于受阻。

总目标是整个课题研究完成后所要达到的目标，在选题之初可能会有笼统的整体轮廓，随着论证的深入与细化而逐步明晰；阶段性目标或分目标有二义：按研究期限分解成若干阶段，每一阶段拟定所达的目标；不同研究任务拟定所达的目标。二者均需围绕最终目标来制定。分目标在选题过程中逐步确立，尤其是随着总体框架各板块即各段内容的确定而明晰，因此各段至少可抽析出几个目标。

目标与课题的大小相称，重点项目的目标可以大一点、多一点，如例 158，若报重点项目，还可加上 1—2 个目标。

212 如何分解总目标？目标如何构成体系？

总目标即解决总的核心问题，分目标即解决分问题。分目标比较具体，一般包括 3—4 点。总目标高度概括，用语简明，包含可分解为几个方面的结构型总目标和一言以蔽之的融合型总目标。结构型总目标的分解是对总目标几个方面的分别展开，如例 158，结构上形成对应关系；融合型总目标是按总目标逻辑上可分的构成要素逐一展开，如例 177。前者易于操作。

总目标与分目标构成了目标体系，二者在体系中各有其用：前者向评委展示简明的轮廓性目标，方便评委一句读懂，一目了然，可免看具体目标；后者供时间充裕的评委细看。这样各取所需，各尽其能。

目标表述版面设计上最好分开，“总目标”三字异体字突出，后空一格，其内容一行概括。而分目标视长短而定，若长，可占一行，共 3—4 行。若是版面不够，且分目标简约但不简单，可采用人工分栏，一行两点目标，上下对应整齐有序。（详见例 156—158、例 177）

213 如何区别目标、题解、对象与价值？为何要设有限目标？

第 120 问涉及“何时、何地、何人、因何、采用何理何法、研究何对象、得出何结论、有何创新、有何价值”，可见题解包含价值、对象、目标等三者，故而更抽象更概括更全面。对象应是人或物以及人与物的关系，表达形式是名词或名词短语。目标是项目所应达到的目的，表达形式通常是动宾短语。价值往高处说，目标往低处说，往具体说。（详见例 156—158、例 177）

价值旨在提升项目所在的意义，目标旨在坐实所提出的任务。价值是从正面说明项目有何意义、作用、影响，属于功能性外围表达。目标则是完成任务的动力和催化剂，是希望达到的境地或标准。

选准有限目标，才可着力实现。目标要有可度量性，只有量得出，才可落得实，才不会含糊不清，才可操作和掌控。因此有限目标具有秩序性和层次性，可分解，可细化，可分轻重缓急，将不易实现的大目标分解成若干具体的小目标，然后各个击破，以达其终极目标。

214 如何建立目标用语表？

学科不同，用词也许不同，但也常见一些通用的词语。可用简明的句子，如《国家教育事业发展第十三个五年规划》的目标就概括为“1）全民终身学习机会进一步扩大；2）教育质量全面提升；3）教育发展成果更公平地惠及全民；4）人才供给和高校创新能力明显提升；5）教育体系制度更加成熟定型”；更可用动宾短语。常用词语详见表 33。

表 33　目标用语表

类型	例词例语
一字	为 以……
双字	辩清 促其 廓清 明确 揭示 建立 揭开 解决 探索 解释 旨在 为了 为着 目标 目的 宗旨 大旨 要旨 主旨 做好 争取 推动 组织 协调 吸收 加强 加大 突破 实现 挖潜 革新 确定 更新 研究 建立 健全 构建 描述 判断 预期 对比 检验 探求 揭示 解释 建议 关注 评价 评估 评定 规范 决定 规划 刻画 研制 提出 探查 寻求 控制 预测 打造 搭建 全面 提升 惠及 公平 明显 成熟 定型……
多字	使成为 进一步 有益于 有助于 集中优势 葆有传统 初步建立 构筑高地 力争地位 全面提升 体现特色 形成优势 扬长避短 着力解决 着力研究 正确处理……

说明：1）因词语较多，不能一一罗列，仅列出类别，可查相应的同义词词典。

2）可参考表 25 的价值用语。

参考示例 156—157　目标

参考示例 156

2.4 主要目标

- ◆ 探讨中俄文化交流特点，从跨文化立场思考和构建中华文化关键词的俄译策略；
- ◆ 考察文化关键词在非本族语的生成和演变过程，归纳对外传播的普遍规律与结论；
- ◆ 探讨中华文化关键词出现不同俄译的深层次原因，追寻其文化认同的各种影响因素；
- ◆ 在分析转换规律的基础上，研究文化词俄译策略倾向，重构当前中华文化词俄译规范；
- ◆ 深入剖析大量对应文化词，探讨汉俄文化词之间的结构对应关系，描写复现的翻译规律。

参考示例 157

2.4 主要目标

1）总结晚清译者改良群治的策略，结合当下文学外推和文学引进探讨国民素质提升的翻译之途；
2）考察晚清译界通过译介西学推进中国政治、法制、科技、教育的早期现代化过程；
3）从名家译作的字里行间归纳译者构想的理想新国民应具备的品质；
4）阐明国民性批判和重塑是晚清翻译史的思想核心与演进动力；
5）探求国民性思潮促进且又得力于职业化译者产生的原理。

参考示例 158　研究内容

2. 研究内容（本课题的研究对象、总体框架、重点难点、主要目标等）

2.1 研究对象

本课题取自 2015 年度课题指南“语言学”部分第 1(语言文字规范)、9(语言接触)、26(语言/外语政策与规划)、29(语料库创建与应用)和 30(双语对比与翻译)等选题。

总体对象　翻译腔/体本质、二者的辩证关系与汉外语接触规范问题。

具体对象　**1）**翻译腔/体特征分类系统考察；　**3）**汉译腔/体产生的全译过程规律描写；
2）汉译腔/体的本体及原理阐释；　**4）**汉译腔/体与语言接触的规范与规划。

2.2 总体框架

为探清上述对象，拟由 5 大板块建构框架，充以 12 部分的具体内容。

2.2.1　多类语料库应用与汉译腔/体语料搜集

英俄汉多类料库应用　汉译腔/体基于语料库、语料库驱动和库助研究三者并用。与人合作，充分利用国内已建英俄汉三语翻译语料库、平行语料库、类比语料库和汉语语料库，继续研究翻译共性以推进对翻译体的认识；着力研究汉译腔/体（尤其是前者）出现的概率，研究其有无；若有，则定量研究，与汉语固有现象的频率比较，定其偶见还是常见，确定其消长态势，为腔/体去留提供定量的参数。

腔/体特色语料库建设　语料库已成必备的应用资源和工具。基于十几年手检的 10 000 余条汉译腔/体语料，充分利用机检扩大容量，建特色库且加分析。同时创建译家译作修改语料库、作品多语转译比较语料库、平行译本比较语料库、译本与创作类比语料库等，为汉译腔/体评估与定性提供事实。

2.2.2 辩证研究翻译腔/体特征与二者的关系

辨析腔/体，建立标记系统 对化、洋、味、气、体、腔、症、硬、死等与译相关的词语逐一辨析，界定腔/体的内涵与外延；从语音、语汇、语法、语篇四个层面建立汉译腔/体的特征标记系统。

用辩证法深究腔/体的关系 原作内容和形式与汉语形式存在矛盾，对立的结果呈现为统一关系：可接受的汉译体与应摈弃的汉译腔；采用辩证思维将腔/体并置，视作整体，用联系观、发展观、矛盾观、辩证否定观等全面考察，澄清认识，形成和谐的语言生态，从本质上完整系统地研究汉译语言。

2.2.3 描写汉译腔/体产生与动态发展的过程

腔/体产生策略描写 全译之直译之对译及其与增、减、移、换、分、合结合当否是腔/体产生的基因，前者为正产品，后者为负产品；意译的增、减、移、换、分、合于汉译规范具有积极作用。

腔/体产生过程描写 除了文化特色词句与文学性形式，原语由表及里摆脱形式，察是否得意忘形；双语转化转移语义语用，察形义矛盾是否化解；从语用语义出发，察汉语表达形式是否妥当。

腔/体动态发展描写 语言呈动态发展，汉译语言的“陌→异→半熟→熟→俗→入汉”过程历经或然、可然、实然、应然、常然、必然等过渡阶段，可分区间，各具相对性，汉译因此具有弹性。在年龄、年代、文体、规范等方面可形成由腔到体的连续统，还可从译与作互动考察腔/体的形成机制。

2.2.4 汉译腔/体分文体文化，规范利害去留

腔/体分文类 文化定策略 笔译得体，必须分清求新求异的文学体和求新求实的应用体，增强口译研究；文学可留汉译体，实用则力避汉译腔。归化乃全译之主体，重在形式归化而兼内容异化；异化乃文化汉译之重点，可成为汉译标记，保留形象内容，输入陌生形式，但需防止文体和文化错位。

汉译去腔留体 避害趋利 汉译于语言、文学和文化如同双刃剑，可参照汉语语料库定其违规与超规。从语形语义语用角度肯定汉译体超规的可接受性，以利其入汉。而汉译腔可借各种语料库捕捉译感和语感，启用汉语特色语言手段，设计由腔到体再到规范汉语的转化机制，分步骤地避害趋利。

2.2.5 汉译腔/体主客观探因，求预防之对策

腔/体内外溯因 汉译语言演变首先受汉语系统内部之需而促动；或本由汉语隐含，却被汉译激活而迅速发展；或由语言接触中社会、意识、教育、文化、媒体等语外因素而引发成为腔/体。

腔/体主观溯因 揭示汉译语言的因果联系，旨在寻求解决方法。译者从译苦心孤诣，却常事与愿违，可归为主观原因。汉译腔/体事出多因，译者最为关键，翻译观偏执、各种理念先行、态度不端、心理依赖、认知迁移、认识模糊、汉语不逮、译法选择失当等主体主观因素均可导致汉译腔/体产生。

腔/体客观溯因 汉外文化差异决定了归化与异化，原作形义与汉语之形的矛盾决定了原作之异难免不可译或可译性较弱，导致汉译语言异质；思维与语言差异、双语教育、词典汉译等均可催生腔/体。

2.3 重点难点

2.3.1 重点

1）汉译腔/体接受性差异的辩证关系颇具价值，足以探其产生、发展、消亡的周期；
2）汉译对汉语影响定量研究重在语汇语法，相对容易，欠在语音语篇，宜定性研究；
3）利用手检和机检获得语料，定性定量结合，更全面地观察汉译事实，总结汉译规律；
4）汉译语言量化研究，可测验理论、规则或假设，重点任务是总结揭示规律，规范标准；
5）汉译腔/体产生过程研究，需描述它对汉语规范偏离，纵向与横向语境动态分析尤显必要；
6）汉译腔/体成因研究，需从语言学、美学、文体学、思维/认知/心理科学等多学科聚焦与会诊。

2.3.2 难点

1）汉译腔/体各自如何发生发展、彼此关联、矛盾转化，需很强的哲学思辨能力；
2）各类教学、实践和双语活动中汉译腔/体语料手检、机检、甄别、分类工作量大；
3）突破以往匡谬正俗的定性研究，处处定量不易，定量统计走向定性思辨有很大坡度；
4）汉译腔/体触规有轻有重，何为腔，何为体，如何判定，如何避重就轻，有时颇为纠结；
5）汉译腔/体与理解、转化和表达过程有关，巧转化是去腔留体的思维根源，揭秘黑箱颇难；

6）腔/体客观描述较易，而据语言、哲学、思维、文化、历史、社会等学科定价值、规范高下难。

2.4 主要目标

总目标 辩清汉译腔/体，扬长避短，促其守规、超规与创新，做好汉译及其规范与规划。

分目标 1）廓清对汉译腔/体的认识，明确汉译语言的本质、类型、特征等；

2）描写汉外语接触中腔/体产生的方式、过程、此消彼长的规律等；

3）揭示腔/体变化区间，建立转化机制，揭开思维黑箱等，旨在解决问题；

4）探索腔/体的成因和对策，多学科揭示其作用与限度等，旨在解释问题。

（十二）思路方法

215 思路、方法与研究计划是何关系？

思路、方法与研究计划三者有交叉，2015 年以前不见“研究计划”，现予增加，要求更具体，反倒有失清晰。计划即预先拟定的工作内容、步骤和方法，包括了方法，而步骤又是思路的核心，因此研究计划显得更广更大，申报时有人将思路与研究计划合写即是明证。可是，万一有评委扣住提示语不放，希望申请人按三点逐条分写，怎么办？

为尊重现行填报规则，三者虽略有交融，但最好还是分开说，评委想看其中之一，却不能一眼看中，也会影响项目被看中。可采取权宜之计，三者可以硬性略作分工：

1）思路侧重几步骤，总体上交代大概，侧重宏观，往大处写，写得概括一些，粗一些，字数少一些，每步若设标题，不超过 5 字。如例 177；

2）方法侧重具体完成内容的操作方式或方法，与思路易区分；

3）研究计划侧重执行过程，包括前二者的各要素：何时段采用何方法由何人何地完成具体的何任务，写得具体一些，细一些，字数多一些。每阶段若设标题，可长于思路，4—8 字，如例 177 研究思路的“建设、对比、探理、建模”与研究计划的“建多模态库、多角度分析、提炼语言模式、构建俄译模式”就形成了鲜明的对照。

1. 基本思路

216 何谓思路？由哪“四何”构成？各自如何表达？

思路是具体步骤，是完成项目主体框架的线路图。思路是为总体框架给出解决关键问题的步骤，所选思路能确保框架内容的完成和目标的实现，应对项目所涉的内容、对象、目标等做出针对性规划。

思路即“四何”，一般是何时何地何人干何事。“四何”不求全，据实情而选定，但以“干何事”为主，其他为辅：

1）何时，为与“研究计划”的时段相区分，不写具体时间，一般只指大概的步骤，如“第 1 步　语料收集与研读”等；

2）若涉及空间，可写国内外具体地点，但要防止泄露有关信息；

3）若涉及何人，不指名道姓，以防泄露信息，只能说“成员 A、成员 B 等”“成员 1、成员 2 等”“成员之一、成员之二等”“成员甲、乙、丙、丁等”“申请人”等；

4）干何事，指具体做哪部分内容，行为涉及“国内外调研、准备、撰写、试验、描写、分析、讨论、解释、综合、创建、建立、确立、总结、整理、修改、成文、成书”等。

217 研究思路撰写有哪些不足？

除了第 215 问要做好与“研究计划”相区分外，思路填写还会有如下不足：1）思路与方法不分，未分开写，不利于评审；2）对拟开展的研究缺乏清晰构思，无宏观设计；3）过简，不见详述，会被认为“思路不具体、粗略、无法落实”等；4）过繁，有的甚至超过总体框架，喧宾夺主；5）过于相信图表的作用，反而费了评委的审读时间；6）即使需要图表，也过细过繁，适得其反，有失简明；7）与总体框架缺乏大致的内在逻辑对应关系，未依据框架写思路。

218 思路为何要慎用图表？

既然思路是线路图，不少人就用示意图或表格展示思路，还有人照理工类项目的技术路线去写，常用图表展示，以便一目了然。

图表不是不可用，而是要慎用。申请书或活页本身就是“表”，表中设表，表中画图，已是不易或不宜，若是图表不如文字表达清晰易懂，占幅较小，不如用文字叙述。不必硬套理工类的技术路线填写，社会科学类可以适当采用简明的图表，标示研究路径；而人文科学类多用文字表达，一般少用图表。例如，图 27 中大小字体混杂，四个箭头的内涵，不用文字说不清。

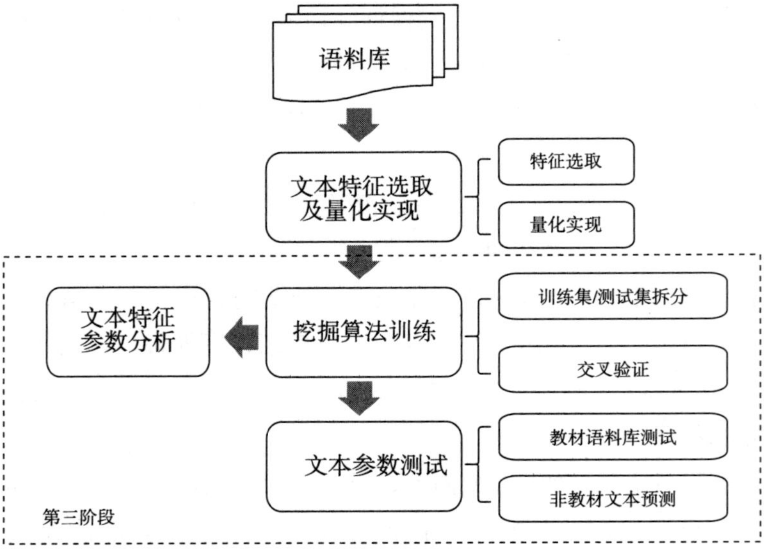

图 27　第三阶段流程示意图

图表与文字并用，旨在便于评阅人更清晰地理解思路和脉络。试想，复杂的图表设计时就颇费周折，读之岂不也费时？要进入申请人的思维，还得跳出来评判，左挤右窜，穿行其中，如入迷魂阵！遇到 yes 往前走，遇 no 之处还回头，又有分流，对短时评审者宛入迷宫；思路让人迷路，于评审不利。若是非用略图简表不可，如要建立某一体系等，那就力求简明，不必过细，字过小，路线过于复杂。

219 如何将立体框架内容转为线形思路

总体框架好比立方体，研究思路好比几条平行线，如何将立体转为线条？不妨：

1）从总体框架中选定 4—5 点内容，列为 4—5 个步骤。如例 158 总体框架有“2.2.1—2.2.5”五大段，可定出完成任务的第 1—4 四个步骤，而且思路标题短于总体框架各段的标题，见例 167。

2）从总体框架的每一段找到研究对象，再定与其搭配的动词，用“动词+对象”的格式表达步骤所要干的事情，提炼为每步的标题，不直接拷贝总体框架中各段的标题。例如，例 158 总体框架的第 1 段“2.2.1　多类语料库应用与汉译腔/体语料搜集”可提炼思路的“第 1 步　定研究法　建语料库”。

3）将框架中各段的标题作为研究的对象，略加扩充，以其为中心，加上何时、何地、何人等因素，分别在时空内完成相应的任务。例如，例 158 第 2 段“2.2.2 辩证研究翻译腔/体特征与二者的关系”提炼为“识别标记”，再加上“正本清源”4 字与之相对，便得第 2 步的思路。

220 思路按什么逻辑分几步走？如何设路标向前延伸？

统而言之，“一步一语一句话”可以延展思路，即“第 X 步　步骤名称　步骤内容”。

既然思路是思考问题的线索或脉络，是完成研究内容的线路图，一般应包括何时、何地、何人、干何事，其中“何事”是主线，何时、何地、何人均绕之而附设，因此，研究思路撰写宜与总体框架基本对应，但不是重抄，以保持内在的逻辑一致性。

整个思路至少分出 4 步骤，不宜超过 6 步。首先写明“第 X 步”，楷体加粗，后空一格，让数字展示步骤的数量；接着写步骤的名称，2—8 字，楷体加粗，后空一格，让评委见步骤名称就能明白或预测其内容；最后用一句话写明每一步要做的大致内容，每步内容最好不超过 2 行。时间充裕的评委可以看完整个内容，时间紧张者只看几个步骤名称即可明了整个步骤标明的思路。（详见例 159—160、例 177）

参考示例 159—160　研究思路

参考示例 159

> **3.1 基本思路**
>
> **1）确定对象**　从 100 个中华文化关键词中选取最典型者，如长城、孔子、龙、功夫、春节、中医、京剧、汉字、瓷器、旗袍等，借助权威词典及网站找出相应的俄译；
>
> **2）推进程序**　探讨文化关键词俄译的语言形式特征、策略趋向、译语适应性、史上与当前是否进入了俄译规范、俄译规范的内在动因与外在条件、俄译模式化问题等；

> **3）处理数据** 统计 HKPЯ 中俄译文化词的使用频率；按量值与类型分布比较，总结其俄译特征；采用随机抽样法对俄译关键词出现的组合型/非组合型结构、上下文语境进行分析；
>
> **4）讨论结果** 分析文化关键词的俄译策略，追寻文化过滤和误读的缘由，察其语域分布、与俄语词汇组配的特点，探其跨文化交流内涵的生成与演变过程、对外传播的普遍规律，构建俄译模式。

参考示例 160

> **3.1 基本思路**
>
> **研读史料** 了解晚清各社会阶层对甲午战败的反思以及对西方文化态度的微妙转变、印刷出版业的发展状况，以掌握启蒙者掀起国民性思潮和建立翻译纲领的历史语境。
>
> **厘定范畴** 以国民性为核心概念，分国民性改造和新国民构想 2 个二级概念，前者下设 4 个三级概念，与此对应，后者下设 5 个三级概念，界定这些概念并理清其相互间的逻辑关系。
>
> **挖掘译文** 参照文献目录，搜集与晚清新国民形象塑造相关的译文译例，聚焦误译和原作的不同变译，结合序跋、按语等副文本，归纳译文走向民众、改变其深层文化心理结构的翻译策略。
>
> **借鉴经验** 以晚清译者国民性改造的操作策略及当时文化产业的运作模式为基础，思考其对当前国家翻译实践如何促进国民素质提高在各个环节可借鉴的历史经验。

2. 研究方法

221 什么是方法？如何选定？如何命名？

思路求“四何”，方法则求“第五何”，即“如何（干）”。所以，方法是研究的工具，是怎样来做，是解决问题的门径、程序、手段等，具有获取、检验、运用、发展思想或理论的职能。

方法论思考主要是从哲学和逻辑方面把关，以减少解决问题时的思想失误和逻辑偏差；可据课题研究的目标、内容、对象的性质特点选定方法，再紧扣框架内容逐段思考方法，最后确立具体的方法。

方法名称不能仅仅套用现有的方法，或从网上直接拷贝，泛泛而列，而是需要对其具体化，或用其下位概念；不仅内容具体化，更应在命名上具体化，使其成为本课题专用的方法，可对现有方法的名称加以限定或改造，如“分析法”可据项目的领域或性质具体化为“文化分析法”“层次分析法”“因素分析法”等；可据学科具体化为“定性分析法”“定量分析法”“因果分析法”等；还可据内容与分析的同义词或近义词具体化为“……解析法”“……辨析法”“……剖析法”等。

222 方法编写常见哪些不足?

方法编写常见如下不足：1）不明确，不是适于本课题的研究方法，不明了究竟要用哪种方法；2）不具体，简单罗列，如综合法、交叉法、文献法、调查法，而非所要运用的具体方法，只提方法名称而无具体内容；3）不系统，看不出系统性，未能构成解决问题的成套方法，有些该用的方法未列入；4）缺乏针对性，缺少所要解决的具体问题与目标；5）故弄玄虚，堆砌方法，显得很多，而不坐实；6）未据学科本身特点选择最合适的方法；7）墨守方法的一般定义，未用自己的话语表述，方法未本课题化；8）方法过少，仅 2 种，或过多，7 种以上。

223 确立研究方法遵循什么原则?

确立哪几种研究方法，可能涉及多种原则，但至少可以考虑如下原则：1）问题导向性原则，即要以解决核心问题为导向，专门解决某类问题，才更具针对性；2）内容适切性原则，即方法要与框架内容相切合，相关性不大者不宜列入；3）内容具体化原则，方法力求具体，不能只从网上下载方法的一般性概念，需要将一般概念与本课题相结合；4）选用明确性原则，即十分明确地突出某一方法，而非大量使用“定量定性结合法”之类辩证逻辑式模糊表达的方法，多采用具体的“语料库统计法”“平行比较法”等；5）操作可行性原则，即所定方法易于操作，适于操作，不仅仅是宏观指导，而是具体可以实施的方法。

224 如何建立三层方法论体系？至少应知哪 30 种方法?

常见申请人为方法苦恼，其实从方法论体系出发，再结合总体框架，方法还是容易确立的，因此有必要建立研究方法论体系。方法论体系包括三层：哲学方法论、一般（科学）方法论和具体（科学）方法论。前者是各科学方法论的概括与总结，具有决定性作用，对后二者具有指导意义。三层方法论体系至少可含 26 种。

哲学方法是关于认识、改造、探索世界的最一般的方法，如：具体方法常见形式逻辑的比较法、类比法、归纳法、演绎法等，还包括定量法、定性法、分类法、分析法、综合法、观察法、实验法、抽象法、具体法等。至少要懂得

10种以上。

一般（科学）方法是研究各具体学科、带有一定普遍性且适于众多相关领域的方法，包括辩证逻辑方法和系统科学方法，前者包括：分析综合结合法、归纳演绎结合法、抽象升至具体法、历史逻辑一致法、宏观微观结合法、定量定性结合法、结构功能结合法等。后者包括老三论（系统论、信息论和控制论）和新三论（耗散论、协同论和突变论）。至少要懂10种以上。

具体（科学）方法是研究某一具体学科或涉及某一具体领域的方法，如翻译学研究方法有：平行比较法、平行语料库方法、有声思维法、键盘记录法、屏幕录像法、眼动跟踪法等；经济学将哲学方法改造成自己的研究方法，如“本质特性分析法”“当代横向归纳法”“历史纵向归纳法”“多现象综合归纳法”等。每个学科的具体方法至少应懂得10种以上，具体方法是本学科的方法，尤为重要。

225 各研究方法如何排列才科学又突出？

由第224问可知，哲学方法论、一般方法论和具体方法论三者共计应掌握30种以上，每类方法与主体框架相比照，各选出几种，再按重要性排列，可取前4—6种，即可得项目的研究方法，其排列方式大致有三种：

1）自上而下式排列，即按方法论体系的哲学方法论、一般方法论和具体方法论的顺序自上而下地列出，遵循从宏观到微观的顺序；

2）自下而上式排列，即按具体方法论、一般方法论和哲学方法论的顺序列出，遵循从微观到宏观、从轻到重的顺序排列；

3）突出重要性排列，即打乱方法论体系，不受其体系束缚，而是据方法的使用频率和重要性列出。前两种排列法，除了懂得方法论体系的评委，一般人是不易观察出的；而按重要性的排序法倒是任何人都重视的。为助评委懂得自己，申请人可用一句提示“研究方法按运用频率或重要性排列如下”。

226 方法因何而定？数量与数字多少为宜？

方法旨在认识课题、完成课题，最终采用某种方式观察课题对象、解决具体问题，主要解决“如何干”的问题。如何干的对象是问题，而问题蕴藏于总体框架，所以主要方法因总体框架而定。也可据重点与难点确定。

设总体框架由 5 段或 5 个板块组成，只要从各段中找出相应的问题，而针对各个问题提出相应的解决对策，有时各段都会用到某一方法，可能是贯穿整个课题的方法；有时甚至在两段三段之间还会形成大问题，则由此产生解决大问题的方法。由此看来，一个项目可能用到的方法不止与段落数相当的 5 个，可能远大于 5 个。再结合第 224 问的三层方法论体系，可列出方法 6 种以上。

研究方法不在多，而在切实可行有用，与课题核心内容匹配，框架段落若为 5 个，方法最终可定为 5 种左右。按方法的重要性排序，取其前 4—6 种，即可定下最佳方法数。每种方法 2 行内说清即可，最重要的即排位第一的方法可达 3 行。

227 方法如何具体化？如何本课题化？

选上必用方法后，不必墨守现成方法的内涵，可灌入自己的思想，可通过方法的本课题化达到各种方法的具体化，分别包括两种具体化。

方法名称本课题化，即结合课题给方法命名，6 字左右，可给常见方法加限定语，如“平行类比法”，是在“类比法”之前加“平行”以限定；或给常见方法加拓展语，如“辩证思维法”，在“辩证法”之后加“思维”以拓展；或将常见方法合并，如“历史逻辑法”，将“历史法”与“逻辑法”合用。本课题化的结果既可提纲挈领，又给人感觉它是该选题专用的方法。

方法内容本课题化，即对已本课题化的方法灌入与选题相关的具体内容，如关键词、研究对象、核心问题等，至此方法更为具体可感，给人实在感。例如：

> **平行类比法**　采用平行比较法，原文与译文比较，比出译文之异；N 种译文比较，比出腔/体之异；译文与汉语作品类比，见出原文之异，判别失规或超规；见出转化艺术，显示汉译之高下。

第一句突出汉外“平行”，以察多语之异；第二句突出译文“平行”，以察多译之异；第三句突出汉译与本土作品的“类比”，以察规范与否；第四句突出平行类比的作用，反映其对汉语的影响。（详见例 161、例 162、例 167 与例 177）

参考示例161—162　研究方法

参考示例161

> **3.2 研究方法**
>
> 语料库考察法　以俄语国家语料库（НКРЯ）为基础，以北大汉语语料库（CCL）为参照，检索中华文化关键词的对应俄译，对比分析关键词俄译在使用中的内涵演变、语义搭配、分布情况等问题；
>
> 实证性研究法　通过对中华文化关键词的俄译在俄语国家语料库的大范围观察，凭借语料库的技术优势获取相关数据，归纳关键词俄译的本质属性及发展，由个别到一般，总结文化译介的规律；
>
> 定量性分析法　提取文化关键词俄译的语料库数据，对数据进行检验和分析，测定俄译文化关键词的有关数值，分析数值的变化规律，研究关键词俄译的总体趋势和特征，并对其做出理论解释；
>
> 微观宏观相融法　基于语料库采用微观分析法，逐一分析关键词俄译策略、方法、技巧等，而俄译文化关键词在俄语中的使用频次、量值分布、语域分布等则从宏观上整体把握，得出整体性认识；
>
> 共时历时结合法　中华文化关键词俄译的检索统计是基于共时层面的文本分析，主要考察俄译的使用及传播情况，同时结合历时法，考察同一文化关键词的俄译策略、译名、语义等在历史中的变化。

参考示例162

> **3.2 研究方法**
>
> 1）**文献分析法**　重点收集中西方视听翻译研究及文化折扣研究的文献，主要包括具有代表性的著作、教材与论文集，以及刊载于国内外权威期刊的论文，并对其进行细致的梳理、分类与归纳。
>
> 2）**语料库方法**　通过自建汉外视听翻译语料库，分析不同题材不同类型的对外传播的视听翻译所表现的文化折扣高低问题，并对其进行整理归类，分析其受到何种因素影响、调节或制约等问题。
>
> 3）**对比分析法**　对采用同一视听翻译模式的汉译外视听产品进行对比分析，比较其在海外传播时文化折扣高低的差异性，并分析其原因，探讨在视听翻译过程中如何尽量减少或规避文化折扣。
>
> 4）**定性定量法**　采用定性研究与定量研究相结合的方法，根据自建汉外视听翻译小型语料库实证分析的结果，进行定量研究，再基于定量研究的结果分析，尽量尝试着做出定性研究的结论。
>
> 5）**系统研究法**　在以上研究方法基础上采用系统研究法，对汉外视听翻译中文化折扣现象及问题进行系统整合研究，分析各个要素之间的相互关系，且从全局出发，提出视听翻译应遵循的原则。

3. 研 究 计 划

（1）常 问 常 答

228 何谓研究计划？常遭哪些误解？

研究计划是预先拟定完成的研究内容、步骤和方法，相当于研究进度。有了思路的顶层设计，拟订研究计划更要具体，让人感觉切实可行，具体可操作，让评委觉得申请人能按计划完成任务。研究计划紧扣研究内容写，每条内容通过哪些方面完成，包括所用的理论与方法、实验、时间、地点等尽可详细。

但是，对研究计划常有一些误解：1）以为评委不会太在意，研究计划可以臆造。2）有人将起始时间写得过细，如写到 12 月 31 日或 6 月 30 日；或写得太简，直接写 2017—2018，更有甚者，所填的是打字自动生成的时间。3）时段（时间区间）过短，才一两个月，分段过多，显得烦琐。4）时段写得过长，均为一年；分段过少，二三时段，显得粗而无当。5）几乎是思路的照抄，未见出与思路粗细之别。6）好用文字而不善用标记，如"第一年上半年收集整理文献……"，不如"2018.01—2018.06　收集整理文献……"简明。7）因有思路在前，计划不知写什么，就产生了凑时间和凑文字的感觉。8）用了时段与此相应任务的标题，却将时段放在标题后面括号内。

229 研究计划与思路如何相应？又如何避重？

由第 215 问可知，研究计划实际上可包含思路与方法，因此要求分清思路、方法与研究计划，得分别有所侧重，或换不同的表达方式，或用词用语更具体。与研究思路相比，研究计划撰写则更丰富更具体，写明每个时段的具体研究对象，如何展开，可能做到什么程度，拟解决什么关键问题。二者的具体区分见表 34。

表 34　研究计划与思路的差别

思路	计划	比较分析（以例 167 为例）
步骤	时段	如"第 1 步　定研究法　建语料库"对应"1997.01—2018.12　查检腔/体语料"，步骤是项目完成过程的程序或组分，计划则以年月为单位，一般为半年或一年，以前者为多。
粗	细	如"第 1 步　定研究法　建语料库"对应"1997.01—2018.12　查检腔/体语料"，前者只提出定法建库，后者细说如何查检翻译腔和翻译体语料等。
抽象	具体	如"第 3 步　建立机制　避腔趋体"对应"2016.03—2017.01　构建腔/体系统"，前者机制抽象，避腔趋体也是目标，而后者是具体构建的翻译腔和翻译体系统。
规划	执行	如"第 2 步　正本清源　识别标记"对应"2015.07—2016.02　分头研析腔/体"，前者讲明大致所为，后者交代清楚所要做的两件事，分头研析翻译腔与翻译体。
宏观	微观	如"第 4 步　探究原因　理论思考"对应"2018.01—2018.12　整合腔/体理据"，前者立于解释层面进行理论思考，后者为翻译腔和翻译体理清理论依据。

230 研究计划的依据是什么？如何编写？

研究计划首先应据研究思路撰写，是研究思路的具体化；其次，依据总体框架的预期内容撰写，大致对应，不求一一对应。

其根本依据应该是总体框架，如果说思路是对框架各段落的提炼，计划则可介于思路与总体框架之间，应尽量具体，主要体现为研究进度的安排，可含研究思路、方法等，加上时间安排，便能产生具体可行的研究计划。好的研究计划旨在通过几年研究，完成研究内容，达到既定目标。思路以步骤彰显时间概念，计划则以时段反映时间区间，一般以年、月为限。时间可据任务大小适当伸缩，不过，时段不能过长而持久，也不可过短而紧促，有的工作持续的确长久，也可如实标明时段。

编写格式可参考：时段+标题+计划内容。研究进程虽说无法准确把握，但大致预测完成时间还是颇有必要。时间段可精确到年月，直至项目结束，一般取年底，即 12 月，或年中，即 6 月；时段整齐，上下对应。之后应是具体措施。为便于评审，具体措施又分为“标题+计划的内容”。为计划的各时段任务取一标题，一般为 6 字左右，比思路的标题要长要具体，评委不看具体内容，也能知其大概。标题后空一格，具体写各时段完成的任务，可转述框架中的各主要的内容，文简意精，不宜超过 2 行。（详见例 163、例 164 与例 177）

231 研究计划如何清晰合理？时间可暗示什么？

研究计划的时段、标题与计划内容的排列法常见两种：1）时段　标题　计划内容；2）标题　时段　计划内容。最好是选第一种，即时段放前，标题置后，计划内容最后，这样比较明晰：何时干何事，带有计划的时间标记，其他何地、何人、何法、为何等要素可入内容。

时段的写法宜规范，年要写全，如“2018 年”不能写作“18 年”；月为个位数时，其前宜加“0”，以与十位数月份（如 10、11、12）形成对应，1—9 月宜写成“01—09”，这样时段会形成左右等长、上下整齐对应，更加美观。时间的写法有三种：1）2018-01—2018-11，2018 与 01 之间用连字符，两个年月之间用一字线，下同；2）2018.01—2018.11 比较清晰；3）201801—201811 则更紧凑，年月间无间隔，也是新的使用趋势。

时段、标题与计划内容三者之间空一格，以示区分。时段的字体用 Times

New Roman，不宜加粗，否则粗体字与楷体加粗的标题连排过长过多，有碍观瞻。有时时段的起始时间填写的并非当下，而是此前某年，是否妥当，暂且不论，却反映了申请人的一种用心；他可将已开展的工作巧妙地写入，表明早已抓紧，已备语料，已取数据，已取得初步成果，基础早就奠定了，以增强说服力。比如2016年报项，研究计划第一时段写成了“1997.01—2018.12　查检腔/体语料”表明已做的研究，开始收集此类语料。若担心评委误解，可在标题之后加上“（含已开始的工作）”字样。（详见例167）

（2）新 问 新 解*

232* 研究计划如何巧妙吸纳方法？如何把控方法的丰简度？

2021年国社科申报改革本未涉及研究计划，但两年来，有申报者一直在揪心：“研究方法被删，而创新之处对方法专门作了提示，岂不矛盾？”“方法魂归何处？”可见改革牵一发实动全身，从系统角度察之，计划也受关联。研究方法本属规定动作之一，毕竟是项目研究的工具；若被删，却在创新之处另有暗示，则不妨将其巧妙地融入计划。

计划大致是何时、何地、何人、用何法做何事、达何目标，一般是依据子课题的推进分为相应的几个时段，所用方法可分别融入各个时段，只是一般不展开方法的具体内容，只提方法名称，整个巧融入，省篇幅，点明用它解决什么问题。请看图28，试比较上下两例，上部采用了语料库方法，但未点明；下部明示所用的语料库方法，评委扫瞄时，该法或能闪入其眼帘，有助于了解申报者的方法论意识。

201307—202006 **建多模态库** 对黑、内、新、海南、北京、莫斯科、圣彼得堡、杜尚别、基辅、哈尔科夫、阿斯塔纳等地语言景观已拍3000余张，拟继续实拍，持续分类建库。
201307—202006 **建多模态库** 对黑、内、新、海南、北京、莫斯科、圣彼得堡、杜尚别、哈尔科夫等地语言景观已拍3970张，续拍2540张，采用语料库方法，分建8个多模态库。

图28　研究计划巧妙吸纳研究方法

233* 计划与框架何干？如何呼应以免写得“千篇一律”？

研究计划一定与研究内容相关，而研究内容主要藏于框架，计划推进中各时段的所作所为是框架的各子课题，其内容不必一一详说，径直取用子课题的标题，再加上何时、何地、何人、何法、何事、何目标等，即可与框架相呼应。请据此分析下面的研究计划：

鉴于文献收集与阅读和400余份针对在京参加培训的和田地区事业单位准就业人员的问卷调查已于2014年完成，在此基础上只需①录入与统计分析数据（2015.1—2015.6），补充教师访谈、在京就读南疆大学生问卷调查；②发现问题做深入访谈及赴南疆追踪调查（2015.6—2015.7）；③再分析数据，基于调查写作文稿，发表相关论文（2015.7—2016.6）；④整合写作与修改文稿（2016.7—2017.6）；⑤举办小型研讨会，再次修改文稿（2017.6—2017.9）；⑥提交文稿共审查（2017.10—2017.12）。

只扫一眼，便知该计划至少存在如下问题：1）连排虽有序，却未极好地显出时段的层次；2）时段放在内容之后，括号之内，不如以时间为线、居于首位。3）计划各点的内容主体是数据分析、调研、文稿写作等，或是方法，或是常规的行为，未充分彰显本课题的研究之特，连项目的关键词都少见。4）除缺乏研究对象外，其他目标、效果等也未见一处；过于常规化，未显本课题特性的计划。再请看图29。

2017.07-2017.12	续收语料，分析国内外最新研究成果，完善已有的研究框架，进一步细化
2018.01-2018.07	对已收语料人工标注与量化分析
2018.08-2018.12	对部分语料个案分析，撰写与发表中期成果（论文2篇）：1. 后冷战时期美国政治话语合法化策略研究；2.中美政治话语模式价值取向演变比较研究。
2019.01-2020.06	成果提炼：撰写初稿
2020.07-2020.12	撰写二稿。
2021.01-2021.07	三稿、统稿、定稿。

图29　过于常规化的研究计划

观察图28，请比较例178，可继续发现：1）整个计划填写用了西式自动排版，而非中文状态，一不美观，二费版面。2）第三个时段较多地涉及了内容，稍好于上一例，但过于集中，而其他时段少之又少，甚至阙如；3）仅一、二、三稿与定稿就占了三个时段，关键任务悄然旁落。4）时段共计六个，稍多，一般为四五个，与子课题大致相应，6个及以上时段，相当于走碎步，与国家级年度项目不符。5）后三个时段的计划任务奇少，一看就是短板，为项目减分，痛失版面的大好河山。6）时段中间不用破折号，而用一字线，既不费空间，也显疏朗，当然也不宜用连字符。

总之，整个计划的时段与子课题要密切相关，内部自洽。计划推进步骤不能总是搜集资料、中期研讨、平时撰稿发文、最终结项、出版之类的大众写法。只写常态者就是常人，而项目得给非常之人，多给优中更优者。

234* 计划含哪些要素？为何忌“泛”？如何防止程式化？

理论上讲，研究计划涉及何时何地何人以何方法干何事达何目标，以取何效，实际上不一定按此程式步步写到。可据不同学科的不课题，择其要者一一具体化，但语言力求简明，即可避免空泛，过于程式化。试比较图30与图31。

第1步 建库 拍摄“一带一路”沿线汉俄语国家语言景观，分建开放性多模态语料库；
201307—202006 **建多模态库** 对黑、内、新、海南、北京、莫斯科、圣彼得堡、杜尚别、基辅、哈尔科夫、阿斯塔纳等地语言景观已拍3000余张，拟继续实拍，持续分类建库；

图30 思路与计划比较

图中上部是研究思路，显得高大上，宽广泛只显示方向，用语简，具有概括性。下部是其研究计划，明显要具体得多，抓住何地、何事、如何、何目标等要素。又如“中国境内和俄、乌、白、哈、吉等俄语国家”是对“‘一带一路’沿线汉俄语国家”的扩充具体化。见图31。

201307—202006 **建多模态库** 黑、内、新、海、京、莫斯科、圣彼得堡、杜尚别、基辅、哈尔科夫、阿斯塔纳等亚欧各地俄语景观已拍3970张，续拍2500张，采用语料库方法，按语音、文字、图片、音像等类按单类、双类、多类组合分类建立8个领域的多模态库。
202107—202506 **多模态库研发** 中国境内和俄、乌、白、哈、吉等俄语国家已拍符号景观2万多张，已建多模态语料库，续拍2万张，共约4万，为8个多模态库增容。

图31 研究计划具体化比较

如图所示，上部是对图30下部研究计划（2016年获批，见例177）的进一步具体化或优化，如原先的3000余张，改为3970张，可以写到十位数，这是已然的事实，写出来更令人信服；其中的语料库分类可写清其性质，分类后建库，应有具体数量。而下部则是2022年获批项目的研究计划（见例178），从2013年到2022年，九年间“语言景观”已升级为“符号景观”，其多模态库容已增至2万张以上，可以写出定数；续拍的只会是约数，最终写出总计。这种写法是另一种具体化，即便如此，所占篇幅仍不过2行。

参考示例163—164　研究计划

参考示例163

研究计划

2013.06—2014.06　***以史料爬梳为主***　课题组已就晚清翻译史进行了初步探讨，发表了一些研究成果；已研读并筛选出了揭示晚清思想界和翻译界国民性思考的史料，基本掌握了历史概貌。

2014.07—2015.05　***以描写对比为主***　描述与对比四个代表性译者的翻译纲领、各自实践方式及社会影响。

2015.06—2016.12　***以译本分析为主***　搜集与筛选报纸杂志和单行本中体现译者国民性改造和新国民构想的译例，对其进行细读、分类、标注，分析译者的中国化、时代化和大众化翻译策略，评述其社会效果。这一工作可持续到课题结束前。

2017.01—2018.01　***以提炼评论为主***　透过史料和译本总结晚清翻译界国民性改造和重塑的实践特点，重点是各阶层国民结构和地位的调整、译者的矛盾情绪以及翻译赞助人的变化。

2018.02—2019.05　***以借鉴总结为主***　以上述研究为基础，结合对目前中国文学（文化）外译效果以及核心理论问题的反思，总结晚清翻译界国民性思潮对当前国家翻译实践的借鉴经验，并完成专著。

参考示例164

3.3 研究计划

2014.01—2014.12　**前期准备**　整理《你好，中国：百集全媒体文化体验》等100个语料，做好理论准备，掌握俄语国家语料库的使用方法，学习语料库语言学的统计与数据分析方法；

2015.01—2015.12　**数据统计**　依据相关理论确定利用语料库的切入口，根据研究假设和研究目的在俄语国家语料库中进行检索，提取的翻译例证和数据，导出检索结果；

2016.01—2017.12　**数据分析**　使用数据、图表或模型等对检索结果统计分析，对数据进行卡方检验和对数似然比较，仔细观察结果，描写数据所反映的总体特征和趋势；

2018.01—2018.12　**理论解释**　对统计结果进行多层描写与多角解释，揭示隐藏在翻译事实背后的规律性特征，归纳出翻译规律并解释翻译事实成因，构建文化译介模式；

2019.01—2019.06　**结项准备**　回眸整个研究，整理各阶段成果，形成体系，修改书稿，为结项做准备。

4. 可　行　性

235 何谓可行性？如何系统思考？

可行性，简言之，即可以实行。可行性是计划符合实际、可以实行的特性。可行性实为选题的依据之一，可归入“选题依据”，紧跟“研究计划”亦可，表明计划可行。

可行性讨论至少可从10处入手，选其4—6种列出：1）理论基础储备是否满足需求或训练如何；2）研究所需语料或材料收集或建库如何；3）国内外进展如何，是否立于前人之肩；4）可拓展空间，反映未来可做的必要；5）个人前期成果如何，有底气，可展示；6）现实需求，属于外力驱动；7）条件保障，属于物质、技术等支持；8）总体框架是否设计初具规模，可增自信；9）研究思路、方法与计划是否成熟而可作有力的支撑；10）研究经验是否丰富，以免走弯路；11）团队结构如何，力量如何，是否众人拾柴，集体攻关；12）良好的研究传统，已呈良好的研究态势，已处于研究的初级阶段。

236 可行性撰写几点合适？常有哪些不足？

第235问可以形成“可行性体系”，在系统思考拟报项目的可行性之后，不同人不同项目而取己所需，产生具体的几点可行性。一般5点左右。3点似乎太少，易遭否定；6点以上似乎偏多，虽说可行，却不突出。

若与上述相反，可行性常写得不可行：1）对拟定的内容、对象、目标、思路、方法等缺少分析，难以确定其可行性；2）不系统，尤其是2015年增设“可行性”以来，不少人模糊，思考不全，所选不足以证明可行；3）可行性分析不足量，非常简略，几句带过，不足以服人；4）过量，说得过细，主次不分；5）只发感慨，而非事实证实或理论证明，其潜台词是“我做过，所以行”；6）过大过高，如理论基础拉郎配，或拉大旗做虎皮，或理论基础繁多，为理论而理论，而缺乏理论框架的适用性和针对性。

237 可行性如何突出共性与个性？如何切实可行？

可行性既可能具有共性，如理论、实践、方法等，也可能突出研究者的特性和个性方面，如训练、经验、语料等。

可行性可从共性与个性两大方面思考：1）为框架的研究思路进行可行性分析，应对项目所涉的内容、对象、目标、思路、方法等给出可行性分析，重在思路推进，而非仅仅是人员、设备等条件；2）结合拟报的项目的实情，写出 5 点左右的可行性，重在了解可行性体系，熟知所报选题的一切信息；3）从可行性体系各要点出发，分别用一句话概括可行性；4）可按重要性排列前 6 条，尤其要看最后一条是否可舍，若可，则取前 5 条；5）为每条各取一标题，便于评委快速捕捉各条可行性的内涵；6）各可行性标题力求等长，语法性质力求相同，或为动宾短语，或为偏正短语；7）每条 2 行为宜，加上“1）、2）……”类序号，一目可见共有几点；8）序号用 Times New Roman（简称 TNR），标题均用楷体加粗，之后空一格，接写内容；9）可行性内容力求用事实和数据（用 TNR 加粗，以突显），以便证明可行的基础，即使理论等抽象（例 177）之处也往实处说，与拟报的项目贴近。（详见例 165—例 167）

参考示例 165—166　可行性

参考示例 165

> **3.4 可行性**
>
> **1）现实需求**　本课题是基于真实的汉外视听翻译语料分析，研究目的是为了解决我国当前实际问题，中国文化“走出去”，视听翻译无疑是一捷径，探讨如何规避文化折扣，符合现实需求。
>
> **2）资源丰富**　负责人曾受公派赴×××大学学院翻译研究中心做了一年的视听翻译研究，师从视听翻译研究领军人物，通过网络平台实时搜集了大量视频资料，收集并研读了大量中英文文献。
>
> **3）经验初具**　负责人对视听翻译研究领域颇感兴趣，一直密切关注此领域国内外发展动向，已发待发与视听翻译研究相关论文 7 篇，其中 1 篇 A&HCI，2 篇 CSSCI，2 篇核心，正绕之拟写专著。
>
> **4）研究团队**　负责人及其成员均为 35 岁以下的高校青年科研骨干，分别来自翻译学、传播学、外国语言学（英语、法语等）、经济学等不同领域，通过跨学科跨方向实现优势互补，确保该课题有效进行。

参考示例 166

> **3.4 可行性**
>
> **1）合国家战略**　研究孝文化切合“中国文化走出去”的国家战略；尤其是讲好中国故事背景下，研究中华孝文化对外传播的有效机制能破解孝文化的实践困境，解决中国养老等社会问题。
>
> **2）受理论支撑**　主持人熟悉译论有较好的国学功底和一定的古文字功夫，熟悉辩证法，能在联系、发展、对立统一中认清事物；对所涉相关学科有一定了解。课题组成员有二位国学功底和古文字功夫深厚。

3）有研究基础 除理论法训练20余年外，译学研究论文30余篇，查阅相关期刊、论文、书籍，结合网站孝文化古籍电子书下载搜集了丰富的孝文化研究资料(数量过两万)。

4）富研究经验 已做过科研课题，出版译学学术著作1部，发表译学论文30余篇，本方向论文一篇和非出版译稿近60万字，掌握了方法论，有较丰富的译学研究经验。

5）有国际视野 主持人翻译的孝文化资料近60万字，亲历历届孝文化国际研讨会并为其做翻译工作；主持人近六年先后五次出境出国参加世界翻译大会、亚洲翻译家论坛等并宣读论文，有国际视野。

参考示例167 思路方法

3. 思路方法 (本课题研究的基本思路、具体研究方法、研究计划及其可行性等)

3.1 基本思路

第1步 定研究法 建语料库 明确使用辩证法，从联系观、发展观、矛盾观、辨证否定观等方面考察腔/体；除利用已有语料库外，还针对汉译腔/体建立相应的特色语料库，以搜充足的语料。

第2步 正本清源 识别标记 基于丰富的语料，归纳腔/体类型，描写其标记，理清腔/体表现特征和本质属性，由表及里确立其本质，比较其与英俄两大语种与汉语的差异，以求标本兼治。

第3步 建立机制 避腔趋体 从历时角度探讨汉译腔/体的产生动态、纵向横向与汉语比较，考察其违规和超规的过程，探究汉译语言变化规律，确立规范方法，揭示规范的机制，扬长避短。

第4步 探究原因 理论思考 从翻译过程、语言结构与功能、跨文化交际等角度切入汉译腔/体，充分地解释其形成原因，建立汉译体规范体系，确立汉译腔的规避原则，创立汉译规范原理。

3.2 研究方法

1）辩证思维法 从空间看汉译腔/体与汉语的横向联系，从时间看腔/体的纵向发展，对腔/体做多方面、多角度、多侧面、多方位考察，摆脱非此即彼的二值逻辑，澄清并建立腔/体的辩证关系。

2）语料库方法 利用翻译语料库、平行语料库、类比语料库和汉语语料库，采用基于语料库、语料库驱动和库助的方法，对任何汉译腔/体对象进行定量查检和理性验证，对已有现象或观点假设验证，或进行穷尽式分析与归类，经过观察—假设—归纳—理论整合，基于定量研究尽量做出定性结论。

3）平行类比法 采用平行比较法，原文与译文比较，比出译文之异；N种译文比较，比出腔/体之异；译文与汉语作品类比，见出原文之异，判别失规或超规；见出转化艺术，显示汉译之高下。

4）历史逻辑法 研究汉译腔/体现象，既考察其发展史，也考察对其认识的历史，还要对这种考察从语言理论及其他学科进行理性思维，最终以理论形态反映腔/体的规律，以别于昔日研究。

5）具体抽象法 通过分离、提纯、简括环节将对腔/体的具体感性的认识升至抽象认识，再按腔/体本身的联系，将抽象结论的概念聚拢，综合为理论体系，对汉译腔/体形成辩证系统的认识。

3.3 研究计划

1997.01—2018.12 **查检腔/体语料** (含已开始的工作)英俄书面和口头汉译腔/体现象手检与机检相结合，手检可直觉判定新现象，机检便捷量大，科学准确，以反映汉译腔/体的百年进程。

2015.07—2016.02 **分头研析腔/体** 对五四前后、20世纪50~60年代、21世纪前后三个代表性时期的汉译腔/体现象，从定义、类型、特征等角度充分观察与描写，以全面揭示腔/体的本质属性。

2016.03—2017.01 **构建腔/体系统** 凭理论和语感发现腔/体现象，机检验证得失；或用语料库发现另类，再做理论剖析，两相结合，归纳出腔/体的标记，一正一反建立汉译腔/体系统。

2017.02—2017.12 **辩证腔/体关系** 分析汉译腔/体的历史动态，理清可以入汉和必须淘汰的两极，分清多种过渡状态及其表现形式，建立由汉译腔到汉译体、被汉语吸纳的肯否及转化机制。

2018.01—2018.12 **整合腔/体理据** 总结腔/体产生的原因、规律、原理等，建立汉译腔的规避尺度和汉译体成立的标准，给破规与超规以空间，建立规范体系，维护汉语规范，且促其发展。

3.4 可行性

1）**有理论支撑** 主持人熟知译论与汉语，偏爱哲思，曾撰翻译哲学文章，一直践行辩证法，能在联系、发展、对立统一中认清事物；主持过语料库翻译课题，办过此类专栏，训练三级科班理论10年。

2）**历方法训练** 归纳与演绎、分析与综合、抽象与具体、逻辑与历史等辩证思维法训练30年；受过语料库培训，熟悉建库与运用，一直践行定量定性结合法，语料库翻译研究论文近10篇。

3）**备丰盈语料** 可利用英汉平行语料库至少4个，俄汉平行语料库至少3个；建有颇具特色的全国俄汉翻译大赛语料库和汉译腔/体手检语料库(例过万条)；至少4个汉语语料库可供自动查检。

4）**合现实之需** 新时期，尤其是网络时代，语言接触方式愈发多样，汉译成了汉语运用较为活跃的领域，汉译腔/体现象随处可见，如何规范操作，需译学界给出答案，以满足现实规范之需。

5）**富研究经验** 主持人已做过国家和部级汉译规范的课题，出版译学理论著作6部，出版英俄汉译作5部，发表译学论文200余篇，本方向论著近30篇部，掌握了方法论，有丰富的译学研究经验。

（十三）创新之处

1. 常问常答

238 创新有何特点？仅限三点？如何建立创新体系？

国家基金项目重在探索与创新，求新！所谓创新，是根据既定目标，调动已知，经过不同的思考，产生新颖、独特、有价值的新概念、新理论、新技术、新工艺、新产品等新成果的智力活动。

创新有三义：1）改正，既往研究不符合事实，通过研究纠错，提出新见；2）更新，即在前人基础上增加新内容；3）创造新的东西，即创造发明从未有过的事物。其主要特色或视角独特，或解决问题的方式独特，或理论上有创新，或技术上有改进等。新，通俗地讲，不外乎：人无我有，人有我新，人新我特，人涉我全。常见人写“很少研究”，也须小心，因为研究很少，一般不算特色或创新，无人或很少研究工作，也可能是困难无法克服，或是意义不大，或根本无解。

申请书的提示语明示“在学术思想、学术观点、研究方法等方面的特色和创新”。首先，“特色”在此即“创新”，因此不必分两方面写。其次，此处“等”可以等，远不止于3个方面，可达5个左右。学术创新首先是学术观点的创新。要达到学术观点的创新，同时必须研究新问题，使用新方法，运用新材料，进行新论证。充分展示其研究成果的创新价值——新战略、新学科、新理论、新思想、新观点、新思路、新领域、新问题、新方法、新材料、新推进、新突破和新论证。创新体系与第161问的价值体系相关，不妨建立三层至少12个以上的创新观测点。

239 创新点提炼常见哪些不足？

创新点的提炼常见如下不足：1）见提示语“在学术思想、学术观点、研究方法等方面”，有人就不“等”了，仅写3个方面；2）因提示语中并列了“特色”与“创新”，分出两点来写，每点之下至少写2—3点，弄得创新点多多，至少6（2×3）点；3）对创新性科学问题把握不准，问题不大或不重，相应的创新性也就不大；4）简单说“目前研究尚少”“无人问津”“研究者少”等，难以直接说明创新性；5）将创新点写成“应用……探索……规律”，或“通过……建立……的关系”之类不属于创新，而属应做之事，可归入总体框架；6）创新点找到了，表达却未尽力，未用力，如冗长拖沓，凝练不够，淹没了创新点；7）表述失当，漫天信口创新，尽说大话，动不动就“填补空白”；8）过简，三两句对付，一句值10万；9）过繁，只怕评委不懂，啰唆半天。

240 创新点成行还是成段？如何具体化？

项目的创新，概言之，是创新之处，即创新点，实指有别于他人的学术思想、思路、技术、方法、视角、对象等。创新点要凝练、集中、醒目、简明，一点一行，至多2行。为了防止说大话，力避平庸，不妨分步具体化：

1）找到被创对象或领域，据之确定合适的创新型动词，构成动宾短语；

2）对创新的对象加以限定，以明创新的性质、范围、大小等；

3）对创新型动词加以修饰，以明创新情状、程度、目的等；

4）若可能，为每点创新提炼5字左右的标题，再次高度点化创新点；

5）用词用语以旧推新，基于已有但不固守，走向前沿而不过于超前；

6）虽然可用完整句，但用动宾短语更加具体鲜明，直扑评委眼帘。（详见例168与例169）

241 创新点从何处提炼？

学术有所创新，才有研究的价值或意义。创新点可从简评、价值、总体框架、重难点等处提炼：

1）基于简评提炼，评其不足，说别人没干什么，没干好，创新则是我要干，将会干出什么，就可成为新起点和突破点；

2）基于特有价值提炼，价值或意义是对选题往虚处说，创新点则是对选题往实处说；

3）据重点提炼，即从内容上看本项研究在同类事物中极其重要或主要，具有重大意义或作用或影响；

4）据难点提炼，即从解决方法上看本项研究解决了不易解决、很难解决或以前没有解决的问题；

5）据总体框架提炼，其主要观点或思想与以往有何不同，超在何处，可进一步高度提炼成价值判断。

242 如何至少求“八新”？

总的来说，可从社会、学理和实践三层多视角思考创新，再择其要者而列之：

1）战略上，满足国家政治、经济、社会、文化等战略需要，具有意义，能成为国家智库来源之一；

2）学科上，能推动学科建设与发展，弥补学科之不足，促进学科建构与完善；

3）理论上，尝试提出新的学说或系统观点，丰富和发展某种重要学说或理论；

4）思想上，萌生新观点、新思想，将实践中的感性认识升至理性思考；

5）思路上，开辟新思路，找到新切点，研究取得突破性进展；

6）对象上，选取新对象，开辟了新领域，对重要领域或重要问题做出系统描述、分析和概括，总结出规律性认识；

7）问题上，发现新问题，发掘或采用新材料，产生新认识；

8）方法上，尝试提出新方法，开展新论证，如严复翻译从未基于变译语料库研究，因为这不是常规的语料库，国内外尚无人涉及，“基于语料库的严复变译思想研究”因此体现了方法创新。

243 创新点多少为宜？如何排序方便推荐？

项目的创新，若只用一两句话打发，过少，则缺乏创新；或相反，从头至尾处处发掘创新，写得太多太复杂，则叫人不信，冲淡了创新；全是新，都不新。创新点写得要而不繁，数量要充足，3—4个即可。评委撰写立项推荐意见时，通常参考此处。因此，申请人将创新的精华凝练出来，以便评审，与人方便，与己方便。倘若自己都提炼不出，让评委去总结，于己不利。

理论上可按第238问所说的社会、学理和实践三层排列创新点，但从评委审读心理、时间局限、评语撰写等角度考虑，最好按新颖性排序，即最新之处显于首位。3—4个创新点每点1—2行，最好每点1行。各点之间可用分号，最后一行用句号。最新一点若占2行，则用足2行，第2行末尾空3—4格，其他各创新点均为1行，与第一点的第2行形成等长关系，整个创新点呈为矩形；若第一个观点第2行空出5—6格，则可以第2行为准，下面每一行比上一行多一字，形成梯级关系，整个创新点呈梯形。（详见例168、例169与例177）

244 创新点由段炼成句再炼成几字方法要诀？

要诀是创新点关键的窍门或重要的诀窍。本来创新点就要求简明，若是写成段，一是提炼不够，二是读来费时。若要提炼成句，一句顶几句，显得凝练精辟。一句话可用完整句，也可用非完整句，非完整句在此不是不成句，而是申请语境下的省略句，句子多半简化为动宾短语。不论是完整句，还是非完整句，组合在一起成为复句表达创新。若是再能将每个复句所表达的创新点提炼出几字口诀，等长，对应，上下对齐，会产生评审效果，这是对文字功夫、学术情商的考验。

提炼方式可是物理式提取，即由原创新点内容的关键词简单提取，如例168从“重新统一界定翻译腔与翻译体，正本可以免重复研究，清源可力促汉译成熟发展”中提出“正本”和“清源”合成“正本清源”，得一要诀，可成小标题。也可以是化学式提炼，即原创新点整个内容再次提炼，如从例168“将汉译作为语言接触手段，应用且创建语料库研究汉译语言规范，以利国语规划”中提炼出“急国所急”，得一要诀，也可成小标题。以后者为多，前者较少。创新点最好是1行，第一个创新点至多2行，因此所得要诀不能过长，5字以内为佳。

245 如何建立创新用语表？

创新是一种实践行为，其常用词语主要是动词；行为产生相应的结果，结果又具有了一定的性质，因此，次常用的是形容词和名词，详见表35。具体选用哪个词语，请据申请书内容查阅词典。

表35　创新用语

<table>
<tr><th rowspan="2">类型</th><th colspan="2">例词例语</th></tr>
<tr><th>双音词</th><th>多音词</th></tr>
<tr><td>带【新】词语</td><td>逼新 标新 布新 划新 尝新 出新 创新 从新 鼎新 翻新 革新 更新 弘新 尖新 精新 绝新 开新 谋新 纳新 轻新 清新 全新 日新 赏新 试新 刷新 惟新 维新 骛新 纤新 鲜新 新拔 新变 新裁 新潮 新创 新度 新翻 新风 新功 新故 新贯 新规 新机 新尖 新觉 新进 新绝 新立 新貌 新美 新派 新篇 新奇 新气 新腔 新巧 新切 新清 新荣 新容 新锐 新色 新生 新式 新术 新说 新特 新题 新天 新物 新习 新鲜 新新 新型 新兴 新雅 新样 新异 新意 新颖 新语 新造 新整 新制 雄新 一新 斩新 崭新 肇新 重新 最新……</td><td>新版本 新变化 新长征 新纪录 新纪元 新技术 新名词 新篇章 新时代 新世界 新事物 新崭崭 推陈出新 焕然一新 万象更新 标新立异 咸与维新 除旧布新 技术革新 百日维新 耳目一新 新陈代谢 日新月异 日新又新 花样新翻 涤故更新 日异月新 标新竞异 纳新吐故 革旧从新 去故就新 铸新淘旧 喜新厌故 革新能手 翻陈出新 新鲜血液 引新吐故 蜕故孳新 除旧更新 日新月着 花样翻新 标新领异 辉光日新 避俗趋新 弃旧怜新 发硎新试 新硎初试 大化改新 革新变旧 出陈易新 别出新裁 革故立新 灿然一新 整旧如新 吸新吐故 迎新弃旧 去故纳新 逐新趣异 弃旧图新 送旧迎新 咸与惟新 弃旧迎新 革故鼎新 标新竖异 日新月著 破旧立新 标新坚异 半新不旧 推陈致新 除秽布新 旧瓶新酒 迎新送旧 笃新怠旧 染旧作新 革旧鼎新 怜新弃旧 革旧维新 弃过图新 标新创异 新故代谢 独出新裁 厌故喜新 月异日新 涤秽布新 半新半旧 鼎新革故 拔新领异 无旧无新 新益求新 面目一新 迎新送故 日新月盛 新发于硎 自出新裁 革旧图新 温故知新 领异标新 焕然如新 清新俊逸 别出新意 舍旧谋新 弃故揽新 弃旧开新 得新忘旧 丹垩一新 复旧如新 一新面目 凡百一新 标新取异 铲旧谋新 自出新意 革新图强 逐新趋异 装点一新 良苗怀新 弃旧换新 更新换代 其命维新 气象一新 面貌一新……</td></tr>
<tr><td>其他词语</td><td colspan="2">暴露 变动 变革 变更 变化 补充 草创 尝试 成立 冲破 初创 创办 创建 创立 创设 创始 创造 创制 打开 打破 缔造 独创 断定 改变 改动 改革 改观 改换 改造 告成 革新 更动 更改 贯成 建立 建树 揭发 揭露 揭破 揭示 决定 开创 开辟 开拓 落实 明白 明了 明确 明晰 扭转 清楚 确保 确当 确定 确立 确切 确认 确实 确信 确凿 确证 设立 实施 实现 试验 首创 树立 提出 提议 添补 添加 填补 填充 调换 透露 突破 蜕变 蜕化 完备 完成 完好 完满 完美 完善 完整 显示 兴办 圆满 增补 增加 展示 真切 执行 制造 转变 转化 独辟蹊径 独树一帜 确定不移……</td></tr>
</table>

2. 新问新解*

246* 为何说“创新之处”不略则详？如何寻点突破？

活页其他几处都要求“略”，“创新之处”之前要“略”，之后要“略”，创新未要求略写，给反衬出来了，不“略”在此实为可“详”，显得更为突出。其他“略”处为绿叶，所衬之花即创新。创新如“万绿丛中一点红”，与价值和基础构筑了活页的“金三角”。

如何寻找突破点？据第 242 与 243 问，创新无非三条路径：改正错的、更新旧的、创造无的；主要来源无非参照申报书的简评、价值、框架、重点、难点，另加最新最相关文献所带来的创新之源。路径与源头叠加或推演，至少可以产生 12 个以上具体的创新点，如新学科、新理论、新思想、新观点、新思路、新领域、新问题、新方法、新材料、新推进、新突破、新论证等，尝试从各点出发，切入所报课题深入思考，揭示鲜活具体的创新内容，取前 3—4 点，不能过少，做到多而不繁；每点 2 行，详而不冗。详见例 178。

247* 创新仅限于“思想、观点、方法”？“等”字不可小觑？

据活页，“创新之处”的提示语是“在学术思想、学术观点、研究方法等方面的特色和创新”，只列“学术思想”“学术观点”“研究方法”三者果真不乏其人，见图 32。不仅填报者如此，有的评委眼里似乎也习惯于这三点。其实，后面的“等”不是摆设，可“等”对象至少 12 点，见上一问，这其中大有文章，是整个申报最能“等”之处，也是最易忽略之处。

4. [创新之处] 在学术思想、学术观点、研究方法等方面的特色和创新。

4.1 学术思想方面：①主张改变重语义轻语用的观念，注重两者的交互作用关系。②……

4.2 学术观点方面：①语义语用界面知识习得包括语义和语用两个模块，涉及语义解码与语用制约两个方面。②……

4.3 研究方法方面：①理论研究坚持传承创新并举的原则，追根溯源，求同存异，去粗取精，力创新学。②……

图 32 创新之处非确当写法

因选题不同，研究水平不同，申报者可实事求是，与鲜活而具体的研究选题结合，据前述 12 个以上的创新点选择最具创新性的几点，再一一展开。表达创新点的词语也应具体化。不可“等”出 5 点以上。5 似乎是极限，再多就不能显“新”。若真觉得创新点较多，可适当合并，即减量提质。试比较图 33 与例 177 。

4. 创新之处（在学术思想、学术观点、研究方法等方面的特色和创新） **提炼模式，承接工程**　对语言景观汉俄译写模式的提炼，国内外尚属首次，具有一定的创新度；承担国家刚启动的《公共服务领域日文、韩文、俄文等译写规范》工程，具有时代性。 **取鲜语料，创模态库**　取材来自“一带一路”俄语国家和国内语言景观，反映真实鲜活的语言面貌；基于多模态语料库，相较传统的经验式或感悟式个案研究，更具信度与效度。 **多路会通，跨科聚焦**　汉俄语言景观对比基于联袂式、问题化、应用型研究模式，确保了研路通畅；译学、社会学、符号学、传播学、文化学、认知科学多科聚焦语言景观俄译。

图 33　包含特色的创新

248* 创新之处为何要提炼点化？如何优化表达？

创新之处难在申报者想为每点创新提炼出最闪光的“亮点”，却又常常力不从心，提炼不够，过于寻常。有人直接将题中“学术思想、学术观点、研究方法”三点引作标题，可见未动脑筋。例 177 的“创新之处”当年写得尚可，用上了“三字经”，如“时代感”“对象新”“语料鲜”“有库助”“路径全”，自我肯定，蕴含正能量。

创新点若是每点 2 行，完全可用 5—8 字的标题。将每个创新点进一步提炼，整个标题反复锤炼使带思想。比如，现在回看例 177（2016 年获批），其 6 点创新之处就多了。评委会问：哪有那么多创新点？但是，三字经提炼不易，也不常用。现在不妨合并三字经，分别扩充为四字格，两两对应，如“提炼模式，承接工程”“取鲜语料，创模态库”“多路会通，跨科聚焦”，也能构成新颖的表达。经改造优化所得的创新点见图 33，标题更加厚重了。由图可知，总点数为 3，总行数为 6，标题优化，结构优化，体量守恒，质量更优，功能更强。

249* 创新至多至少写几点？点面、质量结合何种方案最佳？

写 6 点及以上过多，写 2 点即便每点 3—4 行，点数又过少。创新点以 3—4 个为宜，5 为上限；每点可写 1—2 行，总行数 4—8 行。最大创新点宜列首行，以显质量与重要性；其他 2—3 点随后，以充数量。点与面、质与量、重与轻因此而融为一体，创新之处的点数、行数与总字数的关系详见表 36。

表 36　创新的点数、行数与总字数关系

方案	所设要点数	每点所占行数	总行数	每行字数	总字数
一	4	1	4	40	160
二	1 3	2 1	5		200
三	3	2	6		240
四	2 3	2 1	7		280
五	4	2	8		320

方案一共设 4 点，点数多，但每点 1 行，略少，总字数也少。

方案二仍设 4 点，面中有重点，第 1 点 2 行，其他 3 点 1 行，较合适，总字数略少。

方案三共设 3 点，点数始多，每点 2 行，不多不少，总字数适中。

方案四共设 5 点，点数至极，其中 2 点重要，每点 2 行，其余 3 点次要，每点 1 行，总字数较多。

方案五共设 4 点，点数较多，每点 2 行，各点均衡未显轻重，但仍建议最重要的创新居首位，总字数不少。

参考示例 168—169　创新之处

参考示例 168

4. 创新之处（在学术思想、学术观点、研究方法等方面的特色和创新）

1）急国所急　将汉译作为语言接触手段，应用且创建语料库研究汉译语言规范，以利国语规划；

2）创新关系　突破腔/体二值逻辑，不再走极端，而是一分为三地解释且解决汉译语言规范问题；

3）多库并用　基于翻译、平行、类比和汉语多类语料库能有所发现，推动与深化腔/体研究僵局；

4）正本清源　重新统一界定翻译腔与翻译体，正本可以免重复研究，清源可力促汉译成熟发展。

参考示例 169

4. 创新之处（在学术思想、学术观点、研究方法等方面的特色和创新）

1）辩证得法　辩证法处理内在复杂而表面冲突的汉译腔/体问题，能反映本真，为其提供方法论；

2）多语聚焦　汉译语言研究国内关注多年，多基于英译汉，而俄译汉研究不可或缺，可补空缺；

3）多科会诊　思维、文体、认知、哲学等多学科会诊汉译语言本体，可拓展阐释的高度与深度；

4）根治顽疾　建立腔/体规范柔性区间，具可操作性，可从翻译转化过程破解汉译语言根本问题。

（十四）预期成果（略写）

1. 成果形式与去向

250 预期成果与数据表有何异同？填写常见哪些短板？

预期成果在数据表中只写最终成果，而在此是其具体化，基础研究和应用研究毕竟是国家级资助，重金资助会期待高质成果，研究结果经得起考核，因此，预期发表多少篇论文，出版什么专著、建立什么样数据库或语料库等最好具体交代，即最好列出具体的大致数量与名称，如发表论文的篇数等，有的还涉及申请专利的项数、产品的数量及质量指标、推广应用的范围、规模和效益等。预期成果最好有具体的数据，以示成果的丰盈。

预期成果的填写常见短板如下：1）预期成果常误作最终成果，列出书稿一部或书名就草草了事，给人成果单薄之感；2）表述过简，含混笼统，如“发表论文多数，出版专著一部”等，给人感觉不必巨额资助；3）未据前期基础和团队的研究潜力适度表达，成果的种类与数量过多，一般项目或青年项目写得比重点项目还多，超过 6 项；4）预期成果过少，才 1—2 项，评委会质疑团队的学术积累、学术信用等，认为难以达标；5）排列无序，或不整齐，不能一眼收尽；6）成果去向不明，未写清发表园地或出版级别或报告呈送机构。

251 中期与终期成果如何井然排列？最终成果最好写什么？

预期最好分期，一般分中期与终期，不以期中、期末或期终划分，这些是教学用语。分期之下分头列举各类成果，条化，不宜成段连贯书写，以求清晰。各期成果可单独排序，如中期成果有 2—3 条，终期成果 1—2 条；也可以排总序，如中期成果填至第 3 条，终期成果可填至第 5 条。按总序排比较好，既可单显各期成果，又可呈现总的成果数，给人以整体感，一眼看到总数。

若无版面之虞，可将成果通栏排列；为节省版面，也可左右手工分栏；若版面紧张，“中期”“终期”字样可设计顶左框，同一行内列出成果形式（书、文等）和成果去向，用楷体加粗突出。（详见例 170）

最终成果，最好是专著，也可以是调研报告之类。尽量不写论文集，一是论文集篇数与字数暂无定规，申请人会莫衷一是，结项时评审专家也见仁见智；二是有的论文集给人以拼凑感；三是多数结项成果要出版，不如一鼓作气，写出书稿，一举多得。所成书稿，后续还可挖掘成文，进一步深化研究。

252 成果分哪些类？何去何从？如何对应前面的内容？

成果类型可填文、书、报告、文集、数据库、语料库等，中期成果多为文章，一般项目或青年项目的中期成果为 2—3 篇，重点项目可以稍多，3—4 篇；或是语料库、数据库等。而终期成果多为专著的书稿、研究报告、文集、数据库、语料库等及其组合，也可包括 1—2 篇文章。

成果来自选题依据、总体框架和重难点，前者可以写成综述或述评，是次体，易于发表；后二者可以写成系列文章，是项目的代表性成果，最容易发表，因此占主体。总体框架的各段内容可分别对应生成相应的 1—2 篇论文，将汇总的论文按重要性排序，选出 3—6 篇，又从中选出 2—4 篇归入中期成果，必须至少发表一篇署名项目名称与编号的文章，以备中期检查；剩下的归入终期，综上各论文的集成即是终期成果，或专著，或文集，再写成结项报告，用以结项。

成果去向可以巧妙填写，文章投往国内外报刊，不必写明报刊名称，但可写报刊类型或级别，如“一般期刊”、“核心期刊”、“中央大报”、CSSCI、SSCI 和 A&HCI；专著或文集则将出版，不必写出版社具体名称，只写明一般或权威出版社；报告等则上呈相关主管部门，主管部门或可写具体名称，但不必标出地名，如“部省市主管机构”等，以免泄露相关信息，导致违规。

2. 预 期 效 益

253 仅有社会效益？哪些写法难见效？

各级社科项目是通常所讲的纵向课题，与横向课题追求经济效益不同，一般只强调社会效益，即项目开展尤其是完成之后，对学术自身、更是对社会方方面面发展可做的贡献，将有的影响、将有的价值，这是狭义的。而广义的效益还可拓至政治效益、文化效益等，甚至有时还涉及经济效益等，如经济、管理等学科的项目。

效益也需会写，有些写法难以见效。例如：1）泛泛而写，分领域分侧面不够，笼而统之，不鲜明；2）理解不广，总只在本学科内思考，发散性思维不发达，视野不开阔；3）未建立效益系统，不善于系统思考；4）有的效益关联性不强，略显牵强；5）有经济效益却忘了或不敢写。

254 可预测几点效益？如何鲜明表达？如何建立效益体系？

由上问可知，预期效益其实与项目的价值密切相关，因此可参考第 158—163 问。良好的成果是预期的，所产生的社会与经济双效也是预期的。从所报项目可能涉及的对象、机构、人群等入手，至少可列 4 点效益。此前不妨从社会价值的政治价值、战略意义、国家利益、文化作用等，从学理价值的科学价值、学科价值、理论价值、思想价值等，从实践价值的应用价值、实践意义、经济效益、战术作用、实用价值等方面捕捉项目的效益。从 3 个层面中各取 2 点左右，再按重要性排列，取其 5 点左右。

效益可以自由表达，成段连排；也可形成表达模式，成行单排，如形成如下表达模式：

1）动词+名词，+旨在……，如“完成……，旨在……”等；

2）介词+效力对象+动词+名词，如“为……提供……建议”等；

3）上述两种混合表达。

每种效益一行，上下对齐，等长，呈矩形；或每行比上一行多一字，呈梯形，整体化效果产生较强的视觉效应。（详见例 170、例 171 和表 30）

255 如何建立社会效益用语表？

社会效益往实里说是为他者效力，因此涉及服务的对象，有表服务义的行为动词，有影响或作用的对象，于是构成了社会与经济效益用语（见表 37）。

表 37 社会与经济效益用语

表服务及目的的词语	动词	效力对象
按 把 对 负 给 将 经 据 靠 赖 论 面 凭 如 替 为 向 依 以 因 用 由 于 照…… 按照 本着 根据 基于 借重 借助 经过 赖以 凭借 凭依 通过 透过 为了 为着 依据 依靠 依赖 依凭 依照 以便 以利 以致 针对 旨在 遵循 有赖于 为……起见……	避免 参考 创新 促进 促使 服务 改进 改善 规避 确定 提供 推进 完成 增加 增进……	……界：商界 学界 出版界 辞书界 翻译界 工业界 管理界 教学界 教育界 思想界 体育界 文艺界 译学界 语言学界 社会各界…… ……坛：乐坛 体坛 艺坛 译坛…… ……部门：国家 政府 中央 决策部门 省市区政府…… ……领域：社会发展 展开咨询 思想理论建设……

说明：1）因词语较多，不能一一罗列，仅列出类别，可查相应的同义词词典。

2）可参考表 35 的创新用语。

3. 新 问 新 解*

256* 预期成果略在何处？成果名如何精练？如何节省篇幅？

“预期成果”提示语为“成果形式、使用去向及预期社会效益等”，首先明白不用“等”。2021 年改革规定“略写”，但是预期成果量不能太少，有前期成果又有团队的国家级项目三年内的产出不能低于 4 项；似乎又不能超过 6 项，5—6 项应是最佳区间。预期成果具体指篇、部、份、个等，对应文章、著作、报告与数据库等，以前二者为主，偶见报告与平台，如图 34 所示与例 177、178，其中网络平台“武术多语通用语料库、翻译语料库及汉外平行语料库”就是偶用的成果形式。

5.1 成果形式

	形式	园地
中期	1）中国武术文化外译与国家形象构建研究	CSSCI 期刊
	2）基于多模态语料库的中国武术外译话语特征研究	CSSCI 期刊
	3）中国武术外译话语体系构建：新概念、新范畴、新表述	CSSCI 期刊
	4）武术多语通用语料库、翻译语料库及汉外平行语料库	网络平台
终期	5）《中国武术外译话语体系构建研究》	知名出版社

图 34 成果陈列方式（表中隐形表）

由申报实践与理论分析可知，预期成果所略不在内容，而在篇幅，对策大致有：

1）篇名也有可略的空间，标题以关键词缀连为主，不超过15字为宜，以突出关键词信息；一般不用副标题，以保证每项成果1行；题中可用冒号、括号、引号等；外语篇名可能会多占篇幅。

2）使用去向，一般去向为四种，文章发表，著作出版，报告呈送，数据平台开放。最简写法详见例177。

3）成果与去向合写时若版面不够，还可采用双栏排版，手工或隐形分栏排版，成果4—6项上下对齐，详见例177、178。

4）社会效益或涉经济效益均言简意赅。要有层次，一般社会效益在前，经济效益在后；应用经济学则可相反。2—4点即可，2点时，各点可占2—3行；3点时各点可占2行；4点时，最大效益在前，显出质量，可占2行，其他效益按大小依次下排，各占1行，以显数量。

257* 成果、去向及效益如何分割？几类去向何时单写与合写？

成果、去向及效益切分方式有三：1）成果+去向、效益，是主流写法，详见例177。2）成果、去向、效益，是特殊写法，详见图33—35的5.1—5.3。3）成果、去向+效益，偶见使用，实际是去向含于效益；也可将图35改为“5.2 去向与效益”，比如“服务国家战略”“提升国际形象”的去向是国家战略层面，“促进经济发展”的去向是经济领域，“指导翻译实践”的去向是外译实践领域。

> **5.2 使用去向**（除前述去向外，另有）
>
> 1）出版、发表、在线语料库等形式可供相关高校、武术研究、文化传播等科研机构参考，供热爱武术文化的人士与团体使用，所拟术语标准规范可供武术从译或双语教学借鉴。
>
> 2）以咨询报告呈送国家及相关地方政府汉语推广办公室、外事、文化、体育、教育、文物、宗教、旅游管理等部门，为其挖掘、保护、传承和对外传播中国武术文化提供咨询。

图35　要特别交代的成果使用去向

项目重基础时，成果宜含书与文两种，成果名与去向可前后写在一行。项目重应用时，除书文之外，或可加入呈送上级部门的研究报告。项目基础与应用兼顾时，书、文、报告与平台据实情而定。在发表、出版、呈送、开放之外去向还可单写，一般2—4点，见图36，另见例177、178。

5.3 预期效益

服务国家战略 武术外译话语体系构建为武术文化走出去、提升中国文化软实力献策；
提升国际形象 对比中外武术话语体系，融通中外，讲好武术故事，发出中国好声音；
促进经济发展 武术外译话语的梳理、规范审视促进国家与地方武术旅游产业链发展；
指导翻译实践 整理译介武术话语、构建数据库，为武术外译提供鲜活案例与教学参考。

图 36 预期（社会与经济）效益

258* 预期成果可补哪些有利信息？与极简去向如何优化排版？

除名称与去向外，预期成果还可添加与成果相关的潜在信息，如字数、位次等。若与极简去向（即发表、出版、呈送、开放）相配，优化排版方案有二：1）版面够，通栏排，上下对齐，疏疏朗朗，一目览尽；2）版面紧，分栏排，预期成果上下对齐，紧凑有序，可舍字数与位次。

具体填写内容则请注意：1）若分中期与终期，最好不分期列序号，而是整体排序，上下贯通，以免评委做加法；2）篇名最好不设副标题，最充分地反映项目最具创新的思想，是再次展示与强化思想的机会；3）园地方面，著作写知名出版社，论文一般写核心以上，毕竟是国家级课题；4）SSCI、A&HCI、CSSCI、北大核心等因职称、申报类型、年龄、所在机构层次等灵活而定；5）论文字数 8000—12000；6）学术论文多用“独撰”，学术著作多用“独著”“合著”“主编”等；7）以 6 项为例，最终成果若是专著时，建议 4 次用“独 X”式，表明申请人是主要完成者；1 次用“第一”，显示带头作用；1 次用“第二”，折射带队意识。

参考示例 170—171 预期成果

参考示例 170

5. 预期成果 (成果形式、使用去向及预期社会效益等)

5.1 成果及其使用去向

	成果形式	使用去向	成果形式	使用去向
中期	**成果形式**	**使用去向**	**成果形式**	**使用去向**
	1）翻译腔/体辨与辩	核心或 CSSCI	3）翻译腔/体与误译区别研究	核心或 CSSCI
	2）汉译腔/体语篇考察	核心或 CSSCI	4）意译与翻译腔/体规范研究	核心或 CSSCI
终期	**成果形式**	**使用去向**	**成果形式**	**使用去向**
	5）汉译腔/体哲思	核心或 CSSCI	6）《×××》	知名出版社

5.2 预期社会效益
1）**为国家**语言文字规范和汉语规划献计献策，在语言接触中避免翻译腔，创新翻译体；
2）**为翻译界**确定译文规范的根据，为翻译实践参谋，为翻译批评提供可靠的译学理据；
3）**为译学界**深化对翻译及其过程的本质认识提供反观镜，可推进译学本体理论性研究；
4）**为教学界**汉外互译教学、对外汉语翻译教学(暂为弱项)和汉译文学赏析提供新视角；
5）**为语言学界**对比语言学、汉语规范理论创新渠道，共同完成(汉语)规范语言学建设；
6）**为辞书界**双语词典词目与例证翻译提供准确译文，避免因形害义而误导读者的理据；
7）**为出版界**汉译编辑校核与音词法篇等层面的规范判定提供依据，以利规范佳译问世；
8）**为影视界**规避配音腔提供对策，减少对观众口笔语的双重影响，以利异域文化传播。

参考示例 171

5. 预期成果（成果形式、使用去向及预期社会效益等）
5.1 成果形式

时间	成果形式	使用去向
中期	1）俄罗斯报刊对中华文化词的翻译策略研究	核心或CSSCI
	2）中华文化关键词俄译策略比较及影响因素	核心或CSSCI
	3）基于语料库的节日类中华文化关键词俄译研究	核心或CSSCI
	4）中国传统文化在俄语国家的影响力差异研究	核心或CSSCI
终期	5）中华核心文化在俄传播调研报告	呈送政府相关部门
	6）《中华文化关键词俄译研究》	知名出版社
	7）《文化翻译学》课程	博士硕士生

5.2 社会效益
——基于中华文化关键词的俄译，探索方法、机制与规律，以利翻译实践、翻译教学、翻译批评等；
——基于中华文化关键词，俄译媒体研察传播途径与效果，以利中国文化精髓的对外出版及传播等；
——基于中华文化关键词的交流，考量其影响效果得失原因，以利跨文化交流，提升我国文化软实力。

（十五）研究基础（活页，略写）

1. 前期成果

259 前期成果有哪些种类与作用？多少为宜？如何点面结合？

前期成果是活页金三角（见第67问）的第三只角。数据表规定预期成果包括“专著、译著、论文集、研究报告、工具书、电脑软件、其他”七项，而活页的说明提醒：“前期相关研究成果中的成果名称、形式（如论文、专著、研究报告等）须与《课题论证》活页相同，活页中不能填写的成果作者、发表刊物或出版社名称、发表或出版时间等信息要在本表中加以注明。”其中的“等”不可等，前期成果一般只列著作、论文和报告。

前期基础表明你已有进展，奠定了继续研究的起点与基点，是向评委证明你是最佳人选的最佳机会。一定的前期成果是研究的初步基础，有此基础，才表明你应获资助，以促进下一步深入研究。前期成果诱人，评委荐举你也有信心。课题有论文发表的要求，要交结项报告或交书稿，从零开始不宜报项，即使偶尔获批，结项压力也会很大。因此，应选已有一定前期成果的课题申报，以确保领先于同行，且能顺利结项。

申请国家项目前期成果至少填写 5 项，只要与选题相关，多多益善，一般 10 项以内。若有人想为自己加强印象，欲全面介绍自己，也可巧妙设计，在活页中可用一句概括“近……年来，撰文……篇，著书……部，主持项目国家级……项、省级……项，参加国际国内学术会议……次。主要代表性成果如下：”。前者为点，其中的数字黑体或加粗；后者为面，这样可以点面结合推介自己。

260 前期成果填写常见哪些不足？

前期成果常见如下不足：1）书、文、奖、项、报告、会议，样样写全，实际上具体只需书、文与报告，奖励、项目与会议均不写；2）有人为突出代表作，甚至附上文或书的截图；3）忽视规定，误填了成果作者、单位、刊物或出版社、时间等禁填的信息；4）论文不多，附上了摘要；5）重点或代表作排版不突出（其实评委一般不会逐篇审阅所有前期成果）；6）因成果少，将投稿未刊的论文列入，有凑数之感；7）因为偷懒，将申请其他级别的申请书直接拷来；8）无关或相关度极小的成果硬着头皮填上，差强人意，产生负面印象；9）将成员的成果误填其中（自 2015 年起只许填申请人的成果）；10）有人甚至臆造论文，弄巧成拙；11）忘了标明合作者中作者的顺序。

261 为何要关注当年申请书对前期成果填写的要求？

前期成果填写的规定有时会有变化，均以当年通知为准，以免误填了有关信息。请比较表 38 左右两栏：

表 38　2021 年和 2015 年前期成果填写要求对比

2021 年	2015 年
前期相关代表性研究成果限报 5 项，只填成果名称、成果形式（如论文、专著、研究报告等）、作者排序、是否核心期刊等，不得填写作者姓名、单位、刊物或出版社名称、发表时间或刊期等。申请人承担的已结项或在研项目、与本课题无关的成果等不能作为前期成果填写。申请人的前期成果不列入参考文献。	前期相关研究成果只填成果名称、成果形式（如论文、专著、研究报告等）、作者排序、是否核心期刊等，不得填写作者姓名、单位、刊物或出版社名称、发表时间或刊期等。申请人承担的已结项或在研项目、与本课题无关的成果等不能作为前期成果填写。申请人的前期成果不列入参考文献。

由表可知，前期成果最好只填论文、专著、研究报告，此处“等”不必等！成果作者姓名、工作单位、刊物或出版社名称、发表时间或刊期等信息，活页不许填，申请书则可以填。奖励、项目等信息可以巧妙处理，详见第 259 问。

262 如何理解成果的相关性？如何据之排列？

前期成果的相关性，指多项成果先后出现且具有关联的性质，但是相关性≠因果性，A 与 B 虽然相关，原因却可有多种，并非只有 A 致 B 或 B 致 A 两种，也可能事出同一种原因，如 C 致 A，C 致 B，A 与 B 均为 C 之果。相关性有大小，可据之排列成果：

1）不按成文成书的时间先后排列，而按重要性排列；据相关性将所有成果分类，如分出书、文、报告等；取相关性较大者进入“前期成果”，若是著作，可全部入选。

2）书文按相关性或重要性排序，先书后文，若有报告，可插入书文之间，也可放在论文之后，毕竟报告不是公开出版物。当然，特殊情况也可略作调整，如在国内外权威期刊上发表的论文，也可放在一般性出版社的图书之前。

3）剩下的论文不足 10 篇时，可以全选；若超 10 篇，可取前 10 篇，余下相关性不大者，可以用逐条列举或概括的方式放入“完成项目的基础与保证”部分。

4）首部重要著译作和首篇论文用楷体加粗，以示突出；同时用作区分书或文章的标志。

263 前期成果不多时，如何巧做少米之炊？

项目评审积极支持有科研梦想的学人。梦想很丰满，现实有时很骨感。有时选题很好，但基础才起步，或前期成果尚欠丰厚。想报，怎么办？如何扬长避短？这不仅仅是青年申报者的困惑，中老年申报者申报一般、重点、重大项目时或多或少也会受困。

巧妇难为无米之炊！但若“米少”，即基础较弱，是否能“炊”？当然可以，尤其对青年学人！如刚毕业的博士，前期研究成果相对较少，可先报省部级课题，再报国家级；也可直接报国家级。米少，并非无米，所以，点子高，有一定基础，论证充分，评委觉得合理可行，就有获批的希望。总之，一切皆有可能！

也有人虽无突出或较多前期成果，也命中，应主要归于申请书选题好或论证得好。上了项目，不完全是碰运气，于申请者个人，可归于运气，于评委则归于清醒。据第 80 问，选题与论证呈四种关系，可决定申请书是否获批，总有被评委看中的地方。选题好且论证好、选题一般但论证好、题未命好但论证好均有可能被评委看中或为鼓励而立项；显示函评和会评的相对公正与公平！有的单位，成果很强的未立项，成果一般的反倒立了项。影响立项的因素较多，不一而足。由此看来，“米少”并不一定“告吹”，表明它并不是否定申请书的充要条件。

当然，为求多米之炊，可以尽早分出几个不同的方向，已有前期的方向先申报；前期成果尚缺者，可先集中研究，待前者成熟或拿项目时，后者已在成长，以备下次申报。这应是中老年学人总结出的循序渐进式报项规律。

264 前期成果如何整体排列才能一览众山小？

目前，前期成果常见的排列方式有：1）首字音序排列法，即按篇名书名首字的拼音排序；2）顺时排序法，即按发表成果的年份排序；3）专著引用格式，如“［序号］主要责任者．文献题名［M］．出版地：出版者，出版年份. ”，此处不是图书出版，不必守之；4）论文引用格式，即“［序号］主要责任者. 文献题名［J］. 刊名，年，卷（期）：起止页码.”，此处不是论文，也不必烦琐。

其实，前期成果排序颇有讲究，不是简单的信息报告，而是于排序中暗藏玄妙。

遵守成果相关性的同时，应充分发挥方块字的长处，先横向按“成果名称、名次、载体级别”分列；再纵向按重要性往下排，当下学界暂以期刊和出版社的权威性为准。其整体效果是：上下巧妙对齐，左右分列明晰，几秒内能一览无遗，如登泰山而小天下！虽不按时间排列，但见“1”字开头，便知属于20世纪；见“2”字开头，便知是21世纪的。只是申请书与活页要有所区分（详见例172与例173）。例如：

活　页：成果名称　作者名次　载体级别
申请书：成果名称　作者名次　载体级别　时间

265 如何利用各种标记区分各类成果？

因前期成果相关的信息较多，可充分利用各种标记巧妙地将其区分或标示出来。现按“成果名称、名次、载体级别和时间”上下分列出四列，无论哪一列，均注意采取第一字上下左对齐方式。现分头简说：

1）标点符号：列举成果时专著可带书名号，后有出版社更能说明成果的形式；文章不必用书名号，让书名号专指专著的名称。

2）作者排名：只写“独著”“独撰”“第一”“第二”“通讯”等，分别对应著作、论文、第一作者、第二作者、通讯作者等。

3）社刊级别：活页用“SSCI、CSSCI、核心、一般”标记期刊，用“知名或权威、一般或地方”标记出版社，申请书则可在其基础上加入刊名或出版社名，出版社不写所在地名称。

4）发表时间：期刊的年份与期号之间不用文字和括号，不用括号间隔，而用斜线或英语句号，如不用“1999年第3期”或“1999（3）”，而用“1999/3”或“1999.3”，以省版面。（详见例172、例173、例175与例177）

266 前期成果较多时如何分栏巧排？

整个“研究基础”占活页的2个权重，理论上包括“前期成果”和“参考文献”，共1400字，各700字。由于前期成果一般不能超过参考文献，因此，1400字可作调整。加之前期成果还包括至少占360字的“核心观点”，因此前期成果可增至800字，参考文献可减至600字。

倘若前期成果较多，如何用10行填出20行的效果？不妨手工分栏排列，而非电脑自动分栏，以求上下对应。分栏列出，在兼顾重要性序列的前提下，力求成果名称较长者占一行，较短者两项占一行。因分两栏，此时要给成果加序号，一看便知多少成果。如例177的第18项成果。成果名称占一行略长者，可以压扁，外文成果一项占一行，过长且回行只占4个左右的字符时，可以压扁进入上一行。（详见例177）

参考示例172—173　前期成果

参考示例172

6.1 前期成果

1）《应用翻译学》	**省部社**	**合著**
2）《译学研究批判》	省部社	合著
3）术语翻译的术语化探究	**CSSCI**	**独撰**
4）试析术语符号性及翻译策略	CSSCI	独撰
5）术语翻译标准体系刍议	CSSCI	独撰
6）术语翻译求化论	普通刊	独撰
7）术语汉译“的”字使用探微	国内文集	独撰
8）К вопросу о стандартах терминоведческого перевода	国际文集	独撰
9）术语“五要素”意译模式探究	国际文集	独撰
10）“译”“地”相逢	中央报	独撰

参考示例 173 （请与例 177 比较，以明活页与申请书之差异）

6.1 前期成果		
1）《俄汉标题对比研究》	**国家社**	**独撰**
2）《俄汉翻译开发基础》	省级社	第二
3）《国外石油钻采机械文献题录》	省部社	合译
4）俄汉语动动并列结构标题对比	**CSSCI**	**独撰**
5）俄汉提问—回答式并行结构标题对比研究	CSSCI	独撰
6）适应与选择：俄语“关于”类复合式标题汉译模式	CSSCI	独撰
7）PЯP 与 PЯK 论文标题句法结构对比	CSSCI	第一
8）俄汉语“从 X 到 Y”类粘着结构标题对比	CSSCI	独撰
9）俄汉语名名并列结构标题对比研究	CSSCI	独撰
10）破折号标题：结构—语义—翻译视角	核心	独撰
11）变译研究：时代的召唤	CSSCI	第一
12）编译的基本原则	CSSCI	第一
13）俄汉语同位结构标题的类型学解释	CSSCI	独撰
14）语言与民族思维互为观照	中央报	独撰
15）在对方那里找到自身发展动力：对比语言学与翻译学互邻互补	中央报	独撰

2. 核 心 观 点

267 何谓观点？与 2014 年前的申请书有何质变？

观点，即观察事物时所取的态度，对事物的认识和看法，对事物所提出的见解。2014 年前，申请书和活页的核心观点，放在“主要内容”之后，逻辑上指的是研究内容所含的观点，即拟报项目的观点，是拟报项目最终要得出的几个重要性结论，甚至是假设的，预测性的。自 2015 年起，观点则移入“研究基础”，在“前期相关研究成果”之后，逻辑上指前期成果所含的观点，是报项之前已得出的结论，是已然性观点，已公开发表的见解。换言之，前者主要着眼于将来，后者主要着眼于过去，二者刚好相反，有着本质的区别。

因不明了这一变化，2015—2017 年见过有些申请人在此纠结甚至出错。基于观点的前后质变，有必要特地再次强调：2015 年起申请书或活页的核心观点指“申请人前期成果总的认识和看法”。为防止有的评委不明此理，可在观点罗列之前加一句“上述×××项前期成果的核心观点由宏观到微观可概括为：”。（详见例 174 与例 175）

268 观点表达常见哪些不足？

核心观点由前期成果提炼，其表达常见不足或有待改进之处如下：1）未分清是拟报项目未来成果的观点还是前期成果的观点；2）未分清自己和成员成果的观点，现在只能填写申请人的观点；3）不鲜明，只是一般性叙述，未显判断性，态度不明确，不吸人眼球；4）过于讲究表达观点的句子的完整性，实际上可多用动宾短语；5）观点过多，达 10 种以上；6）观点排列无序，见不出逻辑关系；7）认为只是罗列各项前期成果的观点，未基于各项成果之间不同层级的关系提出更大更高层次的观点；8）每写一篇前期成果便写其观点，导致成果不集中，观点分散。

269 观点从何提炼？多少为宜？如何建立观点体系？

无论前期成果多少，核心观点一定要核心。面对多篇甚至众多前期成果，可按前期成果相关性顺序从单篇/部成果及其相互之间、甚至是全部前期成果提炼不同层次的观点。设前期相关成果至少 5 篇/部，至少可从 3 个层次产生核心观点，其提炼过程及数量为：

1）微观上，如果仅以每篇/部为基础，每篇文章提炼出 1 个观点，重要文章或专著可提出 2 个观点，理论上至少可得 C（5，1）=5 个观点；这只能是初加工，甚至是粗加工，还应深加工。

2）中观上，各项成果之间必有一定关联，可利用数学的组合关系，产生许多观点，各项成果的组合，不存在先后关系，依其组合关系提炼观点。从相关成果之间每两两之间、每三三之间、每四四之间提炼出更高层次的 1 个观点，也可在每篇/部成果所提炼出的观点之上进一步提炼，可得［C（5，2）+C（5，3）+C（5，4）］=25 个观点；可见，更多的观点来自中观层。

3）宏观上，从整个前期成果提炼出 C（5，5）=1 个最大最高层次的观点，也可对各项成果及其相互关系提出的观点再度概括再次提升。这一总观点已接近拟报选题的名称所隐含的观点，因最宏观的观点是所有成果的集大成，观点只有一个，所以应该独占鳌头。

综上，5 项前期成果立于微、中、宏三观，自下而上地建立前期成果稳定的观点体系，共有 31 个观点！也可据整个体系确定观点的重要性，为观点的选择提供坚实的思想基础和方法论基础。

270 观点为何求鲜明？为何力求含有判断？

核心观点力求鲜明，核心思想抓主干，去枝叶；用语求简，多用短句，构成复句；多用正反对比，比较出高低，反差见鲜明；句子不一定求主、谓、宾等成分完整，适当只用动宾短语；定、状、补次要成分必用时才用，如“严译是一种特殊翻译文化现象，严译本身是文化之译的典范”“严复翻译思想非常丰富，严复始于全译，盛于变译，成名于变译”“变译是其主体，变译思想贯穿于严译八大名著的始终”等。

观点表达最好使用判断，提炼成判断或暗含判断，即对拟报项目的研究对象是否存在、是否具有某种属性以及事物之间是否具有某种关系做出肯定或否定的结论：如肯定的观点“语际词汇的输入最能反映语际影响”“翻译是一把双刃剑，既可丰富汉语词汇，也可影响其规范”等；再如否定的观点“严复提出的‘信达雅’不是理论，而是思想，且是变译思想”等。具体表达方式见第 273 问与表 39。（详见例 174—例 175 与例 177）

271 观点文字多少为宜？如何排列？

观点是点，就要点化，便于抓关键点，切忌长段叙述，以免淹没观点。经过第 269 问，即使前期成果数量不多，也可得到数量比较可观的观点。仍取前期成果数为 5，理论上有的每两两之间、每三三之间、每四四之间均可产生观点，也可能产生不了，可以排除，一般可剩 15 个。

据第 269 问，前期成果整个观点体系在微、中、宏三层所能产生的观点数量一般会在 10 个以上，最终取其核心观点，一般都在中观层以上，以不超过两位数为宜。一般 6—9 个为宜，如果前期成果量大，可适当多点，一般以≤10 为宜。

排序方式取决于整个观点体系，宜以宏观、中观、微观为序；宏观观点若占 2 行，则用足 2 行，第 2 行末尾空 3—4 格。下面按重要性依次排列其他观点，各占一行，与第 1 点的第 2 行形成等长关系，呈现均衡美；第 1 点的第 2 行若空出 7—8 格，可以第 2 行为准，每下一行比上一行多 1 字，形成梯形关系，呈

现稳态美。（详见例 174、例 175 与例 177）

272 观点表达如何形成鲜明的判断？

判断是对思维对象有所肯定或有所否定的思维形式。用于表达观点的判断大致有：

1）直言判断，即断定事物具有或不具有某种性质的简单判断，也叫性质判断。又可分如下六种：单称肯定判断和单称否定判断，句式为：这个 S 是 P；这个 S 不是 P。如“影响现代汉语词汇规范的因素有两类：一是本国人用词不规范，……”。特称肯定判断和特称否定判断，句式为“有的 S 是 P；有的 S 不是 P”，如“有的研究严译的‘增减改案’”。全称肯定判断和全称否定判断，句式为“所有 S 是 P；所有 S 不是 P”，如“所有的结果均经得起检验”等。

2）联言判断，即断定几种事物情况共存的判断，句式为：P 并且 Q，常用关联词有：并、且、并且、既……又……、不但……而且……、虽然……但是……、一方面……另一方面……等。例如，“充分描写且形成双语对比模式”等。

3）选言判断，即断定多种可能中至少有一种可能的判断，常用“或……或……”“或者……或者……”“可能……也可能……”等词联结表示相容选言判断，或用“要么……要么……”“不是……就是……”等词联结表示不相容选言判断。例如，“表禁止或提出要求时，汉语常用否定句和祈使句”等。

4）假言判断，即断定事物之间条件关系的复合判断，常用“如果……那么……”“只有……才……”等词联结表示条件关系。例如，“表达是以译语为主的语言–思维活动，唯独转换才是以概念–形象为主的思维–语言活动”等。

5）负判断，是通过否定某个判断所得的判断，由原判断加上否定词“并非”构成，句式为：并非一切 S 是 P。例如，“词缀构词法发展、缩略语运用以及某些新兴表达并非欧化结果，却与之有关”等。

6）模态判断，即一切包含有模态词的判断，又可细分：实然判断，即断定事物实有（或无）某种属性，反映客观事实；必然判断，即断定事物必有（或不可能有）某种属性，反映对客观事物发展的必然性的认识；或然判断，即断定事物可能有（或可能无）某种属性，反映一种可能性。例如，“要探清严复变译的真面目，必须对其译本做逐字逐句式穷尽性调查”等。

273 如何建立观点用语表？

观点要鲜明，即内容准确、文字简洁、表达凝练。可直接用动宾词组或句子，不需铺陈，句子多用陈述句，不能用疑问句和感叹句。陈述句多用判断句，多用含有判断内涵的词语，如“是、乃、成为、有助于、有益于；应/该、可、必是、可能、必须、必有、实有、应有”等。常见观点表达用语见表39。

表39 常见观点用语

类型	例词例语
联系类	比作 当作 是 有类；标志 体现 意味 影射类；归于 属于类；叫作 所谓类；起源 取决类； 显示 预示 证明类……
异同类	不及 不同 相反类；超过 胜于类；相等 相似 相同 差不多类……
配合类	不合 合不来；符合 适应 相配类；呼应 连贯类；满足 提供 需要类；矛盾 相对类；巧合 相投类；易于类……
存在类	包含 呈现 充满 显露类；包括 容纳类；保持 存在 遗留类；出现 发生类；处于 适逢 陷于 在于类；恢复 消失类；解决 克服类；戒除 抛弃 葬送类；消除 消灭类；有 占有类……
影响类	避免 防止 免得类；超越 支配类；触动 带动影响类；传染 沾染类；达到 取得 挽回类； 导致 使得 引起类；杜绝 妨碍类；给予 冠以 寄予 加以类；激发 推动类；接受 忍受类； 涉及 无关相关类；限制 约束 制止类；享受 遭受类；有害 有利类……

说明：1）因词语较多，不能一一罗列，仅列出类别，可查相应的同义词词典。
2）可参考表25的价值用语和表35的创新用语。

3. 新 问 新 解*

274* 基础略写略在何处？成果与观点合写还是剥离？

研究基础本已规定不超5项，2021年改革又要求略写，这一硬性规定明确了量；而已有成果主要是书与文，偶涉报告与平台。因此略写对象只能是体量与观点了，大致篇幅可按如下公式计算：5项（5行）+观点（7—10行）≈600字。

如何略写？不妨：1）发表园地如出版社与期刊按级别排列，标为“知名出版社”、“百优出版社”、“国家一级社”、SSCI、A&HCI、CSSCI、“北大核心”、“普通期刊”等；2）字数若较多，可写出具体数字；3）学术论文多用“独撰”，学术著作多用“独著”“合著”“主编”“主译”等，以突出“独”“主”地位，以显实力；4）篇名最好不设副标题，以免多占篇幅；外语成果略有所亏，可适时略加压扁。

另一可略之处是观点，观点要点化，5—10 点为宜。若取 5 点，每点 2 行。一般而言，观点占 10 行略显多，不如点数多而行数少，如 7 点，但内容写出 8 行，即第 1 点 2 行，2—7 点各 1 行，这样点面结合，重轻搭配，质量兼顾。常见有人将成果与观点合写，且观点近乎文章的摘要，那么评委要想整体获知有哪些成果，怎么办？！观点若同摘要，篇幅不略反增，绝对不是加分项。

275* 何谓前期相关代表性成果？最理想的构成要素有哪些？

成果未超 5 项者，好办，所有成果即全体代表，按重轻顺序排列。本问的重点则是：研究高手与成果丰硕者的成果若超 5 项，则需择要填入，以反映最高水平。

首先确定“代表”，如含有拟报选题关键词者、与拟报选题相似度最大者、叠加面最广者、直接推动所报选题者、整体反映新问题者、表达新选题某些内容者，等等；其次是将相关成果按相关性由大至小排序，取前 5。

活页“说明”要求“前期相关研究成果限报 5 项，只填成果名称、成果形式（如论文、专著、研究报告等）、作者排序、是否核心期刊等，不得填写作者姓名、单位、刊物或出版社名称、发表时间或刊期等。申请人承担的已结项或在研项目、与本课题无关的成果等不能作为前期成果填写”。前两个“等”可等，后一个“等”则不必等。成果形式除规定之外，还可写数据库等。“作者排序、是否核心期刊”即位次、园地之外，还可写字数或去向等。因此成果信息比较丰盈的构成有两种：

序号+篇名+园地（融会了成果形式与期刊等）+位次+字数+去向

序号+篇名+成果形式+书刊机构等+位次+字数+去向

填表时，这几大要素在成果名称之上可以标明（如例 177），也可免去（如例 178 与图 37），反正所填具体内容分列上下对齐，一看即明，如图 36。末尾的两个要素据实而选，也可不填。

6.研究基础（课题负责人前期相关研究成果、核心观点等）

6.1 相关研究成果（核心论文 9 篇、著译 6 部、省部项目 6 项、省成果奖 1 项。代表作如下）

1)《中华源 • ** 故事 • 少林功夫》	汉英译著	主译	
2) 基于《汉英英汉武术词典》术语英译的解析	核心论文	独撰	
3) 论“一带一路”背景下的中华武术文化翻译及国际传播	获奖论文	独撰	省级一等奖
4)《口译教育研究：理论与实践》	国家一级社	独撰	省级二等奖
5）中原文化外译之《少林功夫》英文译介与国际传播	研究报告	独撰	省政府采纳

图 37　前期相关研究成果

276* 观点如何练出“私”想？如何点面、质量结合？何时加标题？

观点本是前期成果整体思想的浓缩，要入项目申报书或活页，还需进一步点化，不能直引摘要，或直接摘自摘要与结论。这些观点应是思想的重中之重，提炼出的一定是精华。2021 年改革后前期成果要求略写，那么观点更应干净利落显私想，多用短语短句，去掉一切不必要的词和语，背景、条件、原因、工具等前提性、次要性内容均可酌情简略，不用“普通话”，只用能让人懂的“私语”，以示真切具体，直通底意。

观点若是 5 个以上，最重要的观点放在第一位，可占 2 行，以显示质；其他观点按重要性依次下排，可各占 1 行，以显示量，如例 177 和图 38。当然，也可将所有观点均写作一行，如例 178。首个观点与其他 5 个及以上的观点构成点面格局，量中显质。观点还想显示丰富与厚重，也可将第 2 个观点写成 2 行。

6.2 核心观点（上述前期成果的核心观点按相关度由宏观到微观可概括为：）

1）中国武术文化是中国优秀传统文化，其国际译传有利于国际互联互通与弘扬中国文化，在中国文化战略中举足轻重，为其外译话语体系生成母体溯源奠定了实践与理论基础；

2）多模态语料库是传承、保护与弘扬中华武术的现代手段，是其深入研究的新方法；

3）武术术语外译失范、内涵释义欠准、语际文化隔阂等由来已久，是亟待研究的问题；

4）海外受众接受武术异质文化是实现外译功能的终极目标，成其表达方式优化的原则；

5）中国武术术语英译标准化与外译规范化研究有助于其国际话语权传播力的双重提升；

6）武术对外翻译需权衡文化冲突、翻译伦理、译者主体性等跨文化翻译策略相关问题；

7）中国武术外译研究零散且缺乏系统，构建中国武术外译话语体系是学界的长期目标。

图 38　前期成果核心观点

观点也可设为5点，不妨每点2行；因每点内容均丰富，为方便评委，可设5—8字的小标题，准确而带路，以引领阅读。如图39，也请比较例178。

5.2 前期研究核心观点 （源自上述及未列入的前期成果，由宏而微排列如下:） 1）基于通用性、理据性与系统性，论证了“公示语”的贴切性，明确外延，界定了内涵：公示语是在公共场合呈现的具有特殊交际目的与特定功能的语言符号或/和非语言符号； 2）中国公示语俄译错误颇多，小至书写层，大至文化层，涉及语言与文化各个层面，常常是多类错误并存。正确、规范的公示语翻译能助建城市与国家形象，反之则有损形象；
5.2 前期研究核心观点 （源自上述及未列入的前期成果，由宏而微排列如下:） 1）**公示语新解** 基于通用性、理据性与系统性可定“公示语”为术语，明其内涵与外延：公示语是在公共场合呈现的具有特殊交际目的与特定功能的语言符号或/和非语言符号； 2）**误译损形象** 中国公示语俄译错误小至书写层，大至文化层，涉及语言与文化各个层面，常见多类错误并存。正确规范的公示语翻译能助建城市与国家形象，反之则有损形象；

图39 （标题+）观点前后变化比较

277* 观点多少为宜？仅来自5项成果？如何趋向前沿脱颖而出？

建议5—9个观点，如例177。多数人认为，5项成果，理所应当5个观点。观点点数若不多，每个观点得写2行才能显得思想丰富。可是新规定要求略写，所略对象只能是观点的容量了，具体表现为观点的点数与行数要略要少。

但是核心观点也可理解为此前你所有相关成果的观点，只是本次申报限填5项而已。那么，完全可以涉及5项及以上所有相关性强代表性高的成果，于是观点来源就不止5项。限填5项成果，观点只写5点，过于老实而不能显示深刻与丰硕。5项成果及未列入的相关成果均能反映本领域最前沿的思想，也才能以此打动评委，让他明白你是最前沿学者之一，甚至是唯一。不然此前三五年，甚至是十年以前的各项成果可能是明日黄花，给人以不新，甚至是落伍的印象。

此外，5点以上的观点最好由新至旧按序排列，突出前二与末尾，前二者是主焦点，末尾是次焦点，中间常被掠过。详见例178。

参考示例174 核心观点 （与例172相对应）

6.2 核心观点

术语翻译应遵循全译策略体系 准确转换术语的概念内涵是术语翻译的基本要求，术语汉译应遵循全译策略系统。全译策略为一级策略范畴，含直译、意译、直译兼意二级策略系统。

术语翻译应考虑其变异性 在现实的语言使用中，术语在行使自身功能的同时，又会发生种种变异。鉴于术语功能的变异性是术语的基本属性之一，行使不同功能的术语翻译方法会有所差异。

术语汉译方法体系具有特殊性 针对术语汉译建立其翻译方法体系，是术语翻译单向转换机制的研究，带有一定的特殊性，该体系是否适用于术语外译，还有待于进一步研究。

术语翻译研究应立足于多学科 对术语本质认识的深入，必然影响术语翻译原则及标准，从而改变某些翻译方法；翻译涉及两种语言体系的转换，翻译学的发展定会对术语汉译研究有所启示，思维学及心理学的研究有助于揭示术语汉译转换过程。

参考示例175 研究基础（活页）

6. 研究基础 （课题负责人前期相关研究成果、核心观点等）

6.1 研究成果

1）**《译文观止》**	**国家社**	**第一**	8）小句全译语气转化研析	CSSCI	独撰
2）《翻译方法论》	国家社	第一	9）汉译的“雅”与“洁”	CSSCI	独撰
3）《翻译名家研究》	省级社	合著	10）论翻译的美学层次	CSSCI	第一
4）Language acquisition 与 language learning 汉译之我见	CSSCI	独撰	11）两个三角的译评体系	CSSCI	独撰
5）文学性：戈译《海燕》之所失？	CSSCI	独撰	12）全译：同义选择艺术研察	CSSCI	独撰
6）翻译语料库：深化译论研究的有效工具	CSSCI	独撰	13）汉译：捕捉原作的生命气息	CSSCI	第一
7）汉译偏正结构中“的”字最佳用量探析	核心	第一	14）经典能守住母语的根	中央报	独撰

6.2 核心观点

上述14项前期成果的核心观点由宏观到微观可概括为：

1）欧化分优劣，关系辩证，良性翻译体与恶性翻译腔前者接受，后者谨防；

2）语料库是深化译论的有效工具，全译语料库是腔/体定量研究的有效手段；

3）翻译乃大道，于汉语作用不可小觑，全译之直译与意译直接关系腔/体的产生；

4）全译内在规律是译作与原作求极似，求似之道乃化境，化功高低是腔/体的内因；

5）雅洁的汉译留有原作之异之美之味，传播了异域文化，具有正面作用而富美学追求；

6）全译是同义词、同义语和同义句/句群选择的艺术，选择制约因素很多，宜综合考察；

7）包含术语的词语汉译以汉语规范为准，新事需新概念，创新词；汉译语法是规范的主体；

8）语气等手段是汉译生命气息的标志，也是保证汉译可读可接受的重要标记，宜为之建系统；

9）名作佳译影响力广泛，其修改的规范化过程颇具代表性，可成为汉语吸收翻译体的最佳途径。

（十六）参考文献（略写）

1. 常 问 常 答

278 文献反映了什么？为何要慎重选择？

文献有时海量，酌情选择，何者列入，全在人为。文献体现申请书的学术传承与申请人尊重他人、尊重科学的态度和秉性，同时，能突出选题与他人成果的区别，判断选题质量的优劣，反映选题的水平、研究基础与创新价值。

因其作用不可小觑，文献列举宜慎重，还因为文献能：1）体现学术性的深度，通过文献调研，反映选题的起点与深度，侧面反映选题学术水平的高低。2）体现权威性，所引文献多出自权威论著、重点核心期刊，说明申请人视野开阔，功底深厚，清楚前沿，间接证明选题学术水平的高度。3）体现时效性，文献多以近期为主。选题要新，就必须创新，多以近几年最新文献为主，参考文献越新越权威，起点就越高。4）体现全面性，即精选后的文献能代表本领域的成就，广泛覆盖本领域。5）体现丰富性，参考文献数量多，语种多样，以其权威性、代表性和时效性为前提，表明查阅资料多，中外文兼有，准备充分，搜商较高，文献能力强；新兴学科或可例外。

279 文献列举忌讳什么？

参考文献列举看似简单，实则纰漏不少：1）参考什么文献，比较任性，未兼顾各种要求；2）未兼顾与前面综述的关系；3）代表人物代表作未提，不全面，有疏漏；4）专列评委文献，一人数条，生拉硬扯，有阿谀之嫌；5）将自己的论文列入参考文献；6）出自仅有的几个来源和仅有的几个人；7）近期文献少或缺，时间较远的文献多，迟钝于前沿；8）不具权威性，或权威性不足；9）层次低，将通俗性、启蒙性文献，甚至是教材、工具书或网上文献也列入；10）文献量不当，文献过少，说明文献搜集能力不强；过多，表明不善把控；11）国外文献过少，缺乏国际视野；12）未加序号，让评委去数数；13）为省篇幅，文献连排成段，重点文献淹没其间；14）参考文献错置于综述之后，有违规定（参考文献规定在活页的末尾）；15）空间不够，参考文献用 6 号字，太小害眼；16）硬套期刊文献格式，加上“[J]、[M]”之类的标记；17）过于信守“×××（1990；2016）”等文献标注格式，满眼都是人名、数字、标点符号等；18）标明 SSCI、CSSCI、核心期刊、国家级出版社等字样；19）排列方式不科学，重点文献不能一目了然。

280 哪些文献可优先参考?

人文社科成果参考的文献类型常有：专著、期刊文章、论文集析出的文献、报纸文章、学位论文、报告等。一般而言，其大致优先序列是：期刊文章 > 论文集析出文献 > 专著 > 报纸文章 > 学位论文 > 报告。从出版周期看，期刊出版较快，文集比专著居中，专著较慢；报纸多为科普，学位论文新但未正式发表，报告一般未正式发表。

此外，同类信息有不同的载体时，还请注意：1）期刊中专业优于非专业；2）一手文献优于二手文献；3）有单篇研究性论文就不轻易用综述，综述是二次文献；4）有论文就不用书，书一般落后于文章；5）版本上新版优于旧版；6）撰写前就开始考虑文献，边研究国内外动态，边建立文献，而非后来拼凑，做到心中有数；7）适量外文文献是选题高质量的前提之一，至少保留五分之一的外文文献。

281 参考文献与综述如何前呼后应？为何有出入?

参考文献虽处末尾，却并非最后写成。其实它一直在首尾呼应，与最初写的综述如影随形，动手写综述时，参考文献就在编写了。由于综述量大，涉及人与文献较多，此时此刻，综述所涉文献量大于所列参考文献量。

综述制约参考文献的量。以国内外内容平分秋色为例，国内外学术动态各分 3—4 段，微观层面上，各段综述最重要的文献，提及姓名者（至少最具代表性者）应列入参考文献。每段内容若可再分个 3 小点，每小点至少各列出前 1 条文献，共 9（3×3）—12（3×4）条；国内外总计文献量区间为：18（9×2）— 24（12×2），取其平均值 21［（18+24）/2=42/2］条。据第 282 问，再推算其上下限，下限大概不可少于 15 条，上限不可多于 28 条。应列入的文献较多时，可据第 282 问，取舍裁定排序，决定应该列入哪些文献，如何排列。

参考文献又可反制学术动态的写作。参考文献一般 20 条及以上，能入参考文献者多见于学术动态，尽量与之对应，但不求全对应。参考文献中还有部分文献为学术动态所无，是未来研究应该继续阅读借鉴、指导项目深入推进的思想或理论资源。

282 文献多少为宜？较多时如何巧排？

参考文献贵在精，不在多。文献引用量也是评价申请书质量的指标。以前活页要求前期成果与参考文献“两类限填 20 项”，按均分原则，参考文献也仅 10 条左右。文献量并非越多越好，一般而言，学术论文每千字对应 1—2 条；2015 年后项目活页可写 7000 字，比 2014 年近增一倍，文献数量相应可增至（1—2）×7×2=14—28 条。14 条似乎是文献的下限，28 条似乎是文献的上限，取其平均值之和，即 21 条；这与上一问基于综述的估算逻辑上形成暗合。

文献较多时，会占较大篇幅，专著未必按“［序号］主要责任者. 文献题名［M］. 出版地：出版者，出版年. 起止页码”排列；期刊不必按“［序号］主要责任者. 文献题名［J］. 刊名，年，卷（期）：起止页码”排列。不妨只按作者、篇名/书名、发表地和时间，巧作安排：1）遵循七大原则（详见第 238 问），文献长者可占一行；短者可以手工分栏，一行排入两篇文献。2）空间不够时，可以顶左框，文献前不必空两格。3）文献略长，尤其是外文文献，若回行后不超过一行的十分之一，则可压扁，挤入上一行。4）逗号、引号、括号等可用半角格式。5）字体或可用小 5 号宋体。6）副标题可去，正标题如果不能传达真正的信息，不妨以副标题代之。（详见例 176 与例 177）

283 文献列举遵循哪七大原则？

文献列举并非轻易之举，却需费尽一番心思要兼顾好如下七大原则：

1）内外兼顾原则，即考虑国内外，一般是国外少于国内，因选题的国际化，或带外国性质的选题，也可国外多于国内；文献中文过多，外文过少，表明只掌握了国内现状，而对国际掌握不够，或相反。

2）生熟兼顾原则，即汉语与外语兼顾的原则，汉语是母语，汉语文献宜在前，汉语最熟悉，也最便于阅读；任何其他外语宜后，通讯评委多为小同行，会议评委可能遇到大同行，却非所报语种或具体学科的专家。

3）新旧兼顾原则，即首先是有业界熟知的作者，也有陌生的面孔；文献力求新，能有上年冬季或本年春季的文献最好；一般是新多于旧，旧的多是经典或基础性文献，同一文献用新版舍旧版。年份以“2”字开头的是21世纪的文献，以“1”字开头的是20世纪的文献，前者一般多于后者。

4）书文兼顾原则，即有书有文，一般是书少文多，书问世慢于文章，当然也可据实情而相反；书前文后排列，书一般比文章内涵更丰富；若是文章极为重要，也可文前书后，整体排序。

5）少长兼顾原则，既有年少的，也有年长的，群贤毕至，少长咸集。权威文献要有，分量重的文献越多越能反映厚积薄发之功；学术新锐也不可少，他们代表新的学术力量。

6）对应综述原则，即与综述相对应，综述所涉文献多于参考文献，综述谈及代表人物的重要文献参考文献中应有，综述中每个观点的首位作者一般应在参考文献中出现。

7）轻重兼顾原则，即按文献的重要性排序，重要文献在前，所以书前文后是常态；书与文两大类各自内部也是按重要性排序。

284 文献格式如何选择才能科学美观、一目十行？

国内外文献排法大致有三：1）按文献在综述中出现的先后顺序排列；2）按作者拼音字母的顺序排列；3）按文献面世的年代排序。申请书与活页可违上述三法，不按国标（如GB3469-83《文献类型与文献载体代码》等）排列，而是采用特殊的4列形式排序。

为了让评委一目十行，省时省力，何人、何书何文、何载体、何时各得其所，上下按每项内容的首字对齐，几秒钟内即可让评委各见所需，提高评审效率，不妨采取下列方式：

作者　一个为好，若是两个以上，用“等”字省略；单名中间空一格，三字以上名字可压扁；不按姓名音序或声誉排列。

篇名　不必用书名号，过长时可以压扁；或者专著用书名号，文章不用，其文献性质由后面的CSSCI等衬托出。

文献载体　期刊与出版社，直写名称，过长时可以压扁，出版社所在地不写；按其重要性排列，第一本书和第一篇文章均用楷体加粗，既区分文献类别，又标明新的一类文献开始。

时间　所有文献不按时间先后和作者姓名音序排列，只随文献的重要性排列；文献一见“1”字开头，便知属于 20 世纪；一见“2”字开头，便知是 21 世纪；一般是 21 世纪应多于 20 世纪。

四列之中汉字用宋体，英语等外语用 Times New Roman，方圆相济，阴阳相成（详见例 176 与例 177）。为防止评委误解，可在文献列举前加一句“按专著、论文等参考文献的作者、出版机构、时间等要素分列安排如下”，不按重要性排列。

2. 新问新解*

285* 参考文献有微变？略去谁？略去什么？

参考文献再怎么略，至少也得 800 字（20 条×1 行×小 4 号的 40 字）。请看第 282 问，改革前文献量区间为 25—30，改革后宜设为 22—25，多于 25 等于未减，少于 20，又略显少，被人批评“才十几条”，成为被挤下国家队的口实。22—25 条，至少可称“有 20 余条”。文献不能太少，过少，撑不起国家项目！

“略写”首先是减少文献量，不能少于 20 条，略高过 20 为好。依此看来，“略”只能瞄准呈现方式了。

其次，精选文献。要精选，最佳方式是做减法，所减对象可能是文献名过长者、命名啰唆者、主副标题相济者、发表层次较低者、信息陈旧者、业界非主流者、影响不大者，等等。中外文献筛选均可以此为据。

再次，减少占 2 行的文献，处理方式为：汉、日、韩等文字回行占 5 字以内者，可用压缩法挤入上一行。印欧诸语种文献回行若在 10 个字符以内，也可采用压扁方式，如缩至 86%—99%，将文献挤成一行，但文献之首的序号如“1）”不能压扁。

最后，文献减略遵循拈重原则。文献“轻重”既指内容的轻重，也指刊物的轻重与主次。快速评审时，评委一般很难细看，主要看抓手，找标记。何为文献标记？刊/社名、姓名、时间等，由此搭配可知刊/社的档次、作者的轻重、文献的新旧，等等。

286* 文献一人几条？几人一条？如何融入学术共同体？

文献体现了学人共同体与研究共同体。何人研究得出何种成果？这些成果能增添你多大的信心？借何人何种成果高筑本项研究的平台？申报实际上是点子强，文献帮！既然如此，就更需慎重挑选与排布。因文献要求略写，更应讲究文献一人宜用一篇，一篇至多三人。

版面不够时，如果一篇文献多位作者，第一作者是主流或水平较高者，完全可用“等”或 et al 省略其他；几位作者若均为业内名家，可列至第二，甚至第三，争取更多的同行了解你，或者与更多同行交心。只有这样，才能真正聚拢具有共同学术兴趣的同仁，才可能众人拾柴火焰高。同行文献宜用其最具代表性的文献，如果几条均相关，可优中选优，或按其经典性，或取其时效性；将机会匀给更多的同行，也扩大自己的研究视野。

287* 只收研究文献？其时段性如何规划？如何反映学术水准？

只收“研究性”文献，即只收以选题为核心对象的研究类文献，研究对象为个人时，如研究文学家，其文学作品一般不收，因不是研究性成果；被研究者本人撰有论著时，才可收入其学术作品，且不宜过多。总之，主要收入与研究相关的理论文献。

以 22—25 条为例，收录文献如何兼顾几个年代，几个时代，甚至是几个世纪？以 2023 年申报为例，年代与时代大致可设计如下：

1）2000 年以前，约占 10%，1—3 篇；数典不忘祖，必有历史感，有基础，有来由。

2）2000—2009 年，约占 40%，8—10 篇；关注渐行渐远的文献，探研究之源，更顺其流。

3）2010—2019 年，约占 40%，8—10 篇；关注始衰的文献，可与上一时段互补，两个时段协调，主流文献在其间波动，但多以本时段为主。

4）2020—2023 年，约占 10%，2—3 篇；文献要追至当下，近二三年应有文献。

特别说明：此后每年申报，可依此顺调。某些学科，尤其是历史学等，可作较大调整。

288* 报项文献格式独具特色？为何可独立成“类”？有何优势？

《300 问》面世五年来，如例 177 的文献排版格式已渐入人心，广为所用。但是仍有两类人心有纠葛：学术新人不敢接受这一未曾接触过的格式，不敢尝试；学术老手用惯了期刊或图书所定的格式，不肯尝新，总之是写作惯性在掣肘。这很自然，需要一个认识与适应的过程。试看期刊的参考文献格式，见图 40，图书的格式随便翻开一本专著即可查阅。无论是用哪种格式，且不说图 40 本身的不统一不规范，其文献整体上排版呈犬齿状，除作者外，篇名、发表园地与面世时间是不能一览无遗的，要钻进文字丛林去找。遇上回行（即占 2—3 行，见例 177、178）文献，连作者也需拨着寻找。加之一般是汉语文献多于外文文献，汉字的方形优势也就未能借机发挥，评委十几或几十秒钟之内难以发现文献的整体实力与重点信息。

6. [参考文献] 开展本课题研究的主要中外参考文献。（略写）
[1] 巴赫金著. 白春仁等译：《小说理论》[M]，河北教育出版社，1998.
[2] 辜正坤. 互构语言文化学原理. 清华大学出版社，2004.
[3] 黄忠廉, 孙瑶. 语篇翻译语域三步转化观[J]. 现代外语，2017(3).
[4] 姜望琪. 语篇语言学研究[M]. 北京大学出版社，2011.
[5] 李运兴. 语篇翻译引论[M]. 中国对外翻译出版公司，2001.
[6] 穆雷. 翻译学学科建设的探索[J]，中国翻译，2018(6).
[7] 许钧. 当下翻译研究中值得思考的几个问题[J]，当代外语研究，2017(6).
[8] 杨仕章. 篇章翻译概要[M]. 哈尔滨: 黑龙江人民出版社，2004.
[9] 尹城. 符号学与翻译学[J]. 中国俄语教学，2002（1）.
[10] 王克非. 新中国翻译学科发展历程[J]，外语教学与研究，2019 (6).
[11] 王东风. 连贯与翻译[M]，上海外语教育出版社，2009.
[12] 张美芳，黄国文. 语篇语言学与翻译研究[J]，中国翻译，2002（3）.
[13] Бархударов Л. С. Язык и перевод. М.: Международные отношения, 1975.
[14] Гальперин И. Р. Информативность единиц языка: Учебное пособие. –М.: ЛЕНАНД, 2018.
[15] Гарбовский Н. К. Теория перевода: Учебник. М: Изд-во Моск. ун-та, 2007.
[16] Комиссаров В.Н.Современное переводоведение. ©Словарное издательствоЭТС,2004.
[17] Лотман Ю. М. Внутри мыслящих миров.СПБ.:Азбука,Азбука-Аьвикус,2015.(Культурный код)
[18] Новикова М.Г.Мера смысла,актуальное членение и адекватность перевода.М.,Изд.«Наука»2016.
[19] Тураева З.Я. Текст: Структура и семантика. –М.: Книжный дом «ЛИБРОКОМ», 2012.
[20] Швейцер А. Д. Теория перевода: Статус, проблемы, аспекты. –М.: «ЛИБРОКОМ», 1988.
[21] Якобсон Р. О. Избранные работы -М., Прогресс, 1985.
[22] Nida E. Taber C. R. The Theory and Practice of Translation. Leiden, 1964.
[23] Jäger G. Translation und Translationslinguistik. Halle, 1975.

图 40　期刊或图书参考文献的优劣

试比较图 40 与例 177 或 178，不难发现，汉语文献部分若是姓名以三字为模式，文献名上下首字对应，时间上下对齐，评委可以一目十行 ，甚至十余行，尤其能看到人物大小、园地高低、时间早晚等要点，其实上述要点与文献篇名的文字与内涵的地位几乎平分秋色。为此，最高档文献放在第一位，常以出版社或期刊影响力为定档标志。一般是国内为主，国外为辅；书在前，文在后；新在前，旧在后。详见例178。

参考示例176 参考文献

7. 参考文献 (开展本课题研究的主要中外参考文献)

1)北师院汉语教研组	**五四以来汉语书面语言的变迁和发展**	**商务印书馆**	**1959**
2)贺　阳	现代汉语欧化语法研究	中国社会科学出版社	2008
3)马西尼	现代汉语词汇的形成	汉语大词典出版社	1997
4)戴昭铭	规范语言学探索	上海三联书店	2003
5)谢耀基	现代汉语欧化语法概论	香港光明图书公司	1990
6)朱一凡	翻译与现代汉语的变迁	外语教学与研究出版社	2011
7)胡开宝	语料库翻译学概论	上海交通大学出版社	2011
8)黄立波	基于汉英/英汉平行语料库的翻译共性研究	复旦大学出版社	2008
9)李颖玉	基于语料库的欧化翻译研究	复旦大学出版社	2012
10)潘文国	危机下的中文	辽宁人民出版社	2008
11)王克非	语料库翻译学探索	上海交通大学出版社	2011
12)王　青	译者的风格	广西师范大学出版社	2011
13)肖忠华，戴光荣	**寻求"第三语码"**	**外语教学与研究**	**2010/1**
14)孙致礼	洋味与洋腔	中国翻译	1986/1
15)刘泽权，陈冬蕾	英语小说汉译显化实证研究	外语与外语教学	2010/4
16)秦洪武等	基于语料库的汉语翻译语言研究十年回顾	解放军外国语学院学报	2014/1

17)Balaskó M. 2008. *What Does the Figure Show? Patterns of Translationese in a Hugarian Comparable Corpus*. Trans-kom (1).

18)Gunn. 1991. *Rewriting Chinese: Style and Innovation in Twentieth-Century Chinese prose*. Stanford，California:Stanford University Press.

19)Kubler C. C. 1985. *A Study of Europeanized Grammar in Modern Written Chinese*. Taipei: Student Co. Ltd.

20)Li. 1962. *New Features in Chinese Grammatical Usage. Studies in Chinese Communist Terminology(9)，University of Colifornia，Berkeley.*

21)Nida E. A. & Taber C. R. 1969. *The theory and Practice of Translation*. Leiden: E. J. Brill.

22)Яковлев К. *Как мы портим русский язык*. М.: Молодая гвардия，1976.

七、研究基础（申请书）和条件保障

（一）学术简历

289 何为学术简历？宜写哪些内容？作用何在？

学术简历，应简要反映本人的学术经历与专长，偏重介绍各学术阶段的时间、地点，所从事的学术活动，包括学历学习、学位攻读、学术进修、国内外访学、所从导师、所在团队、所涉领域、合作研究、学术交流、学术管理等，重点应是学习与研究的简明历程，以前几项为主，后三项为次。

简历重在突出申请人：1）所受的学术童子功与科班训练的时间与地点；2）具有科研能力，既有自身的学术能力，也有广泛的学术交流能力；3）既有自身的力量，也有学术指导和团队协作的力量；4）同比之下所具有的优势，尤其在本领域具有的实力、影响和地位；5）有组织协调能力，能保障学术研究顺利完成等。

290 学术简历常见哪些不足？版面如何设计有利？

学人虽然都有学术简历，但也常见各种撰写不足：1）有悖学术信誉，编造学术简历，未能客观和实事求是；2）写成了学术成果的列举，这一部分可入后面的研究基础；3）重复个人的基本信息，因申请书前面已有，在此不必添加姓名、性别、年龄、民族、籍贯、政治面貌、联系方式等；4）过分发挥，长篇大论，或自行简化，简得只有鸡肋；5）将其他信息写得过多，而与本项目相关的信息忽略或缺失。

学术简历既然是学习与研究的简要历程，最好是以时间为线索，让评委看清历史脉络，版面上可以清晰地顺时罗列，略微展开。当然，也可连贯地表达。例如：

> 2004—2010 年，在×××大学×××系读×××专业本科和×××专业研究生。毕业后进入×××从事×××研究工作，进入×××团队。2014 年赴×××国×××大

学做高访学者半年；2015 年底调×××大学工作至今，现为该校×××系×××教授，博士生导师，×××学科学术带头人。

1. 学 术 兼 职

291 学术兼职包括哪些？写多少？到哪一级为宜？

学术兼职一般包括本单位内外的兼职，且以后者为主。本单位内学术方面的兼职主要包括各类机构学术委员会的主任委员、副主任委员、委员，特约研究员、兼职研究员等。

本单位外与学术相关的社会兼职主要涉及在学术机构、社会团体里担任的职务等，如各大学的客座教授、名誉教授、讲座教授、兼职教授等；各理事会的理事长、副理事长、常务理事、理事等；国内外各专家委员会、协会、学会、研究会的会长、副会长、会员等；各中外文学术报刊的顾问、学术指导、主编、副主编、编辑部主任、编委、特约编委、栏目主持人、审稿人，或编委会的主任、副主任和委员，策划人等；各学术委员会主任、副主任、成员等；各指导委员会主任委员、副主任委员、委员等；各评议组、工作组、专家组、协作组的组长、副组长、成员等；国际国内学术会议组委会主任、副主任、成员等。

学术兼职写法灵活，应视申请人年龄而定，相对而言，老、中、青各得其法。老者一般资历深，声望高，各种兼职较多，就可取其高者大者填写；中年一般年富力强，退而求其次，挑最重要的填写；青年因兼职不多，能填上的尽量填写，但本单位的兼职一般就可少填。不论老、中、青，一般填写10 项左右就足够了，重点的分条写，如国家级协会的兼职；次要的可以合写，如任几所高校的兼职教授，就填前一两所高校，后加“等 N 余所高校”的字样，做到点面结合。

2. 学术积累与贡献

292 何谓学术积累？从哪几方面积累？

学术积累，指申请人为研究所做的学术准备工作，包括他人的和自己的。

必要的学术积累，有助于发现真正的问题，为解决问题达到学术创新创造条件。学术积累丰厚，是开拓创新和深入研究的基础。

学术研究首先离不开他人的积累，需关注前人和同仁的学术积累，否则缺乏传承，就难以跨越，难免重蹈覆辙而重复研究，难以明白选题的价值和创新之处，难以提出真问题。这方面的积累可见前面国内外学术动态。

更重要的是自己的学术积累，基金支持那些值得做、能够做但还未做的项目，针对的不是过去。学术积累说明申请人有基础、有能力、有经验做未来的研究。评委要从学术积累看申请人的优势，为你投一票。

学术积累以申请人自己的积累为主，他人的积累为辅，因为理论上申请人的积累更重要。但据申请书的要求，在此仅写自己的学术积累，大的方面包括已掌握的文献资料和已取得的学术成就，如可分书、文、奖、项、会等。

293 学术贡献包括哪几方面？如何与学术积累合写？

学术贡献，指申请人在相关学术领域，通过研讨系统地探索了某一问题，解决了某一难题，有了重大推进或发现，创立了理论，或创建了学科，或在本领域处于领先地位，至少做了什么像样的研究，甚至是人才培养，等等。

学术贡献往往与学术成就相连，其写作基于且超于成就。学术成就若是事实，定量的，学术贡献则是评价，定性的。学术贡献有两种，一是基于他人的有所改进或修正；二是原创性研究。青年学人或刚入道的申请人多有前一贡献，新人做原创性纯理性贡献较难，只有到了一定水平或到一定年龄才有后一贡献。积累与贡献结合着写，以前者为多。合写方式有两种：

其一，按类型的总分式表达。先列书、文、奖、项、重大国际国内会议、研究报告、设计方案等总的学术成就，加以总结与提升，再将学术贡献分类。表述格式为“申请人出版专著……部，发表……级别论文……篇，获……级别奖励……次，获批……级别项目……项，在……等诸多领域具有相当广泛的实用价值，产生广泛的社会效益和经济效益，其主要贡献表现为：1）专著：……；2）论文：……；3）奖励：……；4）项目：……”。

其二，按领域表述。将其学术贡献分出几个领域，分别摘其重要的书、文、奖、项、会等事实。表述格式为“主要贡献表现为：1）在……领域获批国家社科项目……和省部级项目……，出版学术著作《……》，提出了……理

论，……；2）在……领域……；3）在……领域……；4）在……领域……”。（详见例177）

294 如何建立学术贡献常用表达式？

学术贡献有各种表达方式，见仁见智，表40择要分类列出，仅供参考。

表40 学术贡献常用表达式举例

类型	表达式例解
理论类	阐述 获得 取得 实现 首创 探索 推出 深入研究 产生影响 成功解释 成功举办 创立理论 奠定基础 发掘内涵 获得好评 建立体系 揭示特征 解决问题 描写差异 深入讨论 首次揭示 首次提出 提出思想 提供思路 系统阐述 已成定论 引起反响 增添实证……
应用类	采用 借鉴 利用 实效 试用 效果 效益 效应 效用 选用 应用 用场 用处 用途 运用 作用 开发模型 首次译介 有效运用……
方法类	道 法 计 诀 术 奥妙 办法 常规 措施 方法 诀窍 门径 秘诀 设法 韬略 艺术 权宜之计 研究有方 创立了……方法 长期专注于中国 尝试将……方法用于……研究 对……与进行了独到的比较研究……
影响类	名 声 望 誉 反响 反应 名气 名声 名誉 声望 影响 获得者 产生影响 名刊发表 一再重版 受学界好评 必用参考书 成为奠基之作 已成课程必读文献 已成学界权威教材 为国内培养了一批高等人才……
荣誉类	学者 院士 专家 二级教授评审专家 工程人选 终身教授 特殊津贴专家 跨世纪学术带头人 被评为国家级精品课教材 国家社科基金评议组组长、成员 国务院学科评议组召集人、成员等……（详见第242问）

说明：1）因词语较多，不能一一罗列，仅列出类别，可查相应的同义词词典。
2）可参考表25的价值用语和表35的创新用语。

（二）研究基础

295 “研究基础”前后有何区别？如何填得简明有序？

研究基础指申请书中的“课题负责人前期相关研究成果、核心观点及社会评价等”，由此考察申请人前期做过相关的研究及其科研经验、学术影响与地位。因此，宜紧扣前期成果、核心观点、社会影响三点，“等”在此不必等！

由第282问可知，前期成果约为21项。有坚实的直接的前期基础当然最好，若前期基础不太强，直接性较弱，间接基础亦可，至少可以反映曾有的成果，以证明申请人的科研能力和素质。核心观点应由前期成果提炼，千万别写成了拟报项目的核心观点。

社会评价应该是申请人前期相关成果的社会影响，偶尔也可涉及申请人整个研究的社会影响，包括成果的引用、转载、获奖及被采纳情况，主要指文章是否被几大文摘期刊摘选、转载、复印等，刊于何种级别期刊、被何刊引用、是否广为应用，等等。可做一总的介绍，再列出论文与在研或已完成的课题（要注明课题归属和编号）。（详见第297问）

296 何谓社会评价？来自何方？如何醒目有分寸？

社会评价主要指申请人与拟报项目相关的前期成果所产生的影响和所受到的评价，包括转引、书评、下载、获奖、应用、采纳等。这些评价来自书刊网报、学术团体、政府机构、企事业单位等。为保障社会评价清晰可见，如果内容丰富，可分为引用、转载、评价、获奖、应用等部分。

前期成果的社会评价重点介绍的是被引次数、转载、获奖、被采纳情况等。抓好总说与分说，用数字说话更客观，数字用Times New Roman加粗，一句话概括引用、转载、评价、获奖等的次数，反映总的概况，之后再分头列出，或整体列出（详见例177）。评价若是不多，可按此顺序悉数列出。评价较多时，可按如下方式列出：

1）引用或转载	篇名	发表园地	引用次数；		
2）评价	评价者	书文篇名	发表园地	时间；	
3）获奖	篇名	授奖机构	等次	排名	时间。

前期成果务必真实，不可弄虚作假；对自己的研究及其成果、能力和水平的评价，务必恰如其分，不可言过其实，自我吹嘘。个人观点，与人异见，措辞一定要妥帖委婉，避免情绪化，甚至是攻击。用词要有分寸，如说价值，“比较重要”不能自夸“极其重要”；说创新，不能动辄“填补空白”“达到国际水平”“属于国内首创”“做出重大贡献”等。

（三）承担项目

297 哪些已结与在研项目可填入？应注意什么？

提示语要求填报“负责人承担的各级各类科研项目情况”，项目级别当然是越高越好，无高级项目时可向下降次选择；项目较多时，可以精选；项目不多时，可以写到省厅一级，尤其是青年项目，可填至重点大学的校级项目。提示语要求填写内容包括“项目名称、资助机构、资助金额、结项情况、研究起止时间等”，此处“等”不必等，仅填这 5 项。

如何填写才会一清二楚？可按上述 5 项顺序填写，项目应以级别高低为序，而不单纯以时间为序。“资助金额”“结项情况”“研究起止时间”分别缩简为“金额”“结项”和“起止时间”，与“项目名称”和“资助机构”构成 5 列，每列内容按首字上下对齐，各列内容之间一般空一格。若篇幅许可，可为 5 项内容命一标题，置于内容之上，标题与内容上下对应，“金额”之下宜填“数字+万”，3000 写作 0.3；“结项”之下若项目已结，可填“已结”字样；若正在研究，可填“在研”或“待结”；“起止时间”可以前置第一位。（详见例 177）

298 拟报项目与在研、已结项目的关系如何处理？

做过项目，是对申请人的能力与信誉的考量指标，也可见拟报项目与前期项目的联系。因此，对已结或在研项目如何填写，常有误解或担心。已结项目与在研项目，均属过往研究，可以反映申请人的科研实力与能力，具有正能量。为了向评委证明自己主持项目的能力，可列出已结项目，前期完成的项目，可在此展示。

但事情是一分为二的，要善于处理。申请书要求：凡以各级各类项目为基础申报的课题，须阐明已承担项目与本课题的联系和区别。既然限定在“已承担”项目，即已承担且已完成的项目和正在研究的尚未结题的项目，其目的在于防止重复申报，还在于了解申请人是否会因项目过多而无暇于新的项目，更在于低一级项目与新项目的递进关系。在研项目的确很多，则可择要列出，或是写明即将结项的时间，待到拟报项目下达时，正好与在研项目衔接上，前后相接，无须申请人分身于多个项目，这或许也能赢得评委的理解。

（四）与已承担项目或博士论文的关系

299 以博士（后）论文为基础申报需如何改造?

申请书要求：以博士学位论文（博士后出站报告）为基础申报的课题，须阐明学位论文（报告）与本课题的联系和区别。至少可从研究的对象、内容、方法、学科属性、价值、创新点等方面阐明二者的关系。与博士（后）论文相关的申请有优有劣，因其开题报告和整个书稿的内容与申请书结构大致相似，可以对应填入。

项目选题是继续博士论文研究方向，还是重立方向？前者是继续，较易，需改造；后者是新辟方向，较难，需勇气。申请时需要对论文本身做出较大修改，且需对其开题报告有所改造：

1）开题报告与申请书二者毕竟有别，比较二者的异同之后，要清楚何为申请书补全的内容，如题解、社会影响等应是补写的重点；

2）博士论文或博士后报告有时内容过于精深、过于浓缩，需要稀释，才可符合评委的阅读要求，评委一般短时间内难以完全读懂申请书；

3）强弱不均，一般是补写部分较弱，因有前期成稿的学位论文或研究报告做基础，就忽略需添写的部分，若无几年的专门研究垫底，写起来也会单薄一些，最终导致新与旧之间不均匀；

4）标题改造，博士学位论文和博士后研究报告与项目名称会有些许区别（详见第 115 问），标题要项目化，如要加标题用语、不再用副标题、去文艺化表达等；

5）优化内容及其结构，论文写作完成，内容又有了深入研究；答辩时评委给出了不少意见；答辩后又经冷却思考，更有助于对全文结构重组优化，改出新的总体框架，填出较好的申请书。

（五）条件保障

300 “条件保障”的提示语还可添加哪些?

“条件保障”的提示语要求填写“完成本课题研究的时间保证、资料设备等科研条件”，“等”在此可以等，申请人可放手写足自己的优势或条件，赢得评委的青睐。可见“时间保证、资料设备”两点不足以证明完成本项研究，至少还可加入3点，共计5点以上。

研究条件要紧扣项目的研究内容与方案设计所需的科研条件撰写，最好将完成项目所需的条件一一阐述，至少可从7个方面选择填写：1）基础扎实，可从书、文、奖、项、会入手写明相应的前期基础；2）软硬兼备，即本项研究所必备的软件与硬件，如仪器齐全、图书资料丰富、国内外学脉广、有较强的专家咨询库等；3）优势明显，如地域、行业等优势突出；4）能力较强，资质深，经验丰，在课题涉及的领域具有实力和地位；5）时间充裕，各级单位均可保障研究所需的时间；6）训练科班，有过严格的学历训练和学术训练，主持过何级项目等；7）团队给力，课题组成员在学历、职称、学科、知识、部门、能力等结构上比较合理，对各成员书、文、奖、项等成果逐一概说。（详见例177）

八、经 费 概 算

301 经费包含哪些种类？怎样填才算合理？

经费概算是对表“一、数据表”中“申请经费”的具体化。经费开支科目请参见当年《国家社会科学基金项目经费管理办法》，同时请参照本年国家的科研报销政策以及本单位的报销规定。自 2017 年起，专设了“间接费用”，一般填为 6 万。其他具体内容与以往无异，现作特别提醒：

1）资料费，即项目研究所需的资料收集、复印、翻拍、翻译等费用，以及必要的图书购置费等，不超过 20%为好。

2）数据采集费，即项目研究中问卷调查、数据跟踪采集、案例分析等费用。

3）差旅费，即项目国内外调研所需的交通费、食宿费及其他费用，其标准参照国家有关规定，不超过 15%为好。

4）会议费，即项目研究中为组织学术研讨、咨询以及协调项目等而召开的小型会议费，严控规模、数量、开支标准和会期。

5）国际合作与交流费，即赴国外开展项目调研的交通费、食宿费及其他费用；确需开支，单列预算，报批较严，建议少填或不填。

6）设备费，即因项目研究之需购买与使用计算机及其辅助设备的费用；计算机使用费指上机费、录入费以及用于项目研究的资料查询、信息交流等上网费、软件费用等。

7）专家咨询费，即项目研究临时聘请咨询专家的费用，重大项目一般不超过项目资助额的 5%，其他项目不超过 10%。

8）劳务费，即研究中发生的支付给直接参与研究的在校研究生和课题组临时聘用人员等的劳务性费用。重大项目不超过项目资助额的 5%，其他项目不超过 10%。

9）印刷费，即项目研究成果的印刷费、打印费、誊写费等。

10）管理费，重大项目每项不超过 5000 元；其他项目不得超过项目资助额的 3%，其中，年度项目中的重点项目每项不超过 3000 元，年度项目中的一般项目、青年项目和西部项目，以及后期资助项目每项不超过 2000 元。

11）其他费用，即办公用品等不可预见的、出版预留的费用等，基本准确为好。

302 经费填报常见哪些不足？为何要关注报销政策？

经费填报看似数字问题，其实有许多不足：1）未考虑最新的经费管理办法，忘了自己的劳动报酬；2）经费预算不合理，如调研费过高等；3）未细究各项费用使用的难易程度而随意填报；4）预算不严，有为总额而拼凑之嫌，与研究方案的设计不相称，与实际需求差距过大；5）未按公告的额度上限填写，或多或少；6）年度经费分配欠平衡，年度支出不合理，过于集中；7）未认识到获批时当年只剩下半年时间，几个月经费按全年设计，过多。

一般而言，资料费、数据采集费等可适当多填，而多数人的国际合作与交流费要酌情慎填，会议费不宜多填，劳务费、管理费有上限规定，按规定填。总体而言，年度经费预算依据研究进程与经费使用呈两头细中间粗的曲线特点，一般是开局年与结项年为 15%—20%，其余按年度分配，或据实际而定。特别提请注意，上述经费预算不含各单位可能规定的一半、一倍、两倍的配套经费或奖励资金，仅仅限于向国家申请的经费。若有单位另行规定，则更要考虑。与此同时，国家不定期地出台促进科研改革的政策，要时常关注项目经费使用政策，一防违规，二利用足，以便潜心于科研。

九、推荐人意见

303 推荐人意见如何按序设计?

推荐人意见部分的提示语是“推荐人须认真负责地介绍课题负责人的专业水平、科研能力、科研态度和科研条件，说明该课题取得预期成果的可能性，并承担信誉保证”。这是对不具有高级专业技术职务而申请青年项目者提出的要求，须由两名具有正高级专业技术职务的同行专家推荐。因此可据所定的6个方面逐一介绍，也可将其中专业水平、科研能力、科研态度和科研条件4点归为优势，再从优势、完成的可能性和信誉保证三大板块介绍，为申请人申报成功鼓与呼。

注意与表“一、数据表”中推荐人姓名一致，两位推荐人的先后填写顺序也要一致。符合申报资格者虽说不必填写推荐意见表，但需保留本表，不能压缩，以便本表与表“四、经费概算”仍然合为一页，保持申请书格式的完整性。

304 推荐人需了解哪些基本信息?

推荐人要写出恰当务实的推荐书，除“科研态度”“承担信誉保证”两点属于推荐人的主观评价和个人表态外，“专业水平”“科研能力”“科研条件”“取得预期成果的可能性”这4点则需依据申请人具体的事实或信息写出总的推荐意见。

申请人除了将整个申请表交由推荐人之外，最好是分类汇总上述4种信息，至少可以直接提供申请书表“三、研究基础和条件保障”中的信息。例如：

1）学术简历，包括课题负责人的主要学术简历、学术兼职，在相关研究领域的学术积累和贡献等；

2）研究基础，包括课题负责人前期相关研究成果、核心观点及社会评价等；

3）承担项目，包括负责人承担的各级各类科研项目情况，包括项目名称、资助机构、资助金额、结项情况、研究起止时间等；

4）条件保障，包括完成本课题研究的时间保证、资料设备等科研条件。

十、编撰之道

（一）版面编制

305 如何保证申请书内容的整体或整页效果？

哪些版面可以调整？哪些空间对哪些人无用？如何处理？整个申请书哪些版面需适当保留整页效果？申请书各大板块整体上可以追求章法的整体美。首先要严格按各大表及其内部的顺序填写，分层设序号，设标题。评委习惯于按序审读，突然来个跳跃或颠倒，就会扰乱阅读心理。行文清晰规范，排版美观大方，制作才算精良。

表“二、课题设计论证”和表“三、研究基础和条件保障”的最后一页填写尽量不要空出四分之一以上，其内各大内容板块之间宜空一行，如果行距较大，如 1.5 倍，也可不空。各大板块之内各小板块的内容也尽量保持在一页内以求完整效果。为保证活页和申请书在整页之内，活页和活页最后一页的“说明”或可用小 5 号，甚至是 6 号字。表五即使不需要填写“推荐人意见”，也要和表四保存在同一页，不可删除。表六、表七合为一页；表八单独占一页。

活页的“说明”规定“本表须用 A3 纸双面印制中缝装订，一般为 8 个 A4 版面”。如果用 5 号字，申请书规定的 8 个版面实际字数不止 7000 字。实际报审中，有的申请书超过 7000 字，在此不必死扣字数，只要不超页即可。活页的“说明”还规定“《通讯评审意见表》作为第一页”，可是活页第一页中对如何填写有提示，撰写提纲有 7 点，建议保留“填写提纲”与《通讯评审意见表》在同一页，从第二页开始填写。（详见例 177）

306 多处内容单行排列时有几种悦目图形？

一般而言，每段内容不论几行，各行内容均以自然结束为终止点，不刻意追求上下行之间的整体设计。按 5 号字算，每行均只有 40 字，若能考虑上下行的长短排列，会产生意想不到的效果。

这种效果来自内容按上述方式编排所产生的两种几何图形，一是矩形，即上下各行内容长短一致，整个内容呈矩形。二是直角梯形，即第一行与最后一行分别是上底与下底；左边对齐，仿佛夹在上下两行之间的垂线；右边的每下一行比上一行多一字。两种图形中，前几行结束时用分号，最后一行用句号，整齐划一，体现美感。（详见例 177）

上述两种悦目图形适用于内容单行排列在 3 行以上者，如简评、目标、价值、重点、难点、创新点、观点等内容可以点化或条化，方便把握由主到次按重要性往下排的各项内容。重要内容一点占两行，一般内容一点一行。如若需要，各条最好标以序号，以便一目多行，看清数量。

307 申请书印制应注意什么？如何讲究首印效果？

申请书在输出打印制作时，请注意：1）反复修改者，应存下所有修改版，标清序号，或标以修改时间，以防选错版本输出；2）防止因全角、半角等因素导致换机打印时出现乱码；3）打印出来，核对纸质版与最终上交的电子版；4）考虑不同电脑的兼容问题，以免楷体等字体换机打印时出现版面串行、缺行、行距拉大等错乱现象。

装订和复印注意：1）申请书一律用 A4 纸双面打印、复印，于左侧装订成册；2）活页必须用 A3 纸双面复印，中间装订；3）打印要用新墨，浓亮清晰，复印效果好；4）防止纸皱、缺角、面脏等；5）复印一定要摆正原稿，不能斜歪；6）装订针宜用三颗，等距离钉下，左边距适宜；7）原件盖章，印泥要鲜艳；8）几处签名宜用墨水笔或碳素笔。

308 何处一次或 N 次可填写到位？

一份申请书，填写之初宜明确哪些一次可写到位，哪些要反复改定，以免不该回眸之处总回顾，不分主次平均使力，做许多无用功。总原则可以是：偏形式之处可一次定形，偏内容之处却反复修改。基本形式确定了，便可充实内容或调整内容。

能一次定到位的主要是形式，偶含内容；即使有改，也是微调。例如：1）版面设计；2）标题层次；3）整个申请书的字体字号；4）行首、行内、行间、字间、行尾和页边的空白；5）前期成果；6）预期成果的成果形式与使用去向；7）研究基础；8）参考文献。

内容多次才能定稿，有时需要大改大调。例如：1）国内外学术动态、简评与价值；2）含研究对象、总体框架、重点难点、主要目标的内容；3）创新之处；4）预期成果的社会效益与经济效益；5）前期成果的核心观点。

309 活页为何因分段与留空而“活”起来?

中国画讲留白，申请书巧妙留下“空白”，可以活跃版面，分清内容，达到良好的视觉效果，可调节阅读节奏，凸显所报的主题。因此，在行首、行内、行间、字间、行尾和页边可以巧妙地利用空白：

1）读项目申请书或活页，如同读报或法律条文，讲究多分段，言简意赅，读起来相对完整，又易于捕捉信息。

2）段首前空两格，留白以显示思想的开始；若是版面特需，可以顶住左框，如例 177 的“预期成果”。

3）行内也可留空，如各序号后或用括号，或留一汉字或一字符空间，以区分序号与文字，如例 177；又如不带序号的标题与正文之间不必用标点，而用空格更显得和谐。

4）以 5 号字填写，每行 40 字，每段最后一行末尾至少空 2—4 格，以免顶住右框，以防满为患。每行多出 1—3 字时，力求精简，压入上一行。

5）行距适当，以 1.25 倍行距为宜，也可 1.5 倍；1 倍行距虽说正常，还是显得过紧，出版图书的行距均大于 1 倍。

6）字间距用正常值，一般不作调整，只有一行略长时，可以采用压扁方法缩短。

7）若有可能，每页的最上一行边距空一行，最下一行边距也空一行。

310 不同序号体系各有何优点？如何遵守与突破?

序号旨在显示条理、指示顺序，有助于评委对申请书的内容明顺序、知数量等。因此，序号不能不要，又不能过多，弄得繁复。论证中的序号更不能太乱，混淆了上下级层次的伦理，或将内容碎片化。常用的序号体系有两套：

中文序号体系	西文序号体系
一、	1.
（一）	1.1
1.	1.1.1
（1）	1.1.1.1

申请书分了八大表，采用的是汉语序号体系，但表二与表三（即活页）可以采用两套序号体系，不过，采用西文序号体系更便于排列，更便于审读。而且，活页中7点撰写提纲的顺序是“1—7”，更利于采用西文序号体系；倘若申报人改用“一、（一）、1”，前后就大小不一了。同时，请注意序号的次序，不能上下序号级次颠倒，如不能出现序列层次混乱状态，中西标点与序号体系混乱搭等，如“1”之下出现“一、二”等；“（一）”“1”和“1.1”后不能用顿号等；西文体系至多用到三级“1.1.1”处，往下“1.1.1.1”过碎，可换用“（1）”标示，也可适当用a、b、c、d等英文字母标序。

311 多级标题如何设计？如何有序统一？

前后各项内容的标题体系应统一，各级标题前后的字体也应统一，形成整体风格。例如，一级标题用5号黑体加粗（提示语留用宋体或楷体等）、二级标题用5号黑、三级标题用5号楷加粗、四级标题用5号楷体。

申请书的论证设计或活页七大点的标题不动，但七大点之下的一级标题可以改造，不动标题内容，而是改造其形式。例如：

改前：［研究内容］　本课题的研究对象、总体框架、重点难点、主要目标等

改后：研究内容（本课题的研究对象、总体框架、重点难点、主要目标等）

同级标题的语法结构尽量统一，如同为动词短语或名词短语，但不做绝对要求。标题尽量等长，或上下标题至多差出1—2字，美观大方。有时需给每一标题加上序号，如“2.1、2.2”“1）、2）、3）”等。

标题最多列至第3级为宜，如“1.、1.1、1.1.1”。若只列至第2级，粗而不细，体系建立得不够系统，层次不易分明。列至第4级（尤其是西文序号体系，如1.1.1.1），太细不行，显得琐碎，缺乏整体感。第4级若再分点，可用“1）”

标示，更宜用字体（如黑体、楷体加粗等）标示，用空白等标记区分标题的层次，或用“第一、第二”，或用“A、B、C、D”“a、b、c、d”等，详见例177。

312 图、表与文如何相得益彰？

填报中有时见人好用图表反映思路、研究计划，甚至是总体框架。其实用图表列出思路等，主要是理工科的做法，必要时文科可适当使用图表，但不宜太复杂。文科还是更适于文字叙述，以适应多数评委的审读习惯。

7000字的申报书，表中有表，表中嵌图，一般不主张使用。凡能用文字说清且占篇幅少于图表时，请用文字表达。不过，图表要紧随文字，图表跨页就不合适。一张图表，申请人苦思冥想，左涂右改设计出来，相当缜密严谨，评委读进去，还要跳出来，不易，费时；加之表中文字一般比正文小半号甚至一号，更不利于审读，仅一幅图表就会难住评委。但是并非完全不能用图表，非用不可时，则巧妙使用。例如，在文字表述之后，图表能辅之以内容，或者其本身就是内容的一部分；所占篇幅不大时，不妨大胆使用简表或简图表示体系、流程、结构等，如“基于语料库的严复变译思想研究”研究内容之一就是建立其变译思想体系：

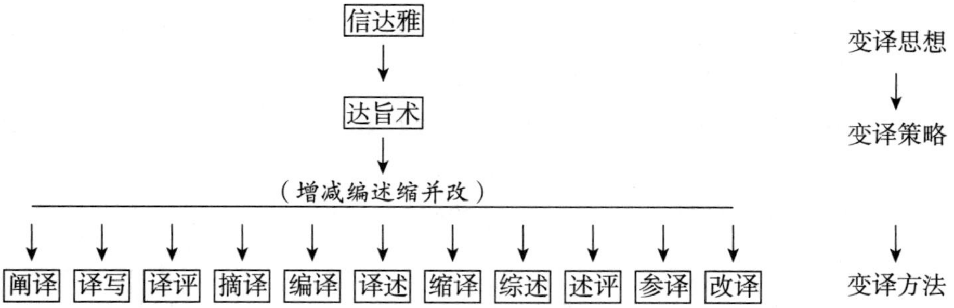

313 字号如何设计比较美观？

活页的“说明”要求：“正文请用合适字号行距排版，各级标题可用黑体字。”何为合适？似乎是见仁见智。常规做法如何？

常规字号显示内容，变化字号具有强调作用：

1）全文不宜用4号，太大占空间，字体正常为5号，平常看书读报也都用5号；偶用小5号，多见于图表文字，或可偶尔用于前期成果、参考文献的排列；偶尔见人用小 4 号，这会导致字数和行距发生变化。

2）一级标题用 5 号黑体加粗，后面不接正文，也可比正文大半号。

3）二级标题用 5 号黑体，后面一般不接正文。

4）三级标题用 5 号楷体加粗，后面一般不接正文，有时为省篇幅，也可接排内容。

5）四级标题用 5 号楷体，后面空一格，紧接正文。

6）正文用 5 号宋体。（详见例 177）

314 字体如何设计比较美观？

常规字体反映习惯，字体变化更有强化作用，因此对字体可作如下要求：

1）正文提倡用宋体，全用仿宋、楷体等不合适，毕竟阅读以宋体为主。

2）不宜多用黑体，满篇黑体频见，显得突出过多，反而无重点。即使突出，也要用整齐划一的方式，让人全局看起来有序，不扎眼，而是养眼。

3）如果各级标题既起引领作用，又起凸显作用，行首与行内的关键词语就不必再用字体变化予以强化了，否则，异体字过多，也会有碍观瞻。

4）英、法、德、俄等西语和数字宜用 Times New Roman，圆润顺眼；其书名与篇名可用斜体，不用书名号，首字母大写；日语、韩语等小心过于稀疏。

5）不论中外文，一行内容较长且略超空间时，字体可适当压缩，缩小字间距。

315 哪些标点要特别注意规范与巧用？

标点符号分为标号与点号，项目申报常用的标点符号有句号、逗号、顿号、分号、冒号、引号、括号、破折号、省略号、书名号、着重号、连接号、间隔号、下划线等。

申请书中有时起特殊作用的主要是标号。例如：1）汉字状态下引号和逗号最好用全角，而非英语状态的半角，否则过于密集。2）列举或句间用分号时，也请用汉语的分号，而非西语分号。3）年、月、日或数字之后若用标点，可用西语的句号，如 2017.01.01 或 1.1.1 等；其后若有文字，也可空出一字符。4）顿号，几个带引号或书名号的单位并列时，彼此间不再用顿号，如“A”“B”“C”、《A》《B》《C》等。5）分清汉语的破折号是占两个中文字符，而英语的与一字线长度相仿。6）连字符多用于电话的区别与号码之间，或年、月、日之间，如 020-83460202 或 2017-01-01 等。7）外语书名、期刊名不用书名号，用斜体。8）前期成果、预期成果和参考文献排列书文时，可用书名号标示图书，而文章可免，转由 CSSCI、“核心”等信息暗示。9）括号，据实情选用汉语还是西语状态，汉语括号显得疏朗，西语括号较紧。10）着重号不宜多用，因为不太显眼，还不如用字体彰显。11）下划线，不建议使用，用多了，在行距中无端增加符号，且长长的，会乱了视线。

（二）表达艺术

316 一流成果会毁于三流表达？论证讲求哪类文风？

谁都愿读赏心悦目的申请书，评委尤其如此，有限时间内读大量的同类申请书，语言美是获其好感的一招！有人不为表述下狠功，一二流成果可能毁于三四流表达，不能获批，令人扼腕。

课题论证讲究严谨规范，紧扣主题，逻辑清晰，避免枝蔓。语言学理化，不能出现错别字、病句、口语化、网络化、文学化等问题或倾向，提倡朴实之风。具体表现为：

1）周密而准确，即表达研究内容，要求正确观察所究对象，言之有理，言之有序。

2）明朗而规范，即表达要清楚明白；用词和语法要合汉语语法，语义要完整等，尤其提请受外语教育较多的学人注意，如不生造词，不滥用缩略，若用，借语境也能明白，不用翻译腔写作。

3）平实而简要，即多用名词、动词，少用形容词、副词等。用朴素自然的学术语言，不用描写性、抒情性语言，力避辞藻；文约旨丰，语言概括精炼，能删繁就简、通俗易懂、直截了当地表达。

317 如何改得准确而避偏差？如何避免假大空？

准确，即恰如其分地用语言表达项目的内容，即概念要明确，判断要准确，虽说申请书不能像论文那样论证，偶用论述，也要求推理严谨。概念、判断与推理三者共同要求精炼，讲究炼字，要把字炼到异乎寻常的地步，语言看似平易，却是费心写出。例如，“本课题总体上分5大板块，充以13项内容”比“用13部分的具体内容填充5大板块”要简练。又如，用词要适度，谈价值、创新等方面，可用“力争、尝试、努力、可能、力求”等词，恰如其分地把握程度。

申请人有点子有思想，还要善于将其清晰准确地表达出来，这是洞察力与逻辑思考的必然结果。为此，尝试用一词代替一语，一语代替一句，用短句代替长句；一句能讲明一段，由此而避免申请书常见的假、大、空。例如，“严复多种变译方法综合起来使用”中，可用“并”替代“综合起来”，改为“严复多种变译方法并用”；用“本体有广狭两解”替代“本体有广义和狭义两种理解”。请看典型例证：

原稿：本项目旨在从认知的角度来探讨宾语隐形构式的认知神经机理。宾语是句子中最重要的组成部分之一，研究句法就不可避免地要涉及宾语问题。近年来，宾语的研究越来越深入越来越精细。宾语的界定、宾语的类型、宾语的位置、宾语的语义角色、宾语的语用功能以及宾语与动词的搭配关系等一直是研究的热点，可是宾语隐形构式的研究还不多。

改稿：宾语隐形指语义上有语法上无的独特宾语。本项研究旨在利用语料库和语言实验技术，从语法、语义、语篇等角度探讨宾语隐形构式的认知触发机制和认知神经机理，以促进语言对比与翻译研究。

原稿是为选题做出解释，倒不是假大空，只是内容上还可取舍，比如第2句就是常识；第3句是综述的内容。改稿先厘定宾语隐形，再从研究方法、理论依据、角度、对象和内容、价值等方面简介课题的核心要素，成为题解的有机组分。

318 哪些表述需要强调点化？

评委一般在短时间内评审大量的项目申请书。如果核心内容和关键点都匿于冗长或难懂的文字，评委很容易失去注意力，错过关键点。并非所有评委都是你所在小领域的同行，让其从冗长表述中找到申请书的重、难、新之处，谈何容易？若能替他提炼，岂不相得甚欢？

若用点面比喻关键点与成段成片表述之间的关系，可将成片的表述压缩或抽提为高度凝练的一句话，使之“点化”，即用简洁的要点概括成段的内容，以显内容表达的张力美。点化不是少说，而是以少许胜多多！

点化，还可借用佛道用语，喻指让评委更顺畅地理解申请人的思想。因此，整个申报中除了学术动态、总体框架、前期基础等处，重点、难点、观点和创新点以及相应的地方最好点化，即将丰富的内容分出各点，一句表达占一行，平行列出，易于评委评审时“采点”，如综述后简评的点化：

原稿：“文化大革命”以后的众多论著研究翻译腔/体遵循的是“提出—分析—解决”研究模式，贪大求全，不够深入，大而无当，不够细致，也就不够系统，视角乏新缺深度。

改稿：“文革”后汉译腔/体研究多循“提出—分析—解决”研究模式，求全求大而乏新意。

319 如何改得简洁而不啰唆？如何苦练点烦功夫？

要将申请书改得简洁，至关重要的是一切紧扣题目和关键词写，整个报告不写虚字虚词。简洁就是力量。有必要学习杨绛先生的雅洁之工，即“点烦”——化繁为简的手段，力避“洋化”“累赘”“拗口”等欧化现象。她译《堂吉诃德》，初译80余万字，经点烦，砍去了近10万字。

压缩字数是表象，简明扼要才是对内容的要求。文字干干净净，思想明明白白，为此可求“五洁”：

1）简洁为词，即短语甚至单句可压缩为词，如“比较与翻译”缩为“比译”、“组织建构”缩为“组构”等。

2）简洁为语，即复句、单句或复杂短语可压缩为简单短语，如“他认为导致宾语隐形的语义语用因素有：（1）宾语没有指称意义；（2）宾语具有高预测性；……”压缩为“他认为宾语隐形的语义语用因素有高预测性，无指称义……”等。

3）简洁为句，句群或复句压缩为单句，如“信达雅是严复的内涵丰富的翻译财富，达旨术则比它更为丰富”压缩为“达旨术是比信达雅内涵更丰的翻译财富”等，详见第322问。

4）以数字替代文字，可省多余的字，腾出空间写更重要的内容。例如，表达时若用“第一、第二”或“首先、其次、再次、最后”时，不如用半角或英语状态下的“1）、2）、3）”等，反倒更清楚，路标更明显。

5）建议使用简短明了的短句，使用动宾短语代替完整句。例见第 323 问。

320 提示语如何炼成简洁标题？

简洁体现于内容，大显于各级标题，甚至是申请书的提示语也需再次简洁为各级标题，或许更明更亮，和谐美观。除了“国内动态”和“国外动态”还可表达为“国内学术动态”和“国外学术动态”外，其他多为四字格。具体见表 41。

表 41　申请书提示语标题化提炼与对应

选题依据	原提示语	国内外相关研究的学术史梳理及研究动态；本课题相对于已有研究的独到学术价值和应用价值等			
	最简提炼	国内动态	国外动态	内外简评	独特价值
研究内容	原提示语	本课题的研究对象、总体框架、重点难点、主要目标等			
	最简提炼	研究对象	总体框架	重点难点	主要目标
思路方法	原提示语	本课题研究的基本思路、具体研究方法、研究计划及其可行性等			
	最简提炼	基本思路	研究方法	研究计划	可行性
创新之处	原提示语	在学术思想、学术观点、研究方法等方面的特色和创新			
	最简提炼	思想创新、观点创新、方法创新等，可列至 4 点左右			
预期成果	原提示语	成果形式、使用去向及预期社会效益等			
	最简提炼	成果形式	使用去向	预期效益	
研究基础	原提示语	课题负责人前期相关研究成果、核心观点等			
	最简提炼	前期成果	核心观点		
参考文献	原提示语	开展本课题研究的主要中外参考文献			
	最简提炼	参考文献			

321 如何改得鲜明而不平淡？

鲜明，指申请书的语言能明朗而突出地表达内容的特点，表现为观点明确不含糊，明白合理地表情达意。申请人要依托学科领域特点，既要反映课题指南要求，又能充分发挥自身专业学科优势，申报题目和申报内容设计的角度力求新颖，特色鲜明，令人眼前一亮。必须选择新颖巧妙的理论、方法、语言手段等为切入点，避免人云亦云的平庸阐述，说自己的话，表达自己的思想，如对广为传播的严复翻译“信达雅”做出如下界定：

> 严复的“信”：部分内容信于原作，忠于原作，《天演论》五分之四的内容来自原作之外，是为了服务且取悦于译语读者；严复的“达”：一达传播原作之要旨，二达服务译者之宗旨；严复的“雅”：指规范文言，即秦汉以前通用的“尔雅”文言，其风格是精炼而丰富，简洁而深刻，明晰而典雅。

鲜明首先求“简”，即简单，不啰唆，不多余，在量上用较少的语言传达更多的信息；如“专门讨论”简为“专论”。其次求“明”，即说得要清晰易懂，在质上追求最佳效果和最高明晰度，如表达自己的观点“严复翻译思想非常丰富，严复始于全译，盛于变译，成名于变译。变译是其主体，变译思想贯穿于严译八大名著的始终”，“始于”“盛于”“成名于”彰显了严复译事的特点。

322 如何改得流畅而不滞涩？

虽说申请书不是文学作品，但求文章之道，如何写得生动而不死板，将抽象对象写得具体可读，需要反复修改，就要求运用新鲜活泼的语言调动评委的逻辑与形象思维，对申请书产生谨严而又可感的印象，至少足以读得出，听得进，入得心，流畅而不滞涩。

流畅自然的文字，一不生造词语，文字如从己出；二能运笔自如，若行云流水。要改出语言的内在节奏，具有流动感，可注意语言的长短与高下，积字成句，积句成章，积章成篇，合而读之，频见节奏。

欲求流畅，先要悦耳，讲究语句的节奏。例如：

> 原稿：全译单位研究经历了由单一到多层、由静态到动态的发展过程，专门讨论全译单位的比较多，同时兼顾转换的比较少。
>
> 改稿：全译单位研究由单一到多层，由静态到动态，专论单位的多，兼顾转换的少。

改稿用了流水句，长句改短句，前两与后两句，各自内部结构对应，很有节奏感。

流畅的第三项要求是求连贯，即意义和结构的贯通，内容和组织形式上的关联一致。如“确立了翻译学的独立学科地位，并将翻译学定义为一门经验科学”，不如“确立了翻译学的学科地位，将其定位于经验科学”简洁流畅：“确立”即牢固地建立或树立，确定且立住，“独立”即不依附他者而自立，看来因前者而显多余，或可被前者蕴涵；用“其”指代“翻译学”，与“将”临时构成双音节，更为明快；去一量结构“一门”，更显简洁。

323 长短句如何搭配才显节奏？长句如何化短？

申请书因不追求严格的论文式学术论证，对句长不便做硬性要求，但在坚持学术性之下宜兼顾可读性，力求言简意赅。整个申请书最好是长短句结合，以短句为主，表达连贯而错落有致，富于变化，朗朗上口。

句子长短是相对而言的，无截然界限。长句形体长，结构复杂，词语较多，具有表意严密、内容丰富、精确细致等特点。短句形体短，结构简单，词语较少，具有表意灵活、简洁明快、节奏感强等特点。修饰语多、并列成分多、某个成分结构比较复杂的长句若需化短，至少有三法：

1）主干提取法，即找出长句的主、谓、宾三大主干，提取连缀成句。例如，变译的原则本可确立为“变译理论的原则研究旨在为变译实践中已归纳出的各种变译方法提供切实的指导原则，使有别于传统的全译的变译操作具有恰当的理据性”，可化短为“变译的原则：为变译方法提供指导原则，使其操作具有理据性”，字数由 60 降至 27。

2）分离并列法，即将长句的联合成分拆开，形成并列句，或并列短语。例如，“提炼汉俄语语言景观比译的语篇结构、句法结构以及用词等模式是本研究的核心”可化短为“汉俄语言景观比译研究核心是：谋篇比译模式，造句比译模式，构词比译模式”。

3）修饰成分独立法，即将长句中较长的定语和状语抽出来，独立成句。例如，“为了了解所在国的文化、促进我国与‘一带一路’俄语国家的政治、经济、文化的进一步交流与合作，需对俄语国家语言景观进行分析”有长长的状语，可化短为“分析俄语国家语言景观，有助于了解所在国的文化，促进我国与‘一带一路’俄语国家的政治、经济、文化的进一步交流与合作”。

324 为何动宾短语使用频率较高？

除了学术动态、总体框架、研究基础和条件保障等处需要连贯性表达，重点、难点、创新点、价值、简评等处既可用完整的主、谓、宾句，更可运用动宾短语。动宾短语的动宾之间是支配与被支配、关涉与被关涉的关系。动词正是研究的具体行为，宾语常用名词或名词短语等充当，正是研究的具体对象或内容，二者的结合体现了选题的核心内容。

动宾短语在汉语里使用频率很高，宾语和动词之间的关系也多种多样。有些动宾短语的宾语由短语充当，从而呈现出一定的复杂性。当然论述选题时使用的常是复杂的动宾短语，动词可能带有状语，而用作宾语的名词可能带有定语，甚至是多个定语，这样适于表达较为复杂的内容。构成复杂动宾短语的步骤可能是：

1）定出动词与宾语，如“厘清内涵与外延”“剖析内部结构”；

2）为动词增加最简状语，如“进一步厘清”“深入剖析”；

3）为名词增加最简定语，如为“内涵与外延”加“中国文化话语体系”。

于是，整体把握，从小到大，逐层增加，增加复杂度，由简单短语逐步产生复杂短语，简单短语和复杂短语若加上句调，即可生成句子“进一步厘清中国文化话语体系的内涵与外延，深入剖析其内部结构”，以表达研究目标。

十一、评 审 过 程

（一）评 审 概 说

325 层次的高低与评审的公正呈何关系?

公正、公平与公开，三者之中公正是基础，即办事公开，公平而不偏袒一方。任何评价或评审，范围越小，层次越低，关系越熟，公正性就越低。从地方到中央，从关系熟悉到陌生，从被评者人数少到多，从省市区到部到国家，项目评审相对越来越公正。首先体现为机会均等，函评的异地评审和匿名评审已保障了基本的公正。

相对而言，凡获批者应该是优秀的，反之不然，优秀者不一定得到资助，名额毕竟有限。因地域、民族等因素，中等偏上者也可能获批。同一单位同一学科好几个申请书通过匿名评审入围，一般要考虑至少一项获批。获批有多种原因，不是获批即好，而是相比之下，因其题目或论证可以，或因第 21 问的四处特殊性给予立项，以示鼓励。成功的申请书不一定都达标或符合规范，许多获批者仍存在不规范，一般是选题可以，体现了选题优先原则。

函评之后，优秀者入围，到了会评，则是优中选优。各位会评专家均是国内学术名流，经国家认定的专家。虽然谁在评你，评委的水平、好恶、把关的松紧等因素至关重要，更重要的是你与谁评，即与谁一起被评，谁和你一起被评。评委看到同类项目的质量分布是其比较和选择的基础，落选可能不是你不行，而是同期同选题中有人比你更行。会评专家的评审重点是有争议的申报书，所以说，报项是实力与机遇的竞争，可以说：选题获批=90%的实力+10%的机遇（谁评你和谁与你同评）。

326 项目报审全过程分哪五步？

项目的整个申报与评审过程可分为五个步骤，见表 42。

表 42　国家社科基金项目报审过程

步骤	时间	报审方式	报审工作	选中率	结果
1	上年 12 月前后	发布指南	全国哲社办发布下年度国家社科基金项目申报公告、通知和课题指南，部属院校直接上报，其他单位则由所在省（区、市）社科规划办审查后集中上报。		
2	春节前后	组织申报	上年 12 月至本年 2 月，组织各单位申报；填写申请书。有的省（区、市）以及高校科研院所还组织预评。3 月初收齐集中报送全国哲社办。		
3	3、4 月	通讯评审	即活页评审。详见第 333 问。	占申请书总量 25%—30%	入围
4	5 月中旬	会议评审	即申报书评审。详见第 339 问。	占入围申请书 50%—60%	立项
5	6 月之后	公示立项	批准立项后，网上公示一周，之后下达立项通知。	占总量的 13%—14%	

说明：1）本表依 2017 年制定，仅供参考。
　　　2）若遇国家大事，时间或有调整。

327 评委如何分大小同行？有何差别？

任何评审都分大同行与小同行，前者指大学科方向内的同行，如同属于经济学领域的同行；后者指小学科方向内的同行，如同属于经济学之应用经济学领域的同行。相对而言，通讯评委多归于小同行；会议评委多归于大同行。函评结束后，全国哲社办将入围申请书汇总，交各学科评审小组在京会评。各学科评审组人数不等，申报量大的学科，如应用经济学、语言学等，评委人数会较多。

通讯评委从专家库中抽选，具有不确定性。申请书评审往往不会遇上研究旨趣完全相同的小同行，很难避免非小同行专家评审的情况，多数时候遇到的是大同行，因此，申请书若是写得过专，陌生术语过多，解释不足以明白，评委就难以入内，窥不得门径，会影响评价。牢记评委也是人，大同行大专家多是大忙人，但人人也非通才。此外，申请书所选的学科代码也非常关键，选错了会导致申请书错送通讯评委，连大同行都不算，通讯评审就难以通过。

328 常从什么角度审读申请书？审读有哪几种思路？

获批的关键在于申请书的质量。相对而言，评审层次越高，评委越从大局看问题。大致可分为三种思路：

1）直线式审阅。评审时间远少于申请时间，申请人几个月甚至半年准备的申请书，评委可能十几分钟甚至几分钟就要看完。时间充裕的评委一般会从活页的几大板块从头至尾地审阅，选题反映的问题是真是伪，是否重要，是否科学，问题提炼是否鲜明到位，是否具有创新性，前期基础是否良好等，评委对这些问题逐一问过，且寻求答案，这多半在函评阶段。

2）点面结合式审阅。在全面浏览申请书的基础上重点看几个部分，寻其短板予以否定；这多半也在函评阶段。评委重全局，要求全面看，也可重点看。评委忙，从头至尾读完申请书，既不现实，也不可能。

3）三点式审阅。在整个申请书中寻找三个重点审阅，如在全盘了解“题解”之后，会评会着重看价值、创新点和研究基础。若时间充裕，再考察研究内容大小是否适中，目标是否明确，思路是否清晰，方法是否具体可行，研究条件是否具备，等等。三点式审阅多半在会评阶段，评委一般是短时间内审阅几十份申请书。

329 报审各环节中内容与形式侧重点有何变化？

优秀的申请书应是内容与形式兼顾的佳作！填报过程是内容与形式互动的过程，内容决定形式，形式反映内容，不断修改内容，随时调整形式；不断调整形式，旨在更好地表达内容，以求二者完美结合。

申请书一旦上交，进入各级各层评审过程，内容与形式的关系比重或会发生三种变化：

1）形式≤内容，即形式小于或等于内容，表明不可小觑形式，一般而言，形式受制于内容；有时形式可等同于内容，如科研管理者看形式，每次申请上交前，面对大量的申请书，来不及细看内容，重在形式审查。

2）形式≈内容，即形式约等于内容，主要表现在函评阶段，评委约有一个月的评审时间，细看内容，兼顾形式，内容与形式相得益彰者往往胜出。

3）形式≥内容，即形式大于或等于内容，主要表现在会评阶段。精彩的形式反映精辟的内容，在内容无暇全部细读的前提下，形式有助于内容的理解。会评时间最短，仅 2—3 天，真正看申请书的时间有时短至一天都不到，甚至一个晚上。时间短，任务重，需快速整体把握，不踌躇于细节内容，因为有函评的基本把关，会评专家需依形抓意，找到关键点，从全国大局、全学科布局、整个理论体系等角度去认定课题的价值与可批的潜能。在此，内容越宏观，越具走向宏观的形式。甚至是，项目层次越高，内容的整体感越强，其形式感也就越强，可以强至内容只剩下整体的形式。

330 何时何地可获评审意见？如何面对？

国家自然科学基金申请书无论立项与否，均反馈意见。国家社会科学基金项目暂无此程序，每年只发布获批项目。但省（区、市）和高校以及科研院所越来越重视预审，不仅评审分级别，还有简要的审后反馈意见。借同行预审对因种种缘故不予立项者提出意见或建议，以促其完善，进一步冲刺国家项目，可能一句批评或建议就能打开申请人新的思路，更上一层楼。国家层面的项目，仅后期项目反馈意见，且是几位评审专家的具体意见或建议，因为所评的是 80% 以上的成稿，提出意见或建议，旨在完善书稿，以促达至出版水平。

如何面对意见或建议？不外乎：1）尊重专家意见，多数意见是针对性的，他们眼毒，能迅速发现问题。2）认真反省，有则改之，无则加勉。3）且听且思，反馈意见少数给得具体，多数给得抽象或宽泛，可促进自己再次过滤。4）某些意见叫人哭笑不得，有人不读内容，草率给出意见，有时南辕北辙，有时隔靴搔痒；坦然面对，一笑了之，不必来气。

（二）修　改

331 上交前如何反省自查自评？

很多人把上交前的时间段当作最后冲刺阶段。或因积压在此，或因走高至此，这一时段却是最易出问题的阶段。

那么，在内容基本奠定、大改为时已晚的关键时刻，该如何在小改小善方面自查自评？至少可抓十多个方面：1）申请代码是否恰当？2）项目名称是否简明？是否过大或过空，过长或过短？生僻的术语是否超过 2 个？3）题解是否用足了 200 个字，或者过于啰唆？4）价值论证是否充分？意义是否突出？5）研究目标是否明确？过大或过小？6）研究内容是否具体？层次是否清晰？7）重点、难点、创新点、观点提炼是否到位？是否言简意赅加以点化？8）可行性描述是否可信可行？是否讲明了理据、思路、方法、计划等方面的可行性？9）预期成果是否过多或过少？10）文字是否准确晓畅？是否有错别字或病句等硬伤？11）宏观或微观格式是否统一？12）几处签名是否全签了？13）各提示语的要点是否有遗漏？

332 申请书为何要多改纸质版？

申请书应该勤写勤改，自改他改。申请书要多写，国家级、部级和省级项目都要积极争取申报。写是硬道理，改是软拓展。只有科学地勤写勤改，才会有机会命中。完整地撰写一份申请书，力克众多障碍，将是一次自我心理超越。再写新的申请书，各环节不再陌生，由生手变成熟练工！

电脑时代，许多人自信于机上修改。建议初稿输入电脑后，不断地打印修改，这样前后更可比照不同的版本，有整体感。还可于桌上一览众山，翻看同一版本内前后各处的笔墨，可前调后移，系统地展开整个内容，更能建立健全论证体系，发现大的漏洞，达至整体的协调。

文不厌改，项目申报也是如此。修改要注意相关性和内在的一致性，改 A 处别忘了与之相关的 B 和 C 处！每改一稿便存一次，最好是给电子文档编上序号或写上日期，专设一文件夹存放；或者给纸质版排上序号。若能几天改一次，再搁置几天同时请人再看，改出 10 次左右，就再好不过了。

333 谁最能提出修改意见？可请何人过目？

不是人人会写申请书，博士毕业不少人仍不擅长，部分未经博士训练的博导会写书不一定会申报项目。

自改不易，为人修改其实更不易。改之前要精读，懂之后再指出真问题，还要提出方案。有人轻易开口请人评估修改，认为似乎只是举手之劳，这就轻视了劳动而伤了人。帮你看，是幸运，不帮看，是命运。那么，谁可对申请书提出修改意见？至少有如下四种人可作审读人选：a）各级项目承担者，有过申报与研究经验，对整个项目申报比较清楚，承担多项者更好；b）各级基金委兼聘人员，曾参与基金委管理工作，对评审过程比较清楚；c）各级评委，提意见的角度会不一样；d）项目管理者，对申请书的审核、提交、管理比较熟悉，对政策、格式等比较了解。

按上述4类人的组合关系可知能为申请书过目的优先顺序：C（4，4）>C（4，3）>C（4，2）>C（4，1），即abcd>（abc，abd，acd，bcd）>（ab，ac，ad，bc，bd，cd）>（a，b，c，d）。其中前2类难遇，以组合C（4，2）为例，即上述4类人中兼顾两类身份者有其优势，如ad，他既是项目管理者，又做过同专业项目，不仅可改形式，更可改内容。

（三）函　评

334 何谓函评？其过程如何？

函评即通讯评审，由哲社办将申请书寄送通讯评委，限期返回评审结果的过程。函评是项目的门槛！通过函评，即可得入场券！所以俗称“入围”。

函评过程大致是：1）哲社办组织逐栏核查每份申请书的填写内容，检查“硬件”，剔除不符合规定者；2）从专家库中挑选5名评委，申请书打包寄送评委所在单位科研机构或直寄评委本人；3）通讯评委约一个月内对每份活页审议，给出意见；4）近3/4的申请书被否定，评出课题提名立项，约2倍于当年立项数；5）意见返回所在单位科研机构，再集中返寄哲社办，或直接返给哲社办。

335 函评特点如何？更看重什么？

函评正因为评审时间较为充裕，活页不许出现单位和申报者的名字，前期成果不许出现期刊与期号。评委有时间细看整个论证过程，因此课题论证非常重要，选题及论证好坏是决定能否入围的前提。

因为同一选题相近的申报者有几家甚至几十家，哪个能评上，哪些评不上，主要看论证。评委看完申请书，至少形成四大印象：1）为何要研究这一课题，有何依据，有何价值；2）主要解决何问题，目标明确否，对象突出否，是否出新；3）有何重点和难点，怎样解决，如何突破；4）前期基础扎实与否，能否奠定顺利完成的基础。

可以说，凡是申请书要求的，均可能是函评看重的，看重程度往往因人因时而异。但是众多申请书中，同比之下题好论证好者才会胜出，二者与获批的关系可见第 80 问。

336 函评匿名匿了谁？匿了什么？

函评中匿名其实包括两种，一种是匿名申报，一种是匿名评审。

申报时，活页要求“文字表述中不得直接或间接透露个人信息或相关背景资料，否则取消参评资格”，即隐去申请人姓名，若要表达与申请人相关的信息，也只能用“申请人”之类的字样。与此同时，前期相关研究成果“不得填写作者姓名、单位、刊物或出版社名称、发表时间或刊期等”，主要匿去的是专名、年份和期数。总起来看，函评匿去的是专名（如人名、地名、机构名、刊名、社名等）和时间。

函评，即通讯评审，因为匿名所以也称“匿名评审”，还俗称“盲评”，其利其弊互见，仍是目前国际通行的最优评审方法，极大地减少人为因素，增加了客观性。函评时，为求公正，实行“双向匿名评审制”，即通讯评委与申请人“背靠背”，评委不知所评项目出自何人，申请人不知被谁评审，通讯评委也不署名，更不公布通讯评委名单。如果评委常读期刊，据选题或前期成果有时也能猜出何地何人申请了此项目，这一点暂时无法避免。

337 活页通常几人函评？一人通常函评几份？

函评时，全国哲社办从专家库中挑选专家评审活页，一般是奇数，比如 5 人，即一份活页函评通常由 5 人审阅，也可能分布于不同的地域，即空间上也有所考虑，活页送往不同的地方评审。有人戏称“南水北调”或“东报西评”！这是为了避免地缘交叉或人际关系，以示公平。

评委所评活页的数量一般取决于学科，大学科一般较多，小学科相对较少或少得多。例如，外国语言学申报者一般较多，其中英语最多，其次为俄语、日语、法语等，那么英语评委所评份数就相对较多，而其他语言则较少，所以相应的评委数也较少。总的来说，一位评委所评活页份数由几份到几十份。下达入围的数量也不一样，一般为送审数量的 30%，比如送审 50 份，拟推荐入围的量为 15 份。

338 如何争取同行专家认可？如何与其换位思考？

申请人在撰写立项依据的时候，除了清晰地阐述拟研究的科学问题外，还可采取合理、醒目的论述方式，包括加标题、分行、加黑、加粗等，但忌过多过频，既要让专家看清，还不能令人烦心。妥帖地介绍国内同行的相关成果，不仅因为他们可能是大小同行，更是体现对同行研究的尊重；同行专家若是评委，其成果也属必备，应尽量将其思想融入申请书。

申请人要站在评审专家的立场上撰写活页，让评审专家可以更准确、更高效地把握和理解申请人的选题。尽量减少硬伤，如错字不断、别字常见、标点混乱、文献不一、语句不通、文字太糙等，不给评委以直接简单枪毙的理由。设身处地，角色互换，与人方便，于己方便。

假如自己是评委，不妨反复自问：1）研究队伍组成合理否？2）工作基础薄弱否？3）创新性强否？4）逻辑严密否？5）有何阅读期待？6）忙碌之中会重视什么？先看什么？7）如何向非小同行普及？等等。

（四）会　　评

339 何谓会评？其特点如何？着重看什么？

会评即会议评审，是由哲社从国家社科基金学科评议组成员中抽取奇数评委，通过会议方式评审入围的申请书，优中选优，确定立项的过程。

会评特点大致有：1）大同行评审，评审专家只是专业或研究方向大致相同，与申请人研究兴趣完全相同者较少；2）时间紧张，一般 2—3 天，真正审阅申请书的时间一天左右，讨论的时间较多；3）公开评审，能看到申请人的一切信息；4）评委不匿名，对申请书直接表达赞成与反对意见；5）对其道德水准与业务水平诉求更高；6）秉持公正原则，兼顾平衡全局原则。

会评在函评看重的各点之外，可见申报单位与申报者及成员材料，可从成员水平及集体水平、知名度如何，承担过哪级项目，参加过什么项目，对申请人的学术背景和完成课题的能力与条件综合评议，判断申请人是否具备高质量完成研究的能力、水平和条件。因评审的时间紧迫，专家更看中第118问所说的“金顶”（即“题解”）与第67问所说的“金三角”（价值、创新和基础）：

1）通过“题解”，会评专家了解“十何”，携之可以迅速鸟瞰整个申请书，了解该项目与国家需求的关系；

2）通过“价值”，可知其对国家、社会、学理、现实何其必要与重要；

3）通过“创新”，可知其如何超群，站在了什么样的前沿；

4）通过“基础”，可知其软件与硬件保障，能保证国家投入催生相应的产出，体现国家项目的权威性与严肃性。

340 会评按什么程序进行？

学科较小时，仅设一组。入围申请书超过一定数量的学科，可设大组，再据实情分成若干小组。每个组或小组又分出主审专家和副审专家。无论大组或小组，总的评审程序大致分为四步，见表43。

表43 会议评审程序

步骤	程序名称	具体评审工作
1	专家主审	将入围的申请书交会评组评议，主审专家审阅申请书，做出评价，按比例挑选。
2	小组推荐	主审与副审专家审阅意见汇合之后，通过协商或投票（三分之二以上多数同意）向大组推荐课题。
3	大组投票	本学科专家听本组主审专家的评审意见，最后投票。投票须达三分之二以上。秘书现场收票、唱票、计票，评审专家代表监票，当场宣布结果。
4	签署意见	投票通过的课题，由主审专家和学科组长分别在申请书内签署立项意见和建议资助金额。按立项限额数等额推荐至全国哲社办。

341 申请书通常几人会评？一人通常会评几份？

会评时，全国哲社办从每个学科的国家社科基金评议组成员中挑选专家评审申请书，人数为奇数，如9、11、13、15人，较大的学科可能19、21人等，以便投票。一份申请书少则2—3人评审，其中一位主审，1—2位副审，讨论中以主审意见为主，小组还可讨论商定。

一位评委主审份数一般是20份以上，可能还要副审1—2倍的申请书。按要求从入围申请书中推荐一定量立项。会评专家不仅仅从自己的小专业出发挑选项目，更多的时候是从学科全局，从学科发展，从全国大局出发，跨大类选优立项。

342 主审专家有何权力？侧重看什么？

会议评审专家，即俗称的大评委，均是国内顶级专家，其权力便是：1）负责主审和副审几十份申请书，从中挑选认为值得推荐立项的申请书；2）与其他评委商定最终立项的选题；3）参与小组内其他主审专家的讨论；4）在学科组会议上为自己主审且确定立项的申请书陈述一分钟左右的立项理由；5）为拟定力推的项目撰写立项意见，签署立项意见和建议资助金额。

要为入围的申请书陈述立项理由，得总结推荐立项的原因，填写立项推荐意见，因此评委常常侧重从申请书中抓住如下几点：1）自然信息；2）题目内涵（即题解）；3）选题价值；4）内容要点；5）创新之处；6）支撑基础。因此，这些抓手，申请书均要写清楚，写明白，方便评委迅速抓住。所以，重中之重，就在于做好数据表、题解、价值、总体框架、创新点、前期基础的填写，以便评委找到直接为你推荐的要点，提高命中率。

343 “重在评差，而非评优”，有无道理？

既然通过了函评，弱者已剔除，会评难度就更大了。如何优中选优，其实是难上加难，采用归纳法可能吃力不讨好，如从头至尾审下来，得对七大板块一一读毕才能决定是否认定可以推荐立项，可能审至较靠后的“研究方法”时，才发现申请人漏写了方法或仅一句话陈述方法，最后还是被否定，结果前功尽弃！因此，可建议的方法是反证法，即不评优，而是评差，专挑申请书的弱项，一票否决。差者弱者因此出局，剩下的可能是强者。

反证法属于间接证明法，即从反方向证明，常用于正面证明有困难或情况复杂的对象，因证明选题的要素有多种，只要否定其中之一，选题即可被否定。因此可以通过评差，反而评优。易出差错者，至少有：1）淘汰缺项者，即少写了某一规定内容。2）淘汰弱项者，如研究方法只列出几种方法，并无具体内容；又如框架，只有目录，不见具体内容。3）淘汰不当者，如学术动态与价值，前者才 500 字，后者却 1000 字，本末颠倒。4）淘汰有误者，如将观点从总体框架中提炼，而非前期成果的思想观点。5）淘汰理解有误者，申报项目是请战，而非请功，已做工作过多，待做工作的篇幅和力度不够，篇幅过少，框架内容单薄。

344 如何防止立项撞车与重复？同题相遇何者胜？

报项撞车，不可避免，尤其是依据指南选题。如何避免？要避免的情况有两种：第一种，如果申请人均以指南原题为申项选题，容易撞车。撞车时，一般只批一项，也可能立多项。同期会有不同的人报同一选题，选题基本相同，只是大体相同，却各有千秋，因论证角度和研究方法不同、入围较多但又重要的选题，可以考虑增加立项。如 2016 年“《福乐智慧》研究史”是新疆财经大学获批的重点项目，而“《福乐智慧》诗体英译本研究”同时是新疆师范大学获批的一般项目。

另一种是尽量避免同单位竞争撞车，即与同事、同行相撞。除非自认为选题很有优势，论证也强过人，否则各单位对于申报项目密集的学科，要采取措施，适当分流，避免本单位申报撞车。建议选择相近学科申报。跨学科领域申报课题，必须熟稔拟申报学科的研究思路、学术话语，跨行不讲外行话，争取得到通讯评审专家的认可，同时又能展现跨学科思维和方法的亮点与特色。

345 如何理解“你用心，评委比你更上心”？

论证也讲究情商，论证得精妙，体现一种良好的人际关系，即为评委做好评审准备。用心选题，用心论证，用心前期准备。若不用心，漏洞百出，同情况下胜出者自然能入评委的心。用心的具体表现有：

1）用心于选题，字斟句酌，擦亮申报的眼睛，要有炼泥成瓷的追求；

2）用心于内容，主体框架稳固，其中所嵌内容丰富；

3）用心于逻辑，主次分明，逻辑严谨，让人几分钟看完 20 分钟的内容；

4）用心于提炼，比如敬惜文字，文精意美，体现母语修养；

5）用心于形式，既守申请书格式，又讲语言艺术，以形式服务于内容；

6）用心于包装，追求内容与形式的完善统一，力争把申请书打造成艺术品。一份申请书秀外慧中，悦目又动人，评委也会难以放弃，此时他已上心，会爱不释手。

（五）获批与落选

346 全国与个人立项率各呈何态势？

国家社科基金每年各学科的立项率相对稳定，以 2016 年为例，相应学科的立项率详见表 44。每年的立项总数在不断增加，仅以近 7 年计，基本是平稳中呈递增态势。（见表 45）

表 44 2016 年各学科立项率

学科	学科立项率/%	学科	学科立项率/%
马列·科社	5.13	中国历史	5.51
党史·党建	2.17	世界历史	2.17
哲学	5.41	考古学	1.30
理论经济	4.95	宗教学	2.17
应用经济	7.51	中国文学	7.05
统计学	1.39	外国文学	3.04
政治学	3.63	语言学	7.17
法学	7.76	新闻·传播	3.88
社会学	5.82	图情·文献	3.57
人口学	1.53	体育学	3.55
民族问题	4.67	管理学	8.17
国际问题	2.73		

表 45 2011—2017 年国家社会基金年度项目和青年项目立项率

年份	2011	2012	2013	2014	2015	2016	2017
立项数	2883	3219	3826	3818	3777	3917	4289
立项率/%	13.60	13.00	13.30	13.60	13.50	14.00	14.60

真正的个人立项率只能按个人去算。成功是门艺术，甚至是学问。有人玩笑说，随便一填就中了，认真申报者却屡报屡败，屡败屡报。前者比例极少，不要被偶然者忽悠；个别成功者夸大了成功，淡化了艰辛。后者还真不少，得

反思总结教训，吸收他人经验，多从主观内部挖掘原因。天道酬勤固然不错，更要明白天道酬智。只顾抱怨，只表明自己不够智慧。总体上，项目申报以认真用心申请者为考察对象，省级以上项目申报的平均成功率约为四分之一，即4次，或有1次命中。

347 应避哪些非学术性失误？项目直接落选的硬伤何在？

申请书能入围，是立项的基点。如何填报，申报规定虽有说明，每年未能入围者大有人在，或因选题，或因论证，或因理解有误，或因表达有误，甚至是因技术性问题而马失前蹄。项目申报竞争越来越激烈，每年都有不少申请书失误于非学术因素，这应引起申请者重视。

凡事预则立，不预则废。应了解国家社会科学基金管理办法。从申报时间来看，项目落选不外乎外因与内因，内因即自己研究、撰写问题等，外因即他人竞争力强、评委好恶问题等。从申报自身看，不外乎硬件与软件，或称硬伤与软伤。软伤可见前面各部分所谈的种种不足。

有的申请书被哲社办直接因为硬伤而剔除。例如：1）原有课题未完成。按规定，原有社科项目尚未结项者，不得申请新项目，不知是申请人明知故犯，抱着侥幸心理，归结起来，还是管理部门疏于把关。2）项目归类不一，把自选项目填作一般项目代码。3）论证必须匿名却署了名。4）栏目填写不全，常有人残缺不全，漏填某部分，有时居然还能入围。5）未如实填写成果，有知识产权争议。6）职称、学历、学位等弄虚作假者，一经查实，取消申报资格，如2016年度国家社科基金西部项目，公示拟立项目481项，最终立项480项，1项因举报查实予以取消。7）活页直接或间接透露个人相关背景材料，取消参评资格。8）活页误填了成果作者、单位、刊物或出版社名称、发表或出版时间等信息。9）填写了与本课题研究无关的主持或参加的各类项目。10）参考文献列入了申请人的前期研究成果。11）有关学术不当、学术腐败等信息被人举报。

348 可否原题持续申报？申报未中如何改进？

项目申报即使一次不成，也要慎重反思，不轻易更张，以致研究连续性中断，几年内申请书东一枪，西一枪，缺乏稳定的根据地。一般是在某个领域或小研究范围内做深做透，除非认识到选题存在严重的方向性问题。屡报屡败后，要克服畏难情绪。虽可同题持续申报，但最好是修改未中的报告，优化题目，同向继续申报。套用俗语：项目虐我千万遍，我待项目如初恋。

人文社科报项虽说不反馈同行评审意见，但也有必要反省申请失败的原因，认真反思，重整旗鼓，如选题不当、缺乏新意、基础不足、方案不佳、团队薄弱。扪心自问，薄弱环节何在？对薄弱环节加强针对性改进，厉兵秣马，以利再战。进一步调研分析，确定选题的先进性、前沿性；凝练创新性，寻找突破点；制订更为详尽具体、切实可行的研究方案；组建更强的团队；等等。

第二年若想再报，则需思考：1）是否调研了一年来国内外新发表的成果动态；2）自己一年来的研究是否有新进展，有多大的本质性改进；3）总体框架是否已加入了新发表的成果；4）是否了解国内外同类学术会议信息，捕捉到了国内外最新而未发表的前沿成果；5）原有成员有何新的学术进展，是否需要调整成员；6）对原题及其内容是否有了宏观更新的认识。

十二、申请书兼活页样本

349 样本申请书与活页应是什么样？

前面各参考示例均是局部例说，未见申请书与活页的全样。例 177 虽说想展示样本，但为了节省篇幅，也删除了部分内容。有关信息也隐去。申请书填报时版面为 A4，为保证其完整效果，现将其缩微展示如下。

同样是为了节省篇幅，活页仅在前期成果与核心观点上有别于申请书，若将例 173 与例 177 的 2.2 移入例 177 表二，编为“6.1 前期成果”与“6.2 核心观点”，可得与例 177 配套的活页。还可将例 140、例 148、例 158、例 167、例 168、例 170、例 175 与例 176 依序缀连，又可得一份有关另一选题的完整的活页。

350* 与样本申请书上相比，最新样本活页超胜在何处？

2021 年改革有新气象，也有新疑惑。分析见前所有带*号的问题。基于上级之规定，本着实事求是之精神，尝试给出最新活页样本，与例 177 形成互补。在此，再次提醒各位同道：例 178 仅供国家社科基金年度项目申报者参考，其他级别或类型的项目申报依然可参考例 177 等。

参考示例 177　申请书兼活页样本

项目登记号			项目序号	

国家社会科学基金项目

申　请　书

学科分类	**语言学**
项目类别	**一般项目**
课题名称	**“一带一路”语言景观汉俄比译模式化研究**
申请人姓名	**× × ×**
申请人所在单位	**×××大学**
填表日期	**2016.02.26**

全国哲学社会科学规划办公室制

2015 年 12 月修订

一、数据表

<table>
<tr><td>课题名称</td><td colspan="8">“一带一路”语言景观汉俄比译模式化研究</td></tr>
<tr><td>关键词</td><td colspan="8">一带一路　语言景观　汉俄比译模式化</td></tr>
<tr><td>项目类别</td><td>B</td><td colspan="7">A.重点项目 B.一般项目 C.青年项目 D.一般自选项目 E.青年自选项目</td></tr>
<tr><td>学科分类</td><td>YYB</td><td colspan="7">比较语言学</td></tr>
<tr><td>研究类型</td><td>A</td><td colspan="7">A.基础研究 B.应用研究 C.综合研究 D.其他研究</td></tr>
<tr><td>课题负责人</td><td colspan="2"></td><td>性别</td><td></td><td>民族</td><td>汉</td><td>出生日期</td><td></td></tr>
<tr><td>行政职务</td><td></td><td></td><td>专业职称</td><td>A</td><td>教授</td><td>研究专长</td><td>YYB</td><td>对比语言学与翻译</td></tr>
<tr><td>最后学历</td><td>A</td><td>研究生</td><td>最后学位</td><td>A</td><td>博士</td><td>担任导师</td><td>A</td><td>博士生导师</td></tr>
<tr><td colspan="3">所在省（自治区、直辖市）</td><td></td><td colspan="2"></td><td>所属系统</td><td>A</td><td>高等院校</td></tr>
<tr><td>工作单位</td><td colspan="5"></td><td>联系电话</td><td colspan="2"></td></tr>
<tr><td>通讯地址</td><td colspan="5"></td><td>邮政编码</td><td colspan="2"></td></tr>
<tr><td rowspan="7">课题组成员</td><td>姓名</td><td>出生年月</td><td>专业职称</td><td>学位</td><td>工作单位</td><td colspan="2">研究专长</td><td>本人签字</td></tr>
<tr><td></td><td>1977.09</td><td>副教授</td><td>硕士</td><td>×××职业技术学院翻译系</td><td colspan="2">翻译学</td><td></td></tr>
<tr><td></td><td>1966.05</td><td>副馆员</td><td>硕士</td><td>×××大学俄语学院</td><td colspan="2">俄语语言学
文献信息管理</td><td></td></tr>
<tr><td></td><td>1970.03</td><td>教　授</td><td>博士</td><td>×××理工大学外语学院</td><td colspan="2">对比语言学</td><td></td></tr>
<tr><td></td><td>1969.02</td><td>副教授</td><td>硕士</td><td>×××大学外文学院</td><td colspan="2">翻译学</td><td></td></tr>
<tr><td></td><td>1968.11</td><td>副教授</td><td>硕士</td><td>×××航空航天大学外语学院</td><td colspan="2">语料库语言学</td><td></td></tr>
<tr><td></td><td>1965.12</td><td>教　授</td><td>博士</td><td>俄罗斯阿穆尔国立大学语文系</td><td colspan="2">双语对比</td><td></td></tr>
<tr><td colspan="2">第一推荐人</td><td></td><td>专业职称</td><td></td><td></td><td colspan="2">工作单位</td><td></td></tr>
<tr><td colspan="2">第二推荐人</td><td></td><td>专业职称</td><td></td><td></td><td colspan="2">工作单位</td><td></td></tr>
<tr><td>预期成果</td><td>A</td><td colspan="5">A.专著 B.译著 C.论文集 D.研究报告 E.工具书 F.电脑软件 G.其他</td><td>字数(千字)</td><td>250</td></tr>
<tr><td colspan="2">申请经费（单位：万元）</td><td>20</td><td colspan="2">计划完成时间</td><td colspan="4">2020 年 6 月 30 日</td></tr>
</table>

二、课题设计论证

本表参照以下提纲撰写，要求逻辑清晰，主题突出，层次分明，内容翔实，排版清晰。除“研究基础”填在表三外，本表内容与《活页》内容一致。

0. 题解

公共路牌、广告牌、街名、地名、商铺招牌以及公共标牌上的语言共同构成了语言景观。本项目拟从社会语言学、翻译学等角度对比分析“一带一路”13 个汉俄语国家的语言景观，充分描写且提炼双语模式，比对异同，以此为据创建汉语言景观俄译模式，促进中国文化走向走入俄语国家。

本课题与 2016 年度国家课题指南“语言学”部分第 2、27 选题密切相关。

1. 选题依据（国内外相关研究的学术史梳理及研究动态；本课题相对于已有研究的独到学术价值和应用价值等）

1.1 国内学术史梳理及研究动态

1.1.1 领域与视角多样

景点翻译研究最多　我国语言景观研究始于 1989 年，兴于 21 世纪，文献多以“公示语”出现，而以“语言景观”为篇名仅 16 篇；研究领域广，几乎涉及生活方方面面，多采用实证调查法，主要调查某地某领域某机构某景点语言景观英译语言、语用及文化等方面的问题。

理论视角达 40 种　运用如功能翻译理论、功能对等理论、文本类型理论、语用学、翻译美学、生态翻译学、变译理论等，分析某语言景观的英译错误，剖析其误因并加以改正。

1.1.2 语言学研究偏重

基本问题研究　探讨了语言景观的名称、定义与分类。有过多种名称，现基本统一为“公示语”，语言景观的研究对象与公示语相同，不同的是前者注重社会学领域，后者注重语言学领域；对语言景观与公示语的定义暂未完善；其分类多样，根据用途和使用场合、根据信息状态(静态和动态，吕和发 2005)、根据标牌的主体性(官方和私人，尚国文、赵守辉 2014)、根据功能(指示性、提示性、限制性、强制性、宣传号召性，北竹、单爱民 2002；牛新生 2008 等)。介绍了语言景观研究背景、理论与方法，探讨了其研究的认识论基础、分析维度以及理论建构(尚国文、赵守辉 2014)；从语种数量、标牌的特征、排版、语言权势和地位等探讨了某地标牌的使用情况。

语言特征研究　风格上常常简洁、规约、互文、意动和收言后之力(罗选民、黎土旺 2006)；词汇上，用常用词汇、缩略语，禁用生僻词等；语法上，常用名词和名词短语、动词和动名词、现在时态、祈使句等，俄语常用命令式、谓语副词+动词不定式、被动形动词短尾等作谓语；编排与书写上，文字与标志组合，英俄语常用大写字母，不加句点；字数少，最少的只有一个词。

1.1.3 语言景观若干翻译问题

译写标准的制定　研究得到全社会关注，部分省市质量技术监督局编制或出台语言景观翻译地方标准，如北京（2006）、沪苏浙（2009）等。2014 年国家质检局、国家标准化管理委员会发布《国家公共服务领域英文译写规范》，2015 年又启动了日、韩、俄文等译写规范的编写。

英译原则与方法　遵循外宣翻译三贴近(黄友义 2004)、简洁明了、通俗易懂、规范统一、遵从习惯、语气得当、译名从实、功能对等、委婉礼貌、适度诙谐等原则(倪传斌、刘治 1998；刘迎春、王海燕 2012；王树槐 2012 等)；采用“模仿—借用—创新”、因况省译、化繁为简等翻译策略和借译、仿译、创译等译法(丁衡祁 2004；卞正东 2005 等)。

汉英误译及对策　误译归为语言失误和语用失误两大类(丁衡祁 2006)，误因归结为 14 大类(吕和发等 2011)，提出了 3 项改正策略与建议。另编有与食、宿、行、游、娱、购等活动直接相关的译写词典。

1.1.4 语言景观英/俄汉对比

英汉语言景观对比　英汉均用名词性和动词性结构，汉语多用动词，英语多用名词；汉语多用祈使句，英语多用物称表达法和陈述方式(陈淑莹 2000)；表禁止或提出要求时汉语常用否定句和祈使句，英语用肯定句或名词等；汉语简洁凝练，英语委婉间接；汉语重形合，韵律优美，结构对称，英语重意合，直截了当，简洁有力(顾红等 2014)。

俄汉语言景观对比　仅 2 篇。汉语表达委婉、形式多样，俄语表达直接、相对单一；汉语喜用四字格，注重首尾押韵，俄无特别讲究。指示类多用名词词组，俄语以名词居多，汉语以名词性短语居多；提醒类俄汉语有对应模式；呼吁类以短句居多，多用祈使句，俄语常用省略句（主持人 2016）。

1.2 国外学术史梳理及研究动态

1.2.1 英语起步早俄语研究少

西方语言景观研究起步较早(始于1959年)且走向成熟，多从语言学角度，Vinay、Darbelnet(1995)谈及公示语概念。从社会语言学角度研究“语言景观”者以 Landry & Bourhi 于 1997 年发表的论文为发端，《语言景观:研究多语现象的新路径》系第一部研究语言景观的论文集(李贻 2012)；主要探求了语言景观背后折射的权力和利益关系。俄罗斯只从语言学角度研究语言景观，起步较晚，所见文献不多。目前关于语言景观名称未达成共识，其表述多种多样。

1.2.2 文化视角与语用学视角并重

А.Вежбицкая(2001)将语言景观界定为 общественные знаки，普遍接受。Тер-Минасова(2000)探讨了英俄语信息-调节文本的词汇手段以及告示和号召的文化特点；Покровская等(2011)介绍了指示-禁止类语言景观的分类及功能，分析了其在多语中的言语体裁的多样性；Медведева(2005)分析了反映俄文化规范的非等值语言景观，将语言景观用于国情学的对比教学，Шорина(2007)对比分析了英俄语言景观的言语行为与民族社会文化特点，揭示了英俄语的结构-句法、语义特点及其与礼貌范畴的关系；2008年对比分析了俄、英、德三语表“禁止”意义语言景观的表达手段和商贸领域警示性语言景观的特点。

Аринштейн (2001)和 Астапенко (2004)从语用学角度分别探讨了语言景观的语言特点和英语“禁止”类语言景观；Руссинова(2006)阐述对语言景观与公示语的定义暂未完善；其分类多样根据用途和使用场合、根据信息状态(静态和动态，吕和发 2005)、根据标牌的主体性(官方和私人，尚国文、赵守辉 2014)、根据功能(指示性、提示性、限制性、强制性、宣传号召性，北竹、单爱民 2002；牛新生 2008)。俄英禁止类语言景观的功能特点；Буренина(2011)探讨了法语信息-调节文本中祈使情态的词汇-语法表达手段，通过祈使情态表达策略揭示了信息-调节文本的语用特点。

1.3 国内外简评

国内　语言景观研究已取得一定成果：1）内容上　对其概念界定、语用功能、语言文化特点、错误类型、例证以及翻译策略等内容上大同小异，但多重复，不够深入。2）对象上　主要以汉译英为主，俄语以及双语对比研究少，对语言景观撰写研究及模式提炼未见。3）层次上　主要分析某地某领域语言景观错误、误因及英译策略，并做修正，少有理论探讨。4）视角上　用某种语言理论分析景观翻译，取社会语言学角度者少。5) 方法上　大多使用调查法、观察法，借用例证法，偶见语料库法。

国外　俄语国家语言景观研究滞后于我国：1）内容上　分析禁止类语言景观居多，语言景观的概念、理论体系、撰写研究尚无。2）视角上　主要取自文化学、言语行为理论等。3）语种上　以俄、英、德语为语料，汉俄语言景观互译文献未见。4）方法上　使用调查法、观察法，未见语料库方法。

全面反思　语言景观研究有待深入与拓展：1) 夯实基础　语言景观的概念、性质、特点、功能等有待明晰；2) 扩大拓宽　扩大语种研究，增加其历时变化研究，拓宽翻译研究领域，如危机管理、安检防恐、无障碍设施、应急救助等；3) 加强解释　加强社会学解读，探其背后隐含的语言政策、意识形态、价值观念、权势关系、身份认同等；4) 提炼模式　加强对比交叉研究、提炼对比及互译模式。

1.4 独特价值

1.4.1 学术价值

1）了解“一带一路”俄语国家语言景观汉俄比译生态，为我国制定语言规划和政策提供借鉴。

2）可透视某个地域范围内的语言权势与族群的社会身份和地位，丰富社会语言学的研究内容。

3）可发现俄汉语中有别于通常语言的特殊结构、特殊表达，有利于认识独特的语言景观风格。

4）可深化对语言本质的认识，为汉俄语语言学、对比语言学、翻译理论与实践提供有益补充。

1.4.2 应用价值

1）有助于了解“一带一路”俄语国家的文化，从而利于我国与其政治、经济、文化交流与合作。

2）可为我国2015年启动的《公共服务领域俄文译写规范》的制定提供理论依据和实践参照。

3）可为国家、地方政府、各行各业乃至个人语言景观拟制提供蓝本，促进中国文化走向俄语国家。

4）构建语言景观俄文译写对应模式，可减少和规避各类俄译错误，为俄语国家来华人员提供便利。

2. 研究内容（本课题的研究对象、总体框架、重点难点、主要目标等）

2.1 研究对象

本课题研究对象取自2016年度国家课题指南“语言学”部分第2选题（“一带一路”沿线国家语言政策与规划研究）、第27选题（双语对比与翻译转换研究）。

总体对象 汉俄语言景观的宏微观对比、模式化构建与汉俄翻译转化模式创立

具体对象 1）“一带一路”俄语国家和我国语言景观系统整理；3）汉俄语言景观语言与制作模式提炼；2）汉俄语语言景观特点分析与对比；4）语言景观汉译俄与制作模式构建。

2.2 总体框架

为探清上述对象，拟由5大板块建构框架，充以12部分的具体内容。

2.2.1 汉俄语言景观宏微观分析

语言景观建库与文献处理　拍摄“一带一路”俄语国家俄语与我国汉语语言景观，分类建立汉俄平行语料库；从语言特点、外译原则、策略、方法及对比等总结国内外汉俄语言景观研究成果。

语言景观特点的宏观分析　分析语言景观如旅游景点解说等的篇章结构，探讨其开头、中间、结尾的语言模式，找出常用衔接手段、逻辑联系语及其他纽带等。

语言景观特点的微观分析　分析汉俄语言景观，如大小写、标点、字体、空格、换行等书写特点，按功能、分领域探讨汉俄语言景观用词、语法特点，探明双语语言景观译写规范与制作细节。

2.2.2 汉俄语言景观模式比较

根据分析出的汉俄语言景观特点，按功能、分领域从三个方面比较汉俄语语言景观模式：

语言景观词汇模式比较 对比分析汉俄语言景观用词特点，提炼指示性、提示性、限制性、强制性、宣传号召性语言景观常用的词汇，找出其对应的与特有用词，建立双语词汇模式化的微观模式。

语言景观构句模式比较 对比分析汉俄语言景观句法特点，提炼指示性、提示性、限制性、强制性、宣传号召性语言景观常用句型、句子结构等，找出其对应的与特有构句模式，建立中观模式。

语言景观构篇模式比较 分析汉俄篇章性语言景观的语篇结构，比较其开头、中间、结尾的组构模式以及常用的衔接手段、逻辑联系语等，找出其对应的与特有语篇结构模式，建立宏观模式。

2.2.3 译写通则制定与理论诠释

译写原则　以国家出台的《公共服务领域英文译写规范》为参照，以外宣翻译三原则为基础，遵循合法性、规范性、服务性、文明性等原则，力求表达准确、简洁、易懂、规范、标准、统一。

译写内容　按领域构建交通、旅游、娱乐、体育、教育、医疗卫生、邮电、食宿、商业金融、环保、危机管理、安检防恐、无障碍设施、应急救助等方面的译写模式，给出不同领域通用性的译例。

译写方法和要求　公共服务领域中场所和机构名称应区分专名、通名、修饰或限定成分，俄文书写

(大小写、标点、字体、空格、换行等书写)、词语选用、语法应符合俄文语言景观规范和习惯。

社会语言学阐释 从语言景观的特征、排版、语言权势、社会地位等方面探讨语言景观的使用情况，阐释语言选择和使用背后的机制和规律，探求语言景观现象背后所折射的权力和利益关系。

2.2.4 语言景观汉俄全译模式化

分别构建基于形义对应的对译模式、减形不减义的减译模式、增形不增义的增译模式、移形不变义的移译模式、换形不变义的换译模式、分形不变义的分译模式、合形不变义的合译模式，这七大全译模式可助力中国文化的语言景观完整地走出去。

2.2.5 语言景观汉俄变译模式化

分别构建基于增加策略的增益模式、删减策略的优选模式、编辑策略的优化模式、转述策略的自由模式、压缩策略的精化模式、合并策略的整合模式、更改策略的替代模式、仿照策略的模仿模式，这八大变译对策可助力中国文化的语言景观灵活地走出去。

2.3 重点难点

2.3.1 重点

线上突出点 “一带一路”涉及众多俄语国家，多语之中重在俄语，多国之中重在俄罗斯；
语料出模式 基于汉俄语言景观材料，抽象其本质，去芜存真，提炼各语模式是必备基础；
比较显差异 汉俄语言景观模式因语言、文化等差异而不同，正因差异对比催生互译模式；
俄译模式化 因汉语语言景观模式转化或变通为俄语语言模式，重在分建全译与变译模式。

2.3.2 难点

实拍量大 国内各地与“一带一路”俄语国家需拍语言景观，耗资耗时，文本海量，工作量大；
分类复杂 语言景观语料庞杂，需要制定分类原则，按主体性、功能、领域等科学地分出类型；
模式化难 需提炼汉俄语言景观语篇、句法、用词等及其汉译俄等模式，内容繁多，难度较大；
提升不易 需发掘汉俄语言景观背后蕴含的深层政治取向、经济导向和文化内涵，阐释有难度。

2.4 主要目标

总目标 建立汉俄语言景观模式和汉译俄模式，为中国文化走出去、提升中国形象服务。

分目标 1）建立信息化、数字化、图片化汉俄语言景观多模态数据库，以备汉俄对比；
2）从主体性、领域、功能等角度了解汉俄语言景观宏观与微观风格与文体特征；
3）构建包括14个领域的汉俄语言景观模式，并附各领域的典型案例，以便俄译；
4）为我国制定语言政策、双语或多语语言景观设置、整肃语言景观规范提供依据。

3. 思路方法（本课题研究的基本思路、具体研究方法、研究计划及其可行性等）

3.1 基本思路

第1步 **建库** 拍摄“一带一路”沿线汉俄语国家语言景观，分类建立开放性的多模态语料库；
第2步 **对比** 提炼汉俄语言景观各自的模式，并从宏观与微观角度展开系统对比，找出差异；
第3步 **探理** 对汉俄语语言景观及模式进行社会语言学阐释，为语言景观制定汉译基本通则；
第4步 **建模** 据俄语语言景观特点与模式，参照已有语种译写规范，构建语言景观俄译模式。

3.2 研究方法

田野调查法 实地拍摄“一带一路”俄语国家俄语和我国汉语语言景观，对来华旅游、工作、学习的操俄语者进行问卷或口头调查，适时访谈，以了解他们对现有语言景观俄译的态度与看法。

体系分类法 将所拍语言景观按我国汉语和俄语国家(俄罗斯、中亚5国、独联体6国)俄语的语言景观，按主体性、领域、功能等归类，并建立多模态语料库分类，为研究做好语料准备。

双向对译法 对比汉俄语语言景观语言特点及撰写模式，从篇章结构、语法结构、用词以及语用、文化等方面，分析互译语料，找出异同，为构建汉语语言景观俄文译写模式奠定基础。

分析归纳法 按领域和功能等分析总结汉俄语语言景观用词、组句、构篇等特点，总结对、增、减、移、换、分、合等七大全译模式和增、减、编、述、缩、并、改、仿等八大变译模式。

学科聚焦法 从普通语言学、翻译学、社会语言学、符号学、认知学、传播学等学科探讨汉语语言景观俄文译写模式，分析汉俄语言景观语言选择和使用背后的机制和规律，探其原理。

3.3 研究计划

2013.07—2020.06 **建多模态库** 对黑龙江、内蒙古、新疆、海南、北京、莫斯科、圣彼得堡、杜尚别、布拉戈维申斯克、哈尔科夫、阿斯塔纳等地语言景观已拍3000余张，拟继续实拍，持续分类建库。

2016.04—2017.01 **多角度分析** 按主体性、领域、功能等将所拍语言景观归类，从社会语言学等角度对比分析汉语景观俄译所隐含的语言政策、意识形态、价值观念、权势关系、身份认同等。

2017.02—2018.01 **提炼语言模式** 从篇章结构、语法结构、句型、词汇等方面静态地提炼汉俄语言景观语言模式，再从对比与互译角度动态提炼其汉俄对比模式，为构建汉译俄模式提供依据。

2018.02—2020.06 **构建俄译模式** 以国家《公共服务领域英文译写规范》和所提炼的汉俄语言景观语言对比模式为参照，根据我国实情，构建包括通则及14个领域的语言景观俄文译写模式。

3.4 可行性

理论奠基 主持人经过10年学历和2年海外留学，为研究生开设对比语言学，研究方向为对比语言学，深谙语言学理论与实践，了解翻译学，曾发表俄汉对比与翻译论文40余篇。

方法受训 归纳与演绎、分析与综合、抽象与具体、逻辑与历史等辩证思维法训练多年；受过专门语料库翻译学培训，熟悉建库与运用，一直践行定量与定性结合的方法。

语料丰盈 对"一带一路"俄语国家，如莫斯科、圣彼得堡、杜尚别、布拉戈维申斯克、哈尔科夫、阿斯塔纳等城市语言景观已拍2000余张，对我国上海、哈尔滨、厦门等城市语言景观已拍1000余张。

前期有备 主持人已阅读国内外语言景观相关文献，已写完《国内语言景观研究进展与前瞻》一文，着手模式提炼，发表论文《俄汉语公示语句法结构对比》，译写通则部分研究已启动。

经验丰富 主持人已完成多项省部级汉俄对比与翻译课题，对俄汉标题的结构分类及语言分析为本课题确定了研究套路。发表语言对比与翻译著述40余篇/部，掌握了方法论，有丰富的研究经验。

4. 创新之处 (*在学术思想、学术观点、研究方法等方面的特色和创新*)

时代感 契合国家刚启动的《公共服务领域日文、韩文、俄文等译写规范》工程，具有时代性。

对象新 对语言景观汉俄译写模式的提炼，在国内外无人专擅，尚属首次，具有一定的创新度。

语料鲜 取材来自"一带一路"俄语国家和我国各地的语言景观，反映真实、鲜活的语言面貌。

有库助 基于多模态语料库实证研究，相较传统的经验式或感悟式个案研究，更具信度和效度。

路径全 基于汉俄语言景观对比的联袂式、问题化、应用型研究模式，确保了研究路径的通畅。

学科多 从语言学、翻译学、社会学、符号学、传播学、文化学、认知科学考察语言景观俄译。

5. 预期成果 (*成果形式、使用去向及预期社会效益等*)

5.1 成果及使用去向

	成果形式	使用去向	成果形式	使用去向
中期	1)国内语言景观研究进展与前瞻	核心或CSSCI	2)俄语禁止性语言景观调查	核心或CSSCI
	3)提示性语言景观俄译认知研究	核心或CSSCI	4)限制性语言景观俄译语篇重构	核心或CSSCI

终期 5)汉语语言景观俄译误因探讨　核心或CSSCI　6)《语言景观汉俄比译研究》　知名出版社

5.2 预期效益

服务国家 对“一带一路”俄语国家俄语和我国汉语语言景观的对比分析，各类模式的提炼，汉俄译写等研究，可为我国制定语言接触政策、汉俄双语语言景观的设置与规范提供理论依据；

促进发展 正确的俄语语言景观便于来华人员投资、旅游，促进我国文化走出去和经济发展；

提升形象 规范的俄文译写，可使我国城乡走向国际化，提升服务质量，进而提升国家形象；

节约资源 汉俄语言景观模式及其俄译模式可为各级政府和单位个人提供蓝本，节省人财物；

指导实践 汉俄语言景观对比与汉俄互译模式可有效地指导汉俄双语对比、教学与俄汉互译。

6. 参考文献（开展本课题研究的主要中外参考文献）

1)岳中生、于增环	**公示语生态翻译论纲**	**科学出版社**	**2014**
2)吕和发、蒋璐等	公示语汉英翻译错误分析与规范	国防工业出版社	2011
3)杨永林	标志翻译1000例——理论篇方法篇	高等教育出版社	2013
4)段连城	怎样对外介绍中国	中国对外翻译出版公司	1993
5)黄忠廉	变译理论	中国对外翻译出版公司	2002
6)许余龙	对比语言学概论	上海外语教育出版社	2000
7)尚国文、赵守辉	**语言景观研究的视角、理论与方法**	**外语教学与研究**	**2014/2**
8)田飞洋、张维佳	全球化社会语言：语言景观研究的新理论	语言文字应用	2014/2
9)陈小慰	外宣翻译中“认同”的建立	中国翻译	2007/1
10)戴宗显、吕和发	公示语汉英翻译研究	中国翻译	2005/6
11)丁衡祁	努力完善城市公示语，逐步确定参考性译文	中国翻译	2006/6
12)罗选民、黎土旺	关于公示语翻译的几点思考	中国翻译	2006/4
13)王银泉、陈新仁	城市标识英译失误及其实例剖析	中国翻译	2004/2
14)林克难	香港公示语英译：观察与思考	中国翻译	2015/5
15)赵　湘	中英标识语的文化差异与语用翻译	外语教学	2006/3
16)杨永林、丁韬	符号学与标志译写——一种问题研究视角	外语研究	2014/5
17)牛新生	公示语文本类型与翻译探析	外语教学	2008/3
18)樊桂芳	公示语翻译的互文性视角	中国科技翻译	2010/4

19)Аринштейн В. М. *Этноспецифические особенности оформления «публичных директивов» и национальный характер языковой общности* // Язык и социокультурный контекст (материалы к спецкурсу). СПб., 2001.

20)Астапенко Е. В. *Высказывания о ситуациях запрета как феномен английского языка и как феномен американской культуры*: Дис. канд. филол. наук.Тверь, 2004.

21)Руссинова Т. В. *Особенности функционирования запрета : На материале русского и английского языков*. Дис. канд. филол. наук.Саратов, 2006.

22)Шорина Л. В. *Публичный директив и его место в системе речевых актов: на материале американского варианта английского языка и русского языка*. Дис. канд. филол. наук.Санкт-Петербург, 2007.

23)Blommaert J. *Ethnography，Superdiversity and Liuguistic Landscapes:Chronicles of Complexity.* Bristol: Multilingual Matters, 2013.

24) Backhaus, P. *Linguistic Landscapes:A Comparative Study of Urban Multilingualisrn In Tokyo*. Clevedon: Multilingual Matters, 2007.

25)Jaworski，A. & C. *Thurlow.Semiotic Landscape.Language. Image，Space*. London. Continuum. 2010.

三、研究基础和条件保障

本表参照以下提纲撰写，要求填写内容真实准确。

1．学术简历（课题负责人的主要学术简历、学术兼职，在相关研究领域的学术积累和贡献等。）

1.1 主要学术简历

系×××大学教授，博士生导师；研究特长为对比语言学与翻译。本科、硕士均毕业于×××大学俄语语言文学专业，研究方向为语言学；博士毕业于×××大学语言所应用语言学专业，研究方向为应用语言学与对比语言学。2005 和 2012 年先后访学于俄罗斯普希金俄语学院和莫斯科大学，从事应用语言学与对比语言学学习与研究。1995 晋升为讲师，2001 年晋升为副教授，2007 年晋升为教授。

1.2 学术兼职

教育部人文社会科学项目评审专家
×××省哲学社会科学项目评审专家
×××省教育厅人文社科项目评审专家
中国俄语教学研究会会员
《×××理工大学学报》审稿专家

1.3 相关研究领域学术积累和贡献

1.3.1 科研积累

主持教育部人文社会科学重点研究基地重大项目 1 项，主持完成教育部十一五人文社科规划项目 1 项、全国科学术语名词审定委员会 2012 年重大研究项目 1 项，省哲学社会科学规划项目 2 项，省教育厅人文社科项目 3 项，校级 4 项，参与完成国家社科基金项目 3 项，部级 5 项、省级 3 项，校级 1 项；出版学术专著 1 部，合著 1 部，译著 1 部，参编词典计 4 部，在国际、国内报刊上公开发表学术论文 88 篇，获奖 15 次。

在对比语言学及翻译领域具有一定的学术成果，积累了一定的学术经验，具备一定的科研能力，善于透过现象悟本质，理论思维能力较强，知识面较宽，具有较广的学术视野。公开发表对比语言学方面的论文 14 篇，翻译学方面的论文 22 篇，出版对比语言学和翻译学专著各 1 部，出版翻译题录 1 部，公开发表译文 5 篇；主持对比语言学领域的项目 11 项。

1.3.2 语料积累

从 2005 年开始关注语言景观的研究，利用 2005、2012 年两次赴俄做访问学者机会拍摄了 2000 多张语言景观图片，在国内各大城市拍摄汉语语言景观图片 1000 多张。

1.3.3 学术贡献

已阅读国内外语言景观相关文献，对语言景观研究现状有了比较清晰的把握；
已发表论文《×××公示语句法结构对比》；
2013 年指导 1 名研究生撰写硕士论文《×××公示语词汇—语法类型对比研究》；
2015 年指导 3 名研究生分别撰写硕士论文《×××禁止性语言景观对比研究》《×××指示性语言景观对比研究》《×××提示性语言景观对比研究》。

2．研究基础（课题负责人前期相关研究成果、核心观点及社会评价等。）

2.1 相关研究成果

1）《俄汉标题对比研究》	**商务印书馆**	**2013**	**独撰**
2）《俄汉翻译开发基础》	华中师范大学出版社	2006	第二
3）《国外石油钻采机械文献题录》	石油工业出版社	1995	合译
4）俄汉语动动并列结构标题对比	**外语学刊**	**2012/4**	**独撰**

5）俄汉提问—回答式并行结构标题对比研究	外语学刊	2013/6	独撰
6）适应与选择：俄语“关于”类复合式标题汉译模式	外语学刊	2014/6	独撰
7）РЯР 与 РЯК 论文标题句法结构对比	外语研究	2008/4	第一
8）俄汉语“从 X 到 Y”类粘着结构标题对比	外语研究	2011/4	独撰
9）俄汉语名名并列结构标题对比研究	外语教学	2013/5	独撰
10）破折号标题：结构—语义—翻译视角	外国语文	2015/6	独撰
11）变译研究：时代的召唤	中国科技翻译	1999/4	第一
12）编译的基本原则	中国科技翻译	2001/1	第一
13）俄汉语同位结构标题的类型学解释	中国俄语教学	2014/2	独撰
14）语言与民族思维互为观照	中国社会科学报	2012.7.25	独撰
15）在对方那里找到自身发展动力:对比语言学与翻译学互邻互补	中国社会科学报	2013.7.22	独撰

2.2 核心观点

上述 15 项前期成果的核心观点按相关度由宏观到微观可概括为：

1）俄汉语言景观同大于异，汉语表达委婉，喜用四字格，强调意合，重押韵，同一语义多样表达；俄语表达直接，强调形合，不讲究押韵；汉译俄宜守语用→语义→语形程序；

2）指示性语言景观多用 NP 结构，俄语以名词居多，汉语以名词性短语居多；

3）汉俄语言景观单纯限制类、请、勿等类均有对应结构，而谢绝类无对应结构；

4）呼吁号召类以短句居多，多用祈使句，用押韵字或近音字，汉语表现尤为突出；

5）翻译过程中据需求采用扩充、取舍、浓缩、阐释、补充、合并、改造等变通手段；

6）编译的七项基本原则、五种微观方法和六种宏观方法，为编译实践提供了操作依据；

7）标题对比采用的定量定性分析、比较、归纳、描写与解释等方法可用于语言景观对比；

8）标题的分类及其从语形、语义、语用分析为汉语语言景观的俄译奠定了理论与操作框架；

9）对比语言学与翻译学互邻互补、语言与思维互为观照为汉俄语言景观比译奠定了理论基础。

2.3 社会评价

2.3.1 引用

据有限统计，负责人所有成果引用至 2016 年 2 月 12 日共计 350 次。上述 20 项成果引用 233 次。

篇名	出版/发表园地	时间	次数
《俄汉标题对比研究》	**商务印书馆**	2013	41
《俄汉翻译开发基础》	华中师范大学出版社	2007	50
《国外石油钻采机械文献题录》	石油工业出版社	1995	72
编译的基本原则	**中国科技翻译**	2001/1	39
变译研究：时代的召唤	中国科技翻译	1999/4	22
РЯР 与 РЯК 论文标题句法结构对比	外语研究	2008/4	3
俄语 О 类与汉语“关于”类粘着结构标题对比	中国俄语教学	2011/6	3
俄汉语“从 X 到 Y”类粘着结构标题对比	外语研究	2011/4	1
俄汉语动动并列结构标题对比	外语学刊	2012/4	1
《论语》翻译在俄罗斯	中国外语	2014/5	1

2.3.2 评价

《俄汉翻译开发基础》　华中师范大学出版社　2007　《中国俄语教学》设专栏 4 文评介。

2.3.3 获奖

《俄汉标题对比研究》　商务印书馆　2013　2015　×××省高校人文社科　一等奖

俄罗斯最新语言谱系分类	当代语言学	2012/2	2014	×××省第16届社科	三等奖
PЯP与PЯK论文标题句法结构对比	外语研究	2008/4	2010	×××省高校人文社科	二等奖

3. 承担项目（负责人承担的各级各类科研项目情况，包括项目名称、资助机构、资助金额、结项情况、研究起止时间等。）

2006—2010	中国人俄语写作机制现实研究	教育部人文社科规划项目	5	结项
2014—2017	境内俄语服务窗口语言生态与中国形象构建研究	教育部文科基地重大项目	20	在研
2012—2013	中外术语对比研究	国家名词委重大项目	2	结项
2011—2012	面向信息处理的俄汉标题对比研究	×××省社科专项项目	0.3	结项
2013—2014	俄语标记性篇名研究	×××省社科规划项目	1.5	结项
2010—2012	俄语标题语法	×××省教育厅人文社科项目	0.3	结项
2013—2014	俄语篇名标记认知阐释	×××省教育厅人文社科项目	0.3	结项

4. 与已承担项目或博士论文的关系（凡以各级各类项目或博士学位论文〈博士后出站报告〉为基础申报的课题，须阐明已承担项目或学位论文〈报告〉与本课题的联系和区别。）

总体来说，本课题与已承担的项目大同小异。

对象不同 本课题研究“一带一路”汉俄语言景观比较，已有项目只研究境内语言景观。

内容不同 本课题提炼汉俄语语言景观语言模式，关注“一带一路”汉语语言景观俄语译写与拟制；已有项目关注我国服务窗口俄语语言景观现状及与中国形象构建的关系。

侧重不同 本课题主要采用统计分析法提炼模式，已有项目主要采用错误分析法。

所涉学科不同 本课题主要涉及对比语言学、社会语言学、翻译学、语用学、文化学等；已有项目主要涉及语言学、中介语理论、错误分析理论、传播学、国际关系学等。

实用价值不同 本课题的俄文译写模式为国家、地方政府部门乃至个人等规范公共服务领域俄文译写提供蓝本；已有项目可为我国构建良好的国家形象提供借鉴，为制定对俄战略提供参照。

5. 条件保障（完成本课题研究的时间保证、资料设备等科研条件。）

5.1 科研时间充足

负责人系以科研为主的专职研究人员，主要承担研究生的教学任务，有充足的时间做科研。从所完成项目来看，大多提前完成，如2012年提前完成2011年度省社科专项项目并获优秀，2014年提前完成2013年度省社科一般项目并获优秀、2014年提前完成2013年省教育厅人文社科项目便是明证。

5.2 科研硬件和软件良好

负责人所在×××大学中外文文献收藏200余万册。校图书馆俄文藏书18 000册，订阅俄文期刊243种，共12 426册。×××学院及俄语中心资料室拥有国内高校丰富的俄文资料，该资料中心历史悠久，资料齐备，藏书10 000余册，其中外文图书6600余册，中文图书3550册；中外文学术期刊达百余种，其中外文期刊80种，中文42种；每年国家、学校拨大量经费用于购买科研书籍，丰富的藏书为有效完成课题提供了资料保障。

负责人所在学校非常鼓励科研，为科研人员创造一切良好条件；所在单位俄罗斯语言文学与文化研究中心研究实力雄厚，有良好的学术氛围，有良好的网络和电脑设备。负责人俄英汉文字处理能力强，能高效工作，保证项目如期完成。

说明：前期相关研究成果中的成果名称、形式（如论文、专著、研究报告等）须与《课题论证》活页相同，活页中不能填写的成果作者、发表刊物或出版社名称、发表或出版时间等信息要在本表中加以注明。与本课题无关的成果不能作为前期成果填写；合作者注明作者排序。

参考示例178　改革后新活页样本

项目登记号			项目序号	

国家社会科学基金项目

申　请　书

学　科　分　类	语　言　学
项　目　类　别	重点项目
课　题　名　称	中俄符号景观 “译+制”双重机理融会研究
申 请 人 姓 名	×××
申请人所在单位	×××大学
填　表　日　期	2022-02-26

全国哲学社会科学工作办公室制

2022年1月

国家社会科学基金项目课题论证活页

课题名称：　　中俄符号景观"译+制"双重机理融会研究

本表参照以下提纲撰写，要求逻辑清晰，主题突出，层次分明，内容翔实，排版清晰。除"研究基础"外，本表与《申请书》表二内容一致，总字数不超过7000字。

符号景观译写乱象丛生，其研究多为散论、未涉制作；在**文化更需西渐的当下**，译写研究需全面考察与理论提升，译写机理与制作机理**亟待融会式开掘**。

符号景观主要涉及语言景观或公示语，由道路、车站、商铺、景点等空间的视听符号及其组合构成。**本课题**以符号学、语学、译学、设计学、空间理论等为理据，基于多模态语料库，对汉俄符号景观的对比、转化与变通机理发微探赜，对其空间组构机理钩玄揭秘，融会译与制，尝试揭示其译制基本原理，为其译写与制作提供普适性、可操作性的指导，促进"一带一路"俄语段文化沟通与民心相通，助建中俄（独联体）共同体，达至文明互鉴。

本课题与本年度课题指南"语言学"**第74题"汉外语言比较和对比研究"**相关。

1. 选题依据（国内外相关研究的学术史梳理及研究动态<略写>；本课题相对于已有研究的独到学术价值和应用价值等，特别是相对于国家社科基金已立同类项目的新进展。）

1.1 国内研究动态（始于1934年，兴于新世纪；论文居多，另散见于以英汉为语料的著作等。）

1.1.1 语学与译学视角为主，应用发掘多于理论讨论

符号景观研究多取语学、译学视角，涉其定义、功能、类型（吕和发2005；罗选民2005等）、语言特点及英译问题（王银泉，陈新仁2004；丁衡祁2006；林克难2015）。社会语言学角度研究刚起步，引介符号景观理论（尚国文2014；张天伟2020），分析多地多语使用（张红军2019；张藹恒2021）、多语空间格局（申请人2021）、民族语活力、语言政策等（聂鹏2017；李永斌2020等）；偶见标志译写的符号学分析（杨永林2014）。相关法规对城乡地名、交通标志等设制有明确规定和标准，符号景观空间组构的专门研究未见；或提及字体字号、排版等对符号景观的影响（吕和发2011）及体例要求（杨永林2013）。

1.1.2 理论、原则多为借鉴，以译法及误译分析为主

符号景观翻译研究形成了"理论/策略/方法+实例"套路，40余种理论涉及符号景观的目的（张沉香2008；肖姝2014等）、文化顺应（曾庆南2012等）、语篇关联（承云2014等）、语言生态（岳中生2014等）、变译（谢丹2017等）等；共提出40余项原则，以看易写（林克难2003）、模仿—借用—创新（丁衡祁2006）等为代表；译法如借译、仿译、创译等，几乎囊括所有译法（牛新生2008）；探讨某一空间符号景观误译，分析大同小异。

1.1.3 汉俄语景观研究始受关注，出台了俄文译写规范

10年来，俄语景观研究渐受重视，如分析了我国符号景观俄译的区域特点及误译类型（王晓娟2011），探讨了海南（张俞2012；申请人2020）、满洲里等地（顾俊玲2013；姜雪华2017）景观汉俄误译及成因；总结了提示、禁止类汉俄景观的结构特点，定出翻译原则（王晓娟2014，2015）；申请人2016年提炼出指示、限制类俄汉景观的句法模式。2018年国家颁布《公共服务领域俄文译写规范》，提供了13大领域919条译文，类型繁多，行文复杂，仍不敷使用。

1.2 国外研究动态（始于20世纪20年代，盛于当下，多由语学、符号学切入，译制研究几乎未见。）

1.2.1 双语及多语景观对比常见，文化分析尤多

讨论了城市客体名称术语的界定、构词方式（Ремчукова2015）与特征及形式-语义结构（Канакина 2014; Васильева 2018 等）、标语口号的言语特点（Китайсгородская 2010; Федорова 2014）等。对比与文化分析较为典型，如对比了中俄城市招牌新词的结构-语义特点（Дубкова2018）、俄英语告示与号召的文化特点（Тер-Минасова2000）、德英语“禁止”类（Вежбицкая2001）与德俄语以及俄英德三语“禁止”类（Медведева2005，2008）符号景观的文化特点；Котельникова（2019）分析了中国城市招牌语言文化特征，Покровская（2011）认为“指示—禁止”类意、英符号景观表达较温和，俄语则较坚决。

1.2.2 引入非语言符号，与语言符号共构景观的文本意义

非语言符号成为关注点，如Симоненко（2016）、Михайлюкова（2017）将招牌视为复杂的多符混合文本，认为非语言符号也参与文本连贯性、完整性等表达，不分析非语言要素，将无法解读招牌名称；拉丁文、数字、图像、拼音及标牌的摆放是外国人迅速融入中国的重要手段（Сперанская 2019）。Ларина（2018）揭示了德语指令性标牌图文的三种关系。Хрипля（2018）认为非语言符号可体现中国公益广告的“中国梦”主题。

1.2.3 关注语言政策与安全，城市标牌制作从单语转向多语

近年来，符号景观研究以社会语言学视角探讨了城市空间语言的使用、政策、安全等问题。如Пешкова（2017）认为符号景观中语言使用及排序能反映语言政策、民族认同；Садуов（2020）多角度探究了符号景观与语言政策的吻合度；Баранова 等（2017，2020，2021）考察了圣彼得堡标牌移民语言的演变，发现城市标牌语言由俄语单语转向多语，指出莫斯科、圣彼得堡等市标牌语言的可见性反映了族群地位的不平等。还有学者指出非官方标牌英语的泛滥会对本国民众价值观产生负面影响，进而影响国家安全（Михайлюкова 2019）。

1.3 国内外研究综评（针对国内外共性问题，简述未来趋势）

1）文理学科需视域融合　研究以译学、语学为主，多集于指示、提示、限制、禁止等类型的特点及其外译分析；社会学视角刚起步，需加强符号学，新增景观学、设计学等视角。

2）非语符景观有待生发　我国尚未展开、而俄罗斯开始关注非语言符号景观研究，基于语言符号，融合图形、色彩等各类非语言符号，全面揭示符号景观的属性。

3）汉俄全译宜融会变译　此前研究多涉汉英全译，原则多难以操作，译法杂无法捕捉；汉俄变译研究未见，需基于全译加强变译研究，探究符号景观特有的译写原则、策略与方法。

4）拓新领域以揭示机理　较少或未涉及危机管理、安检防恐、应急救助等的研究，可对比该类重要领域，提炼汉俄撰写模式与构型模式，挖掘汉俄互译机理和空间组构机理。

5）译写与制作亟待协同　译与制是符际景观的一体两面，对后者国内外未见研究，值得全面协同考察；已颁规范较为简单，难以满足现时急需，有待完善与补充，尤需理论提升。

1.4 独特价值

1.4.1 学术价值

助建译制理论　基于汉俄符号景观对比提炼撰写与构型模式；结合全译与变译理论探其译写机制，作理论提升；融合符号学、设计学等讨论空间组构机理，共建符号景观译制理论。

融会文理两科　对比汉俄符号景观结构特点，可发现语言以及文字、图形、色彩等及其组合差异，深入了解汉俄民族，促进语学、译学、符号学、社会学、设计学等相互交融。

固本体辟新域　整合国内外语学、译学、语用学、符号学等的成果，继续深挖与提升；新增符号景观制作，融合语符与非语符，整合译与制，进行系统对比、模式提炼与机理探幽。

1.4.2 应用价值

营造五通语境　对比汉俄符号景观，构造国际化的符际图景，为文化走出去开渠辟流，为本土、域外“一带一路”打造良好的双语环境，积极营造文化交流场所与文明互鉴氛围。

正面宣介中国　据俄语国家所需而译制的符号景观是向俄语世界讲好中国故事的有效手段，使其民众通过符号景观了解真实立体的中国，从细微处预防西方媒体对中国妖魔化。

可供多方参省　构建译制机理，为国家和政府规划符号景观译制提供宏观参考，为文旅部门符号景观译制提供可操作性指导，为汉俄比译、教学、辞书编纂等提供丰富的语料。

1.5 项目同比新进展

同类项目已立2项：1）构建和谐民族地域文化与奥运背景下的新疆公示语翻译现状调查与对策研究；2）“一带一路”语言景观汉俄比译模式化研究。前者分析了公示语英译错误及对策，后者探讨了景观比译模式。与其相比，本项目新进展有四：

1）深化“一带一路”俄语段急需而俄语界偶涉的对外符号景观译制研究，为国献策；

2）突显符号景观译写与制作机理，重在融合二者，以求汉俄符际景观译制整合出效；

3）新增符号景观制作跨科内容，添加非语言符号，纳入新元素，以拓学界与业界视野；

4）加大变译机理研究，破解文化供需矛盾，深化全译机理研究，扩至翻译研究全视角。

2. 研究内容（本课题的研究对象、框架思路、重点难点、主要目标、研究计划及其可行性等。<框架思路要列出研究提纲或目录>）

2.1 研究对象

总对象　中国与“一带一路”俄语段符际景观变化机理、符际空间制作机理及其双重融会。

分对象　1）汉俄景观语符与非语符、转换与变通、译与写、译与制等要素关系的厘清；

2）符号景观汉俄对比及撰写模式的提炼，全译转化机理与变译变通机理的融通；

3）汉俄景观语符与非语符空间组构特点对比、构型模式的提炼及制作机理揭示；

4）按设置主体、功能类型的汉俄符号景观译写与制作的优构机理与协同机理并举。

2.2 框架思路（框架思路要列出研究提纲或目录）

2.2.1 研究思路（依对象，先勾勒研究路线）

1）建库透析矛盾 分建多模态语料库，厘清译与制、译与写、全译与变译等几对关系；

2）对比异同奠基 对比汉俄符号景观的结构特点，找出异同，为符号景观译与制奠基；

3）揭示译写机理 融会全译与变译理论，提炼景观译写原则与策略，揭示译写机理；

4）构建制作机理 基于空间组构模式，以符号学、设计学等为据，构建符际构型机理；

5）融合译制机理 多科聚焦汉俄符号景观，融会译与制原理，绘制双重机理融会示意图。

2.2.2 内容框架（循思路搭建内容框架）

1）跨文化供需动因：符号景观汉俄文化差异驱动及其“译”“制”矛盾

形与义：符号景观的全译矛盾 汉俄符号景观的译制涉及形与义，符际景观转换是义一形多的表达艺术，呈微观的形义矛盾；制作是义一符多的组构艺术，凸显为空间矛盾。

供与需：符号景观的变译矛盾 原语文化与译语受众的供需关系以及空间决定着增、减、编、述、缩、并、改、仿等变通艺术，彰显宏观的供需矛盾，是更深刻的翻译动因。

译与制：符际景观运作的两面 译与制是符号景观的一体两面；据受众需求可分为“不译不制”（景观不变）和“全译/变译+制作”。需求决定符号景观的变化，文字、图形等符号组构的变化制约译写的内容、策略与方法，译写内容的变化又反制符号的空间组构。

2）符际变化机理：汉俄符号景观全译“转化”与变译“变通”相济

符际景观转化机理 汉俄符号景观的转化涉及原作和译语的语内转化、符际转化和思维转化。理解与表达有赖于原作和译符的符内转化机理，是“义一形多”的同义转化。符际转化机理立于文字、图形等，包括语符及非语符的符际对应、增减、移换、分合四大机理。

符际景观变通机理 原作依赖符内变通机理，是原作“义同形异”的同义变通。译符内部变通机理考察获取原作信息后采用各类宏观形式的变通机理。符际变通机理是形式、语义、语用三者相异的不守恒机理，涉及增、减、编、述、缩、并、改、仿等。

3）符号景观构型机理：境内外汉俄符号景观的符号解构与组构

空间符号解构 可视符号景观的空间要素有文字、图形、色彩等，设计时涉及字体字号等及其排列；图形最活跃，意义因其而变；色彩最具感染力，用作图文的背景，色彩及其组合赋予文本以各种涵义。对比不同要素在汉俄文化中的特点，为符号景观制作提供理据。

空间符号组构 符号景观构型是景观符号和语境符号的互补，是环境、建筑、人文、空间、符号等多种资源的整合。文字、图形、色彩等要素的设计需融入周边环境，彰显指称内涵，符合大众审美等；三者融合，可提炼汉俄符号景观构型模式，以探寻制作机理。

4）译制优构机理：汉俄符号景观“译+制”多模态符号的优选与重组

多模态符号优选 文字、图形、色彩等组成多模态，色彩、图形通常无须翻译。文字译写需兼顾图文关系、空间容量，优选原作内容，决定译写策略。制作时原语优先，译语次之，综合图形、色彩等，决定版式；符号及其组合的译与制遵循信息价值、突显与分格三原则。

多模态符号重组 可视景观中，图文是主要符号，色彩为辅助。各类空间组构中，原作、图形与译作彼此博弈，全译或变译既受制于语文因素，又受制于空间容量。基于宏观的语言政策、微观的内容等，重组原作、译作、文字、图形、色彩等，可构符际景观译制机理。

5）译制协同机理：汉俄符号景观“译+制”聚合、组合及其整合成形

符号景观译制自组织系统 符号景观系统具自组织性，协同合作的译制子系统有四：人员由规划设置和管理人员、供给群和需求群组成；技术包括符号景观的设计、撰写、译写、制作等；内容涉及文字、图形、色彩等；环境涉及自然、政治、社会、文化等。

“译+制”聚合与组合关系 符号景观文本意义由聚合轴和组合轴协同建构，通过形与义传达。形包含文、图、色等及其组合，义指各类符号及其组合的文化涵义。各种符号组合以聚合为根据，聚合以符号组合后的整体意义为前提。符号景观译制机理正由二者协同而成。

“译+制”整合机理图绘制 汉俄符号景观不同功能类型的符际转化与变通依符号类型、空间配置等而定，符际转化与变通关涉全译与变译理论，空间配置关涉国家语言政策、设计理论等；结合语学、译学、设计学、符号社会学等，可绘制汉俄符号景观译制机理图。

2.2.3 拟定纲目（据思路、框架而拟）

第一章 符号景观及相关概念
- 第一节 符号景观及相关概念
- 第二节 符号景观的功能类型
- 第三节 汉俄符号景观结构特点

第二章 符号景观译制基础论
- 第一节 景观译制主-客-受操控论
- 第二节 符号景观译写理论基础
- 第三节 符号景观制作理论基础

第三章 符号景观译制关系论
- 第一节 景观译与制哲学观
- 第二节 符号景观全译与制作
- 第三节 符号景观变译与制作

第四章 汉俄符号景观译写论
- 第一节 符号景观译与写关系论
- 第二节 符号景观译与写选择论
- 第三节 符号景观译写策略论

第五章 符号景观全译机理
- 第一节 原作转化机理
- 第二节 符际/思维转化机理
- 第三节 译符转化机理

第六章 符号景观变译机理
- 第一节 原作变通机理
- 第二节 符际/思维变通机理
- 第三节 译符变通机理

第七章 汉俄符号景观构型机理
- 第一节 符号景观空间布局操控
- 第二节 汉俄符号景观空间解构
- 第三节 汉俄符号景观空间组构

第八章 汉俄符号景观译制融会机理
- 第一节 符号景观译制一体化系统论
- 第二节 汉俄符号景观译制形义支配论
- 第三节 汉俄符号景观译制机理图构建

2.3 重点难点

2.3.1 重点（按特点—规律—机理排列）

彰显特征，发掘特性 从指示、提示、限制、禁止、号召五大功能出发，对比并提炼汉俄景观功能类型的语言特征，发掘译与制的特性，为构建符号景观译写与制作机理奠基。

探寻规律，模式显化 基于汉俄符号景观撰写特征和译制特性，运用全译律与变译律、设计学等相关理据，对汉俄符号景观阐幽探赜，寻求汉俄符际景观译与制二律，形成模式。

双重机理，绘流程图 融合以全译和变译为理据构建的译写机理和以符号学、设计学等为理据建立的制作机理，绘编符号景观由雏形—成型—定型的具有交际价值的译制流程图。

2.3.2 难点（按双重性—跨科性—复杂度排列）

译制融会，双重挑战 尝试从语言—思维层讨论符际景观的转化与变通手段，对比符际景观的空间布局，创建具有普适性、可操作性的符际景观译制融会原理，将面临双重挑战。

机理提升，跨科性大 符号景观译写策略繁多，全译+变译的译写原理需深度整合，大力提升；而制作尚未研发，提炼其空间特点，融合译与制，极需更多的文理多科知识。

类型繁多，耗时费力　中国境内和俄语国家符号景观实拍难度大；海量图片按功能和领域分类整理，耗时多；图片集成处理，技术含量高；建构多模态语料库，工作量大。

2.4 主要目标（以框架中研究内容的总、分系统为依据）

总目标　融会语学、译学、符号学、设计学等学科揭示“一带一路”俄语段符际景观译制原理。

分目标　1）厘清语言与非语言符号、译写与制作、译与写、转与化、全译与变译的辩证关系；

2）提炼汉俄符号景观模式，探明全译之转化、变译之变通机理，构建符际译写机理；

3）对比汉俄景观符号及其组合的涵义，提炼多模态符号构型模式，建立制作机理；

4）融会“全译/变译+构型”“全译+变译+构型”模式，绘制译写与制作机理示意图。

2.5 研究计划及其可行性

2.5.1 研究计划（以各项具体研究任务推进为序）

202107—202506　**多模态库研发**　中国境内和俄、乌、白、哈、吉等俄语国家已拍符号景观2万多张，已建多模态语料库，续拍2万张，共约4万，为8个多模态库增容。

202207—202212　**结构模式提炼**　对比汉俄符号景观的特点和文字、图形、色彩等及其组合双文化的异同，提炼相应撰写模式和构型模式，为构建符号景观译与制机理奠定基础。

202301—202401　**译/制机理构建**　梳理符号景观译写原则、策略与方法，基于语言结构模式构建符号景观全译机理和变译机理，基于语符与非语符构型模式建立制作机理。

202402—202506　**译制机理融会**　以语学、译学、符号学、设计学等为理论支撑，融合“全译/变译+构型”“全译+变译+构型”等译制模式，构建符号景观译写与制作机理。

2.5.2 可行性（按基础、准备、团队、保障列出）

1）**研究基础扎实**　申请人教龄32年，3年海外访学经历，研究汉俄对比与翻译，主持国家和部委级课题4项、省级多项，语言对比与翻译著述136余篇/部，已备相应基础。

2）**前期准备充分**　已建2万余张汉、俄单语及双语多模态语料库，已读翻译学、符号学、景观学、设计学等理论文献，已提炼汉俄指示、提示、限制、禁止等符号景观撰写模式。

3）**团队结构合理**　境内外成员老中青搭配，研究领域涉及对比语言学、翻译学、设计学、文化学等多门学科，多有国外学习经历，熟谙多模态建库与运用，学术视野开阔。

4）**海外学术保障**　莫斯科大学、彼得堡大学、乌克兰哈尔科夫国立大学、中亚五国相应高校均有俄语专家提供援助，所在国的中国留学生提供各类单语、双语符号景观实例。

3. 创新之处（在学术思想、学术观点、研究方法等方面的特色和创新）

1）**译艺齐用，融会机理**　全译与变译并重，采取全译的对应、扩充、移换与分合机理，变译的增、减、缩、并、改、仿等机理，汉俄符号景观转化与变通的机理融通，相得益彰。

2）**主体多元，协同构景**　符际景观译制有赖于多方协作：设计者统领负责与受众的供需有关系，译者解构与构建意义，制作者完成双语配制，安装者展示成品，达到协同共赢。

3）**多科联袂，固本拓新**　以语学、译学、符号学等为依托，引入设计学、空间理论等，将符号景观的译与制、语言与非语言符号整合，尝试构建汉俄符号景观译制融会机理。

4）模态库助，力推文化　建立汉俄单语和多语多模态语料库，从语言结构和空间配置对比汉俄符号景观，揭示语符与非语符各自的文化涵义，为符号景观译制奠定文化基础。

4. 预期成果（成果形式、使用去向及预期社会效益等）（略写）

4.1 成果形式

中期	1）汉俄符号景观制作文化禁忌论	CSSCI 或核心	独撰	11000 字
	2）符号景观图形符号识解机制	CSSCI 或核心	独撰	9000 字
	3）汉俄符际景观变译机理	CSSCI 或核心	第二	10000 字
终期	4）多语景观译制操控论	CSSCI 或核心	第一	12000 字
	5）《汉俄符号景观译制机理》	知名出版社	独撰	250000 字

4.2 使用去向（除上述发表与出版外，至少还涉及）

1）服务于党和国家对外政策的制定，为各级政府规划对外符号景观译制提供参考；
2）可为我国在俄语国家的海外机构、企业单位以及个人撰写、译制符际景观提供借鉴；
3）有助于外事、外贸等部门与所在俄语国家政府与单位处理好汉俄及多语景观译与制；
4）为汉俄双语对比与互译、外语与翻译教学以及符号景观词典编撰等提供丰富的语料。

4.3 预期效益（社会效益主导，兼及经济效益）

文明互鉴　突破语言障碍，促进文明互鉴、文化沟通与民心相通，助建中俄共同体；
形塑中国　有效指导且规范符际景观译写与制作，提高语言服务质量，塑造中国形象；
服务丝路　可为各级政府制定“一带一路”相关政策、规划符号景观译制等提供参考；
深化应用　丰富的汉俄符号景观多模态语料可用于汉俄语对比、翻译教学及词典编撰；
促进经济　规范双语景观，便于出入境人员旅行、从商、工作等，促进双方经济发展。

5. 研究基础（课题负责人前期相关代表性研究成果、核心观点等）（略写）

5.1 前期相关研究成果（论文 27 篇，8 篇 C 刊，4 篇北核，7 篇大报，8 篇俄国核心）

1）语言景观俄译失调因子分析	论文	第一	CSSCI	9000
2）语言景观格局研察——以三亚为例	论文	第一	CSSCI	12000
3）俄汉公示语模式化研究	论文	独撰	CSSCI	11000
4）“公示语”定名理据及概念重识	论文	独撰	CSSCI	10000
5）中国公示语研究进展与前瞻	论文	独撰	CSSCI	11000

5.2 前期研究核心观点（源自上述及未列入的前期成果，由宏而微排列如下）

1）公示语是在公共场合呈现的具有特殊交际目的和特定功能的语言符号或/和非语言符号；
2）中国公示语俄译多类错误并存，正确规范的外翻译能助建中国形象，反之则有损形象；
3）俄译时，作者、译者、受众等综合决定了扩充、阐释、合并、改造等变通手段；

4）汉俄指示性语言景观以词组为主；提示类已形成词汇、句式和语篇三类标记模式；
5）号召类以短句居多，多用祈使句，俄语常用省略结构，汉语结构规整，首尾押韵；
6）汉俄限制类中“专用”类模式2种，“请”类通用模式1种；“请勿”类模式5种；
7）双语标牌设置需考虑国策、民族习惯、受众、场所、语种数量及语相特点等因素。

6. 参考文献（开展本课题研究的主要中外参考文献）（略写）

1)吕和发、蒋璐等	**公示语汉英翻译错误分析与规范**	**国防工业出版社**	**2011**
2)杨永林	标志翻译1000例——理论方法篇	高等教育出版社	2013
3)黄忠廉	变译理论	中国对外翻译出版公司	2002
4)许余龙	对比语言学概论	上海外语教育出版社	2000
5)赵毅衡	符号学原理与推演	南京大学出版社	2011
6)唐济川等	艺术设计学导论	中国轻工业出版社	2019
7)史蒂文·布拉萨	景观美学	北京大学出版社	2008
8)胡海胜	文化景观变迁理论与实证研究	中国林业出版社	2011
9)方玲玲	媒介空间论：媒介的空间想象力与城市景观	中国传媒大学出版社	2011
10)尚国文、赵守辉	**语言景观研究的视角、理论与方法**	**外语教学与研究**	**2014/2**
11)戴宗显、吕和发	公示语汉英翻译研究	中国翻译	2005/6
12)丁衡祁	努力完善城市公示语，逐步确定参考性译文	中国翻译	2006/6
13)王银泉、陈新仁	城市标识英译失误及其实例剖析	中国翻译	2004/2
14)林克难	香港公示语英译：观察与思考	中国翻译	2015/5
15)张天伟	语言景观研究的新路径、新方法与理论进展	语言战略研究	2020/4
16)李宇明	语言技术与语言生态	外语教学	2020/6

[英]17) Scollon, R. & Scollon, S.W. Discourses in place: Language in the material world. London: Routledge, 2003.

18)Shohamy, E. & Gorter, D. (Eds.). Linguistic landscape: Expanding the scenery. London: Routledge, 2009.

19)Jaworski, A. & C. Thurlow. Semiotic Landscape. Language. Image, Space. London. Continuum, 2010.

[俄]20)Михайлюкова Н.В. Социолингвистика: языковой облик современного города. М. : Изд-во Юрайт, 2019.

21)Антонова А. Б. Лингвостилистический анализ ошибок в русских публичных надписях и объявлениях (на примере г. Иркутска). Вестник Пермского университета. Российская и зарубежная филология. 2020. Т. 12, вып. 1.

22)Баранова В., Федорова К. Регулирование языкового ландшафта в российских городах: многоязычие и неравенство. Журнал исследований социальной политики, 2021/4.

说明： 1.活页文字表述中不得直接或间接透露个人信息或相关背景资料，否则取消参评资格。

2.课题名称要与《申请书》一致，一般不加副标题。前期相关代表性研究成果限报5项，只填成果名称、成果形式（如论文、专著、研究报告等）、作者排序、是否核心期刊等，**不得填写作者姓名、单位、刊物或出版社名称、发表时间或刊期等**。申请人承担的已结项或在研项目、与本课题无关的成果等不能作为前期成果填写。申请人的前期成果不列入参考文献。

跋　一

积累深化　精益求精

《300 问》条分缕析，细致入微，实例丰富，满本干货！全书详述如何让选题反映国家意志，论证雅俗共赏，综述点面结合，排版赏心悦目，涉及申报各个环节，时时导航支招，极具实操性。

《300 问》是黄老师多年报项和评项经验的总结，我是这些思想和方法的受益者。结合自己的申报历程，我有几点感受想与“战友们”分享。

第一，根据成果类型和特点选择项目类别。我的博士论文《回望失落的精神家园：神话-原型视阈中的文学翻译研究》对文学翻译的几个基本理论问题提出新思考，毕业后我便意气风发地以之为基础申报国家社科和教育部项目，坚持三年未果。细思原因，可能是因为选题为纯文学翻译理论研究，而评审专家未必了解相关理论或对此有兴趣，我陶醉于自己的抽象理论建构，不考虑读者感受，难免被秒杀。《300 问》指出，选题与论证要“专家看了不浅，外行看了不深”，诚哉斯言！我后来转变思路，获得立项。研究成果若已成型，建议申报后期资助项目。

第二，仔细琢磨《指南》，立足学科专长。国家拿出资金支持人文社科研究，当然希望研究成果有助于解决关乎国计民生的现实问题。翻译史研究的选题如能“借古鉴今，服务智库”，立项可能性将增加。另外，盲评专家教务、研务缠身，要在有限时间内挑选出入围项目，申报选题吸引人尤为重要。我 2015 年申报国家社科基金前，仔细阅读了课题《指南》，发现其中与国民素质和理论的大众化直接相关的选题达 31 项，体现了国家对提升国民素质的高度重视。学界一般视鲁迅的文学创作为 20 世纪国民性话语的主要承载者，而从翻译史考察可知，19 到 20 世纪之交的梁启超、严复、林纾等借助翻译，以西方和日本的政体、历史与文学为参照，构筑了对国民性的早期集体记忆和知识平台，正是因为晚清翻译界发起并积极投身国民性思潮，国民性重构成了甲午战争后翻译界的内在行动纲领。有鉴于此，我决定将晚清翻译界的国民性思潮作为对象深入考察，为文化强国战略提供历史支撑和经验总结。

第三，立足现有成果，拓展深挖，摸索出有价值的选题。我的博士论文第五章提出归化翻译是译者集体自恋情结的表现，博士后研究延续了这一话题，关注西方翻译传统的集体自恋情结，完善了博士论文中的某些观点。申报项目时，我将集体自恋视角与中国晚清翻译史结合，2013 年以“从文化自恋到文化自省：晚清中国翻译界的心路历程”为题申报教育部青年项目获批。这一选题涉及晚清中国翻译界的种族自恋，研究种族自恋反转过程中我进入对翻译界国民性思潮的探索，认为国民性反思与重构是晚清翻译界种族自恋情结反转、走向文化自省的体现。后与中国文化走出去结合起来思考，2015 年以“晚清翻译界的国民性思潮及其当代价值”为题申报国家社科基金获得立项。综上，博士论文的一节深挖成博士后研究专题，博士后研究投入中国语境后诞生教育部项目，教育部项目的一节深化后成为国家社科基金选题。这种思考的延续性和突破是科研的乐趣和成就之一。

第四，精心设计论证报告，不厌其烦地修改。《300 问》提供了详实的申报书写策略，具体到各环节字数的合理分配，我们应学会“减肥术”，惜墨如金，开门见山，剔除空话套话。“亮剑”时应尽力将内容具体化，观点（尤其是创新性发现）充分展示出来。初稿完成后，修改往往更费时费力，要反复锤炼语言，甚至做大的结构调整，以保证各部分内容层次清晰，逻辑合理，结构紧凑。经过反复修改，申报书将如蒙尘的珠玉，经过一番洗炼，焕发出夺目光彩。

《300 问》既是路线图，也是小贴士。相信也祝愿大家有此册在手，将如虎添翼，成功拿下国字头或省部级项目！

苏艳

2022 年 8 月 20 日

于武昌桂子山

跋　二*

活学活用《300问》，止于至善见真功

经过前面的研读，书翻到这里时，相信大家会有一个共同的心声：《300问》第二版果真没有令人失望，每行字、每页纸都饱含着作者和编辑的心血，有案例、有数据、有分析、有建议，实为一部难得的佳著。

我是2017年10月经朋友推荐接触到这本极具特色的《300问》的，当时的感觉：第一个是震撼！项目申报竟然还有这么多门道，难怪都说难呢！第二个是亲切！作者为读者着想，知道读者需要什么，知道专家要看什么、评什么。第三个是幸运！万分迷茫之际有人指点迷津——读这本书就像同智者对话，直接吸收经验和智慧，像从武林高手那里获得内力一样。第四个是冷汗！要是错过了这本书，该是平生多大的遗憾！书的前言有句话：为"虎"添翼，关键是您要炼成"虎"！这样朴实又充满智慧的话语深深地打动了我。我小心翼翼地将书保管收藏，为防止磨损，我给书包上了书皮。那时的我跟很多读者一样，历经多年寒窗苦读，昼思夜想，却仍对科研、对学术之路充满困惑，不知前途在哪里，出路在何方。我花了一个星期把书通读一遍，没敢读太快，不舍得一口气读完，生怕遗漏或忘记重要信息。终于明白：之前申报项目没中其实不冤。

评审人是特殊的读者。《300问》强调要从评审人的心理出发，要充分考虑评审人的时间、精力，节省其心理资源，不能觉得"看不懂是你的事"。申报书要让"内行看了不浅，外行看了不深"，这样富有哲理的话语点出了科学研究的真谛，这句话也可作为我们科研之路上的行动指南。《300问》追求内容与形式的完美结合。然而，外面有这样一种声音，说研究申报是"投机取巧"。这恐怕是一种偏见。内容固然重要，形式也同样重要。申报就是在请战。"谁愿出战？末将愿往！"请战当然是将自己的优势快速展现出来，体现出指挥员对战役的理解，对困难和重点的把握，不打无准备之仗，做到知己知彼。申报书就相当于向上级陈述作战方案，让主帅相信你行，你指挥的团队能打赢，愿

意让你出战。如果说科学化是内涵，是底蕴，是压舱石，那么艺术化就是外在形象的展示，二者均不可偏废。当然，需要强调的是：再好的申报技巧也代替不了我们对科学研究热烈浓厚的兴趣、孜孜不倦的追求、厚实厚重的研究基础，开阔开放的学术视野。只有内容和形式相结合，申报书才会焕发出勃勃生机。

万物相通。《300 问》不仅是课题申报指南，广而言之，对科研写作、教案制作、公众演讲、公文写作都具参考价值，其他类别项目申报也能从中吸收营养。该书让我收获最大的是提升了自己的学术思维，让我深刻地领悟到科学的研究方法、扎实的研究基础和严谨的治学精神是走好学术之路的重要基石。经过不懈的努力，我的科研能力得到了显著提升，成功地获批国家社科基金一般项目，并且发表了学术论文。

师傅领进门，修行在个人。学习《300 问》，我最大的感悟就是要活学活用、举一反三。黄忠廉先生是知名的语言学、翻译学大家，更难能可贵的是他对美学、艺术学均有很深的造诣，表现在书的各个方面，从内容策划、形式安排、语言表达，特别是修辞手法的运用上都能看得出来。黄先生将自己多年积累的宝贵经验分享出来，全都是真刀真枪的功夫，他的精心、决心、耐心、苦心令人感到无比的钦佩！通读《300 问》，让人越发感觉到追求完美是科学研究和申报项目的必修课。有人说“毁掉一个人最好的方式就是让他追求完美”，然而对我们来说，这种“毁掉”就是一种升华，一种浴火重生。像孙行者一样，经过丹炉里的考验才能炼出真功夫。这种追求是必要的，也是幸福的。借用一句歌词：“世间自有公道，付出总有回报，说到不如做到，要做就做最好。”现在，《300 问》第二版终于问世了，一如既往地急读者之所急，想读者之所想，相信这本与时俱进的宝典一定能够造福更多的学人。

各位有志于此的同仁，最后送大家几句话：吃水不忘打井人，待到项目命中时，勿忘《300 问》，勿忘科学出版社！热切期待着你们的成功，我们一定要自强不息，止于至善，坚持不懈，敢于胜利！愿天下申报人终获项目！

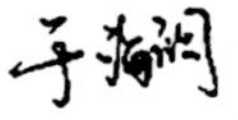

2022 年初秋

于长春南关区伊通河畔

跋　三*

《300 问》：“问”之有道　“研”之有方

提及国家社科基金申报，每一位在科研道路上趔趄前行的学人都会心生嗟叹、感慨万千，本人自然也不例外。从 2018 年初第一次申报国社科一般项目，到 2019 年 6 月成功立项，一年半的时间实现了个人学术生涯质的飞跃。回想得知立项消息时，那种先是愕然，不敢置信，随后喜悦之情无处安放的感觉，直至今日仍是难以忘怀。

回顾个人国社科申报的历程，最大的感受便是社科申报虽无捷径可走，却是有“方”可循。“他山之石，可以攻玉”，首先关键的一点是要找到切实可行、指导有力的“攻玉之石”。记得 2018 年我首次申报国社科前，也曾听过很多专家从不同角度针对项目申报所作的讲座，拜读过不少已经申报成功的同事们撰写的申报书，当时自我感觉对项目申报的基本原则、关键要领、填报注意事项等好像均有了解，但真正轮到自己下笔填写时，却发现大脑里实际上仍是一片茫然，每个部分纯粹只能“摸着石头过河”和“盲人摸象”式撰写。加上活页论证不得超过 7000 字，在这有限的篇幅内，想要清楚地交代自己的研究对象、基本观点、框架内容、思路方法、价值意义等，对我这样一个初次填报的小白来说，困难程度可想而知，最终自然是以“失利”告终。2018 年 7 月，我有幸与黄老师交流，他基于《300 问》，深入浅出地对社科申报书填报进行全方位无死角、纵横交错、明晰有力的指导；结合现实形象的案例分析解答各类常见问题，并辅以“头脑风暴式”的开放交流和讨论。黄老师的谆谆教诲，使我如醍醐灌顶，茅塞顿开。

毫不夸张地说，《300 问》全面刷新了我对于社科项目申报的原有认知，书中的要点自然而然成为我之后申报课题时的强有力依据和参考。在明确了所求之“方”和所借之“道”后，接下来的任务便是要反思提炼、学以致用、融会贯通。2019年我第二次申报国社科时，先是把《300问》仔细拜读一番，并把笔记以注解的形式添加在书上，以此复习要点、理清思路。填报过程中，我对照书上的申报原则和典型案例逐项进行查漏补缺，从精炼选题到严谨论证，从细节推敲到格式打磨，多次修改调整后，最终得以成功立项。后来我在交流申报经验时，不由想到社科项目申报书的填写其实特别像大型乐高玩具的拼装过程，当面前各种材料和零部件庞杂聚积时，想要将其合理有序地组装起来，使之成为一件令人满意的成品，着实是件费时费力而且常需返工的劳作。想要成功组装大型乐高的关键在于里面那张极为有效的拼装导图，《300 问》对我而言，恰恰就如这张非常重要的导图。过去听过的很多讲座多是谈论一些宏观性纲领式建议，很少有人会就具体操作层面、各部分写作方法及要领，前后内容区别与联系，甚至排版格式等非常细节的方面给出详细指导建议或意见，但是黄老师的《300 问》统统做到了，因此在我收到确切的立项通知后，本能地在第一时间转发给了黄老师，由衷感谢他在社科申报方面的精心指导。

从2017年8月第一版问世至今，《300问》始终与时俱进，历久弥新，不断根据国社科申报的变化及时修订和更新，以期为科学研究道路上执着努力的学人们提供实时指导和帮助。学界常言“科研之路，道阻且长”，社科申报之途自然无法一蹴而就，期间往往会是激情与不甘同在、期望与失落相伴。对于个人而言，勤于思考，多方学习，充分了解学界科研动态，把握课题指南意向固然相当重要；但善于求索、求“方”借“道”、精益求精，才终能水到渠成，“研”有所获。谨以此文分享个人成功申报之体会，与大家共勉；同时也藉此表达感激之情，期待《300问》第二版早日面市，“奇文共欣赏，疑义相与析”。愿更多的同仁们都能如愿以偿，项目高中，喜报频传!

秦静

壬寅年秋

于安徽师范大学

跋　　四*

思想觉悟，选题对路，本子精致

我 2018 年有幸获批国家社科基金项目。在这里跟大家分享一点我学习《300 问》（我称之为“黄宝书”）的肤浅心得。

课题申报现已成为科研工作者的必修项目，不同的人对此有不同的理解：一是“运气说”，中了就是运气好，没中就是运气差；二是“人脉说”，人脉广容易中，人缘差希望小；三是“实力说”，实力强容易中，实力差就没戏。其实这三种理解都有道理：运气说的本质是概率的问题；人脉说反映了中国作为人情社会的现实；实力说不必多说了，广为大众认同。那么，运气不佳、人脉不广、水平一般的你，是否也有希望获批高端课题呢？答案是肯定的，请仔细研读《300 问》！

一、宏观层面：提高觉悟，顺应潮流

“知识不如智慧，智慧不如觉悟”。我以前觉悟不高，总以为学问做好就可以了，课题可有可无。拜读了“黄宝书”之后方才觉醒，意识到手中握有项目才是一名合格的科研工作者。课题申报如今已成为科研工作者的必备技能，不仅标志着学术水平的高低，同时也是职称晋升的必要条件。国内不少高校规定评副高必须要有部级项目，评正高则须有国家级课题。大环境这样要求，我们也必须与时俱进，顺应潮流。否则，只能在现实面前碰得头破血流。因此，在内心深处彻底觉醒，意识到课题申报的重要性是最重要的。

二、中观层面：选准方向，凝聚资源

“选择重于勤奋，对路胜于技高”。仅在宏观上具有课题意识是不够的，还要想办法申报成功，这就需要在中观层面认真选题。申报的本质是说服评委，尤其是 5 位函评专家。不同的选题方向，国家的资助兴趣是不一样的。因此，

你的任务就是想方设法打动评审专家，让评委从内心深处认同你的选择。“站在风口上猪都能飞起来”，此言略显粗俗，而黄师则很文雅地阐释了“国家关心关心国家的人”的道理。如何做一只“会飞的猪”？“黄宝书”中很详细地告诉了我们如何将个人兴趣与国家需求紧密结合起来，成功申报高端项目！

三、微观层面：文质兼美，诚巧齐备

“内容诚为基础，形式方为奇兵”。你的竞争对手是遍布全国的同行，怎样才能让评委在一大堆申报书中认定你的课题是必须资助的？这就需要你在申报书的微观写作上胜人一筹。我以前不太注意申报书的写作细节，总以为只要把大意思表达出来就行了。现在看来，这一理解太肤浅了。实际情况是仅有中观层面对路的选题是远远不够的，还要有本事将“一坨泥炼成青花瓷”。通过申报书让评委看到你认真细致的态度和精雕细琢的文风，方能在强手如林的竞争中脱颖而出。“黄宝书”在这方面做得特别好，我在这方面的获益也最大！

综上，课题申报是一个系统工程，只有思想觉悟，选题对路，本子精致——在宏观、中观和微观层面都做得臻于完美，方能取得最后的成功。如果你还身有报国之志，请认真拜读《300 问》吧！如果你仍胸怀科研梦想，请仔细研读《300 问》吧！如果你不甘心永远做一个平庸的科研人员，那么请认真仔细拜读《300 问》吧！

最后预祝大家课题申报成功！

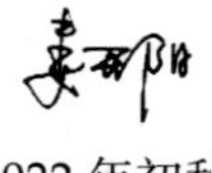

2022 年初秋

于京师了悟斋

跋　五*

《300问》：学术青椒的福音书

2019年7月，我申报的《外宣翻译叙事化助建中国在东盟形象研究》成功立项，实现了所在学院国家级项目零的突破。消息传来，不禁喜极而泣。回溯申报过程，有脱胎换骨之感。申报书修改过程成了我的学术蜕变之路，《300问》如灯塔一般，引导着我一步一步前进，最终得以申报成功。

2021年国家社科项目申报又现新规，黄教授与时俱进，修订《300问》，嘱我为其做跋。怀着感恩的心，我重温了《300问》，对项目申报书撰写和修改过程再度回溯、反思和总结，有几点心得颇为受益，同大家一起分享。

首先，从描红到书写是学术青椒成长的必经之路。申报时，我在地方院校工作，尚未接受博士生学术训练，能接触到的项目申报指导极为有限，只能自我慢慢摸索，在摔打中成长。2017年8月《300问》问世，我第一时间抢购，如获至宝，一口气读完，而后惊叹，这就是项目申报的Bible啊！我从未见过如此条分缕析的项目申报讲解，既有贯穿融会的原理解析，又有深入浅出的实例剖析，还有细致生动的修改示例。这分明就是一幅笔酣墨饱的项目申报法帖嘛！纸上得来终觉浅，绝知此事要躬行。于是，我借申报省哲社之机，比着《300问》，描红式地完成了初稿。后来，我反复阅读《300问》，仔细揣摩、体味写作要点，将其当成镜子反观自己的不足，再作改进。每读一遍，体会都不一样。慢慢地，我意识到，写什么比怎么写更重要。申报书写作也是思想的呈现，能打动评委的是申请人对研究问题的独到见解。之后的修改渐入佳境，我开始直抒己见，申报书有了质的飞跃。

其次，从指南中炼题是学术青椒申项的有效捷径。题好文一半，项目申报更是如此。《300问》第一版中有38问讨论题目的生成与凝练，其重要性可见一斑。《300问》提到，申报指南是学术大专家所设，对课题申报意义非凡。

身为学术青椒，我的学术视野、积累不如成熟学者，自选课题存在难度和风险。通过研读近 5 年的国、省社科指南和获批项目，我发现获批项目名称多为指南条目的具体化，或研究指南条目的某一层面，或解决指南条目中某一关键问题，或聚焦指南条目研究对象所辖的特定群体。获批者大多基于自身研究专长与指南条目的契合点选题。于是，我有样学样地分类整理已有项目和文章，再细读最新省哲社申报指南，发现与语言学条目 7“东盟外宣材料的英译与国家形象建构研究”颇为契合，选题由此产生。

从选题到标题须不断修改、提炼。初稿课题名称“面向东盟的外宣叙事翻译与国家形象建构研究”止于“A 与 B”的关系，缺乏让人眼睛一亮的新术语。我现学现用《300 问》的炼题技巧，反复修改，几易其稿，最终定为“外宣翻译叙事化助建中国在东盟形象研究”。其中，“中国在东盟形象”是传播学前沿术语，与自己的研究对象非常贴合，直接借来，以求“陌生化”（见第 109 问）。“叙事化”取自“名词+化”构词模（见第 103 问）。今年我在申博面试时，有专家对“叙事化”的具体所指很感兴趣，就此提问。想来，当年申报书的评审专家，或许也曾如此好奇地往下审读本子，这就是题中新术语引人入胜之功效！另一关键词“助建”由“助力”“构建”合成，其产生原理是《300 问》提到的炼题技巧——组合式新术语产生机制（见第 106 问）。如此一来，项目研究对象鲜明，术语表达新意显现，读来有一定的动感，妙哉！

《300 问》的出版与修订，对资浅齿少的青椒而言实乃一大幸事。它可应对国社科项目申报的新规定，亦可是研习项目申报书撰写的法帖，还可充当学术思维能力训练的答疑之师。期待《300 问》第二版早日面市，福泽后学！预祝大家项目高中，捷报连连！

2022 年季秋

于上海同济